国家社会科学基金
"十三五"规划教育学一般课题（BLA170223）研究成果

"互联网+"背景下家校合作小学生性健康教育的实证研究

张文静 著

科学技术文献出版社
SCIENTIFIC AND TECHNICAL DOCUMENTATION PRESS
·北京·

图书在版编目（CIP）数据

"互联网+"背景下家校合作小学生性健康教育的实证研究 / 张文静著. —北京：科学技术文献出版社，2022.6

ISBN 978-7-5189-9230-0

Ⅰ.①互… Ⅱ.①张… Ⅲ.①性教育—儿童教育—家庭教育—研究 Ⅳ.① G479 ② G78

中国版本图书馆 CIP 数据核字（2022）第 093295 号

"互联网+"背景下家校合作小学生性健康教育的实证研究

策划编辑：崔　静　　责任编辑：张　红　　责任校对：张永霞　　责任出版：张志平

出 版 者	科学技术文献出版社
地　　址	北京市复兴路15号　邮编　100038
编 务 部	（010）58882938，58882087（传真）
发 行 部	（010）58882868，58882870（传真）
邮 购 部	（010）58882873
官方网址	www.stdp.com.cn
发 行 者	科学技术文献出版社发行　全国各地新华书店经销
印 刷 者	北京虎彩文化传播有限公司
版　　次	2022年6月第1版　2022年6月第1次印刷
开　　本	710×1000　1/16
字　　数	238千
印　　张	15.5
书　　号	ISBN 978-7-5189-9230-0
定　　价	58.00元

版权所有　违法必究

购买本社图书，凡字迹不清、缺页、倒页、脱页者，本社发行部负责调换

前 言 Foreword

　　小学阶段是儿童健康素养形成的关键时期，这一时期形成的良好习惯会持续一生。性健康教育又称性教育（Sexuality Education），是关系到儿童身心发展、学校和家庭都不可回避的教育。2009年，联合国教科文组织（United Nations Educational, Scientific and Cultural Organization, UNESCO）和其他联合国机构参考发达国家有关性教育的历史和内容，界定性教育是通过合适的教育活动，为儿童提供学习机会，激发儿童形成关于"自我"的价值观和态度，同时能够帮助儿童习得性保护、异性交流和自我决策等技能的综合型教育。综合型性教育从知识、技能、态度和价值观等各个层面去解读"性"，涵盖了一系列广泛促进儿童健康的内容。我国党和政府非常重视儿童健康教育工作，2021年11月，教育部印发《生命安全与健康教育进中小学课程教材指南》，明确将儿童性健康教育纳入小学课程，鼓励家校合作。

　　全面性健康教育提倡家校合作，家校合作是以学生发展为共同目标，家庭和学校两种力量相互配合、支持与协调的教育互动活动。家校合作的交叠影响域理论认为，当学校主导时，家校合作的教育内容越一致，效果越好，而且贴近儿童个性化的教育更能增加家长的参与度。小学生性健康教育正符合这一教育内容。随着互联网的发展和普及，家庭和学校基于"互联网+"的教育合作也越来越多，但小学生性健康教育领域的家校合作比较少。"互联网+"的家校合作教育是指家庭和学校基于学生发展的沟通合作，主要通过信息技术和互联网技术支持下的平台进行，这些平台包括家校合作专网、班级博客、微信圈、QQ群、微信群、飞信群等。当前在我国，微信是家校合作教育交流最为常用的技术平台之一，因此，本书涉及的"互联网+教育"主要基于微信群或微信圈。

全面性健康教育理论始于国际组织和发达国家，同时，这一理论一直在不断修订和完善。为了更好地从跨文化的角度完善全面性教育理论框架，以及探索在我国开展基于网络的小学生性健康教育家校合作活动的有效做法，研究团队在梳理了多个国家的小学性健康教育的内容和方式之后，开展了"互联网+"背景下家校合作小学生性健康教育效果的实证评估研究。本书的主要内容包括以下几个方面。

第一章、第二章综述了国内外已有的关于儿童性健康教育的理论和实践研究。首先分析健康教育"知—信—行"理论、社会认知理论和"互联网+"家校合作的创新理论；其次综述了国际组织和发达国家小学生性健康教育的实践研究，先后分析联合国教科文组织全面性教育的实践研究，瑞典、美国、英国、澳大利亚、日本、新加坡等国家开展的学校教育研究，以及家长和教师的调查与访谈研究；最后分析我国小学生性健康教育政策、性健康教育家长和学生的调查研究，以及我国有限的性健康教育干预研究的效果。

第三章基于网络开展小学家长和教师的儿童性健康教育的需求调研。采用问卷法对京津冀18所小学21 402名家长和16所小学1224名教师进行了调研，了解家长和教师开展基于"互联网+"家校合作性健康教育的准备情况。结果发现，家长对开展性健康教育的态度非常积极，但知识水平有限；家长的教育实践水平低，但愿意借助媒介（网络和书籍等）开展教育；家长对家校合作性健康教育的需求强烈，特别是对预防儿童性侵犯知识和技能的教育；女孩家长较男孩家长的性教育态度和行为更为积极。对教师的调研有相似的发现，教师的性健康教育态度积极，但是知识水平和实践教育水平较低，而且与家长就儿童性健康教育问题的沟通较少，家校合作信心不足。但是，教师接受培训的愿望强烈，结果显示，有培训经历的教师其教育意识较高，教育行为的频率也较高。

第四章介绍了小学生性健康教育实证研究的全过程。首先，研究团队基于已有的研究和调研结果，开发了家校合作的小学生性健康教育材料：学校教育的26节课程和家庭教育的一本亲子画册，家校合作的性健康教育包括生理发展、心理健康、日常保健和自我保护四大主题教育内容。其次，在北京两所小学一至六年级1069名（教育组528名、对照组541名）学生中开展了基于班级微信群沟通的家校合作性健康教育的有效性研究，全面评价基于"互联网+"家校共育材料对小学生性健康知识、态度和技能水平的影响。实证结果显示,"互联网+"家校共育效果显著,相较于对照组,家校教育组学生的性健康知识和预防儿童性侵犯的自我保护技能水平均显著提高;小学一至六年级教育组学生性知识平均分从 5.87 分提高到 9.22 分,一、二年级学生提高程度更大,教育获得感强。实证数据支持"互联网+"平台促进家校合作共育,提高了教师开展小学生性健康教育的信心,更好地发挥了家长在小学生性健康教育方面的力量。

第五章梳理研究成果,基于中国小学生的实证数据,从跨文化角度进一步完善全面性教育理论,并提出了我国小学开展性健康教育的对策和建议,为我国进一步开展小学生性健康教育家校合作活动提供数据支持和实践参考。小学生性健康教育在中国推进的障碍在于操作层面,具体建议如下。

第一,小学生性健康教育要立足中国本土,因地制宜,不能生搬硬套国际特别是西方的一些教育内容;小学生性健康教育的内容和方式不仅需要参考国际发达国家和地区的研究和经验,还需要顺应"互联网+"的时代需求,符合中国文化和传统,适合中国儿童。第二,小学生性健康教育要注重预防性侵(性保护)的教育,关注男孩的教育;预防儿童性侵犯教育虽然仅是全面性健康教育中的一部分,但却是最为敏感的一部分,是家长提出频次最多、最为急迫想得到帮助的教育内容。第三,我国要加强教师职前和职后的性健康教育培训,提升教师开展性健康教育的知识和能力水平。第四,小学生性健康教育要发挥家长的力量,家校合作提前沟通,并为家长提供线下的辅助教育材料。

最后,本书的附录部分提供了小学生性健康教育"互联网+"实证研究所用的问卷、访谈提纲、教育课程和家长画册等部分内容,供从事儿童性健康教育的工作者、研究者和读者参考。本书试图在"互联网+"时代探索从跨文化的角度理解、应用和完善儿童性健康教育的理论和教育实践,这些探索活动只是初步的尝试,研究也存在诸多不足和局限性,但是仍然得出了一些有价值的结论和建议。希望本书的内容能为我国全面开展小学生性健康教育提供一定的数据支持和实践参考,并为我国或国际相关教育部门开展基于"互联网+"家校合作的儿童性健康教育提供决策参考。

目 录 Contents

第一章　认识小学生性健康教育 ……………………………………… 1

　　第一节　儿童性健康教育的界定 ……………………………… 2
　　第二节　小学生的身心发展与性健康教育 …………………… 8
　　第三节　小学生性健康教育的发展概况 ……………………… 12
　　第四节　小学生性健康教育的内容与途径 …………………… 21

第二章　小学生性健康教育的理论与研究 …………………………… 43

　　第一节　小学生性健康教育的主要理论 ……………………… 44
　　第二节　国外小学生性健康教育的研究 ……………………… 49
　　第三节　我国小学生性健康教育的研究 ……………………… 61

第三章　"互联网+"家校合作小学生性健康教育需求的评价 ……… 75

　　第一节　"互联网+"时代小学生性健康教育的新特点 ……… 76
　　第二节　"互联网+"小学生性健康教育需求评价的设计与实施… 80
　　第三节　"互联网+"小学生性健康教育家校合作的需求评价…… 88

第四章　"互联网+"家校合作小学生性健康教育的效果 …………117

　　第一节　"互联网+"家校合作性健康教育的设计与实施……… 118

第二节　"互联网+"家校合作性健康教育的预研究效果………　132

　　第三节　"互联网+"家校合作性健康教育的正式研究效果……　147

第五章　"互联网+"小学生性健康教育的对策与建议……………　167

　　第一节　"互联网+"小学生性健康教育的内容与方式…………　168

　　第二节　"互联网+"小学生性健康教育的师资培训……………　182

　　第三节　"互联网+"小学生性健康教育智慧型的家校合作……　194

附　　录……………………………………………………………………　205

参考文献……………………………………………………………………　231

后　　记……………………………………………………………………　239

第一章
认识小学生性健康教育

第一节 儿童性健康教育的界定

儿童从一出生便具有了某种生物学意义的"性",儿童性的发展是一个连续的过程,贯穿生命的始终。但是,性不仅是生物学意义的"性",也有心理学意义和社会学意义的"性"。生物学的"性"是以身体结构为基础的性;心理学的"性"是以人脑和心理发展为基础的性;社会学的"性"则是以文化、历史和社会为基础的性。儿童时期是人成长的重要阶段,儿童时期的性健康教育对于成年以后有巨大的影响与价值。儿童性教育对于社会的积极发展、个体的健康成长有着重要的作用,从儿童早期开始性健康教育也已经成为国内外性教育领域的共识。

一、性健康教育界定的背景

1977年,美国著名医学家恩格尔在《科学》杂志上提出,人的健康要充分考虑生物的、心理和行为的、社会的各种因素的综合作用,坚持用生理—心理—社会模式来看待健康。

在生理—心理—社会模式的指导下,关于"性"的专业名词在性教育中有着十分重要的意义,分别为生理的"性"(sex)、发展的"性"(sexuality)和"性别"(gender)。生理的"性"包括男性和女性的生理特征;发展的"性"是指贯穿人一生的十分核心的内容,如性别角色、性取向、情欲、愉悦、亲密关系和生殖等,可以通过思维、态度、价值观、行为、角色和关系等方面来表达和体会;"性别"更多是指社会性别,指与性相关的行为、标准,如人们表现出来的男性和女性特质等。

《西方教育辞典》中,性教育是指"涉及儿童对性的理解的教育,不仅关于性的结构(解剖学、生理学、怀孕等),也关于性关系与人和道德问题"。

二、全面性教育的界定

儿童性健康教育起源于19世纪初,瑞典是最早开始关注儿童性教育的国家,一直以来,对于儿童性健康教育的界定一直在变化,特别是各国对于儿童性健康教育的名称最初都有所不同。各国参考本国的人文特点，将儿童性健康教育区别于传统教育，如瑞典称为"共同生活事业"，美国和加拿大称为"家庭生活教育"，日本称为"纯洁教育"，英国称为"性和关系的教育"等。近年来，联合国教科文组织在第一版和第二版《国际性教育技术指导纲要》中，明确提出了全面性教育的具体界定："全面性教育（Comprehensive Sexuality Education，CSE）是一个基于课程探讨性的认知、情感、身体和社会层面的意义的教学过程，其目的是使儿童和年轻人具备一定的知识、技能、态度和价值观，从而确保他们的健康、福祉和尊严。全面性教育培养相互尊重的社会关系和性关系，帮助儿童和年轻人学会思考他们的选择如何影响自身和他人的福祉，并终其一生懂得维护自身权益。"

不同国家的政策和课程设置中也使用不同的名称来指代全面性教育，如预防教育、人际关系和性教育、家庭生活教育、艾滋病教育、生活技能教育、健康生活方式和基于生命安全的教育。正如《国际性教育技术指导纲要》中所指出的，无论使用什么名称，全面性教育强调的是帮助青少年发展性知识、技能和态度，享有积极、良好的性与生殖健康关系，并认可"性"是人类发展的自然组成部分。

三、全面性教育的含义

全面性教育中的"性"可以被理解为人的一个核心维度，包括个体对身体的理解和人与自身的关系、情感依恋（爱情）、生物性别、社会性别、性别认同、性取向、亲密关系、性心理愉悦和生殖。性的概念非常复杂，贯穿人的一生，在不同的年龄阶段有不同的表现，但都与个体的生理、情绪和认知成熟度息息相关。无论在哪个年龄阶段，教育都是提升个体与性有关的福祉、促进儿童青少年和年轻人建立健康且负责任的人际关系的主要工具。全面性教育中的"全面"也代表了内容上的深度和广度，以及在整个教育过程中持续且一致的内容传授，而不是一次性或一个阶段的授课或干预。

全面性教育的含义之一：科学准确，循序渐进。全面性教育的概念界定科学，教育的内容和形式来自于实践，基于循证研究结果。性教育始于儿童早期，教育的内容随着儿童的成长不断丰富和拓展，内容的难度和复杂度也螺旋上升。

全面性教育的含义之二：适合个体的年龄和发展水平。全面性教育着眼于儿童青少年成长过程中不断变化的需求和持续发展的能力。根据个体的年龄和身心发展所处的阶段，及时提供最能满足其当前发展所需要的健康和福祉内容。儿童的身心发展并不是随着年龄、时段同步的，因此，全面性教育也考虑到不同个体发展进度和发展水平的多样性。全面性教育对于认知和情感发展迟缓的儿童在内容上做出相应的调整，提供特殊的教育。

全面性教育的含义之三：基于课程的教育。全面性教育不仅是一个概念、一个界定，更是一个基于课程的系统教育，教育工作者可以依托课程帮助儿童青少年学习全面性教育的内容，课程主要内容包括教学的目标、教学的方法、相关的概念和技能。基于课程的全面性教育内容用结构化的方式清晰地呈现性教育的关键信息，全面性教育可在学校内外开展。

全面性教育的含义之四：注重性教育的全面综合性。全面性教育致力于提供全面的、准确的、循证的、适应年龄阶段的性教育内容。教育内容包括但不限于性与生殖相关的解剖学与生理学知识、青春期性发育、生殖健康、预防艾滋病等知识，以及培养做出健康选择所需的生活技能，如有效沟通和协商的技能，辨别基于社会性别暴力的技能，全面提升儿童青少年分析、沟通和决策等各个方面的生活技能，这些生活技能有益于个体身心健康，有助于儿童青少年与家庭成员、同伴、朋友和伴侣之间形成相互尊重且健康的人际关系。另外，全面性教育鼓励儿童青少年基于同理心建立相互尊重和平等的人际关系。

全面性教育的含义之五：文化环境的适宜性。全面性教育的开展要参考各国不同的文化背景。有效的性教育在不同的文化环境中实施，在考虑文化背景的前提下，能够对儿童青少年的知识、态度或行为产生积极影响。全面性教育课程的开发和适用都要考虑国家或地区的特征，如社会和文化规范及流行病学背景，从而将全面性教育进行调整，以适合不同国家或地区的需求。

四、全面性教育的核心概念

联合国教科文组织基于对全球 12 个国家现有全面性教育课程的回顾研究，以及参考联合国艾滋病规划署、联合国开发计划署、联合国教科文组织、联合国人口基金、联合国儿童基金会、联合国妇女署和世界卫生组织的工作人员的访谈，总结了8个核心概念，每个核心概念在不同的年龄阶段（5～8岁、9～12岁、13～15岁、16岁及以上）又细分了不同的学习目标和主题。低年龄段的儿童所学的概念通常包括更基本的信息，学习认知任务的难度和程度较低，活动相对简单。8个核心概念分别是关系，价值观、权利、文化与性，理解社会性别，暴力与安全保障，健康与生活技能，人体与发育，性与性行为，生殖健康。8个核心概念会依据学习者的年龄特点被进一步拆分为2～5个主题，每个主题都由知识、态度与技能3个学习目标组成。

1. 关系

有4个主题，分别是家庭，友谊、爱及恋爱关系，宽容、包容及尊重，责任感及子女养育。例如，识别不同的家庭类型，认识不同家庭成员的角色、权利和责任，亲子冲突与解决技能等。

2. 价值观、权利、文化与性

有3个主题，分别是价值观与性，权利与性，文化、社会与性。例如，建立和了解自己的价值观、信念和态度；认识儿童的权利，识别儿童性侵犯；比较和对照社会与文化规范对性健康行为的积极、消极影响等。

3. 理解社会性别

有3个主题，分别是社会性别及其建构、社会性别与刻板印象、社会性别的暴力。例如，认识自我的社会性别，知道男女不同但平等；打破刻板印象，平等看待不同社会性别的个体，识别性别暴力，主动支持或寻求他人帮助的技能，反对家庭暴力等。

4. 暴力与安全保障

有3个主题，分别是认识暴力，许可、隐私及身体完整性，信息技术的安全使用。例如，识别欺凌和暴力，建立遭受各种暴力（校园欺凌、网络欺凌和性侵犯等）寻求支持的态度，了解暴力的违法性；认识身体的隐私权，学会自我保护；倡导创建安全环境，减少躯体暴力、情感暴力和性暴力等行为。

5. 健康与生活技能

有5个主题，分别是社会规范与同伴的影响，决策，沟通、拒绝与协商，媒体素养与性，寻求帮助与支持他人。例如，学习可以产生积极同伴影响的技能与行为，认识社会性别与规范，分析性行为决策带给个体、家庭和社会的影响，有效的沟通技能，认识媒介能够影响社会性别相关的个人价值观和行为，掌握求助与支持他人的方式与途径。

6. 人体与发育

有4个主题，分别是生殖解剖与性、生殖健康、青春发育期、身体意象。例如，认识生殖器官的名称与功能，知道生命的由来，区分青春发育期和青春期，了解个体对自己身体的感受如何影响个体健康等。

7. 性与性行为

有2个主题，分别是性与生命周期、健康性行为。例如，认识性是人类健康的一部分，了解到人们对性的认识可能会随着年龄而发生变化，解释男孩与女孩在青春期的行为变化，做出明智的性行为决策，倡导健康性行为。

8. 生殖健康

有3个主题，分别是怀孕与避孕、艾滋病与性传播疾病、预防艾滋病和保持生殖健康。例如，知道怀孕和生殖是自然的生理过程，意识到过早怀孕带来的健康和社会层面的消极后果，知道什么是艾滋病，如何尊重和帮助艾滋病病毒携带者，掌握和了解降低艾滋病传播风险的不同方法。

8个核心概念同等重要、相辅相成，在学校的教学中相互穿插，教学主题会循环重复，复杂程度随着儿童年龄的增加也逐渐增加，呈螺旋上升式课程模式。知识是基础，态度促进儿童青少年形成对自己和世界的理解，技能帮助个体更好地采取行动，技能包括但不限于沟通、倾听、拒绝、决策、协商等。知识、态度和技能的学习不一定是线性的，而是一个反复巩固的过程，通过多次学习强化核心要点，从而培养个体的思辨思维、自我意识、同理心等。

五、我国全面性教育的界定

2018年，联合国教科文组织与其他联合国机构修订的《国际性教育技术指导纲要》虽然对全面性教育给予了核心概念的界定，但是在我国受到传统文化和区域环境的影响，全面性教育中的一些概念和内容仍有争议。尽管性教育是一个非常明确而又迫切需求的教育，但是，我国研究者对于全面性教育的推行一直持谨慎积极的态度。

我国《教育大辞典》中认为：性教育是指"对青少年进行的性知识教育和性道德教育。一般包括男女生殖系统的结构和生理、性心理因素的发展及其处理、对恋爱和婚姻的正确态度、怀孕和分娩过程，以及防治性病的知识等。目的在于避免儿童青少年在发育时期对各种身体变化所引起的困惑和忧虑，了解两性问题的责任和后果，养成健康、良好的性态度和习惯，培养男女相互尊重的品德，树立正确的恋爱观和婚姻观"。《实用教育大辞典》指出狭义性教育和广义性教育的界定。狭义性教育是性生理卫生教育；广义性教育是有关性生理、心理、伦理、法律、审美、社会学等问题的综合教育，包括性生理卫生教育、性心理教育、性伦理道德教育，以及性法律、审美、社会学教育等。《实用教育大辞典》的界定也说明了性教育所涉及的学科领域和包含的内容，体现了性教育学科综合性的特点。

我国研究者吴阶平认为，性教育是进行有关性道德、性科学和性文明教育培养的社会化过程，性教育是一个涉及学校、家庭和社会的系统教育工程，也是一个随年龄不断变化的再社会化过程。

张玫玫认为，性教育是建立科学性价值观的素质教育，是学校有目的、有计划地对受教育者传授性生理、性心理、性道德、性文化知识，建立健康的性态度和性价值观，以促进受教育者身心健康发展。王燕认为，性教育是一种由学校、家庭、社会共同承担，依据人的不同年龄阶段开展的有关性生理、性心理、性道德3个方面的教育，最终获得健全人格。有中国研究者在相关的研究中沿用联合国教科文组织全面性教育的界定，认为"性教育"是以课程为载体，探讨性的认知、情感、身体和社会的教学过程。性教育涉及综合的学科，"广泛"并"全面"，是以课程为媒介，与学生探讨性的认知、情感、身体和责任等问题的全面而广泛的教育。

综合我国已有的文献，在充分考虑我国文化背景和国际全面性教育定义内涵的基础上，我国性教育的学者和研究者一方面认同国际性教育中的某些概念；另一方面逐渐形成了具有中国特色的、统一的全面性教育理念体系。我国有研究者提出，中小学性教育的总体目标是追求儿童青少年的身心全面健康发展，具体表现在以下3个方面：第一，获得正确的性知识，包括性生理、性心理方面的基本知识，性与生殖权利的知识，消除谬误的信息，以及资源和服务的获取途径。第二，培养良好的性技能，能评价并管理自己的身体，区别友情与爱情，学会宽容与理解他人，进行批判性的思考，培养沟通交流能力、自我决策技能、责任意识、问题意识、寻求帮助及感恩的能力。

第三，树立积极、科学的性态度和性价值观，培养健全人格，理解相爱是自然正常的情感，理解性，尊重自己和他人的性观点，认同责任和诚实是各种关系的基础，对自身的性与生殖健康树立肯定积极的态度等。

徐震雷和张玫玫主编的"性教育学"丛书中，指出性教育是一种全面的教育，即综合性教育。综合性教育不仅包括身体与生物学相关的内容，也涉及疾病、非意愿怀孕和性暴力的预防，还包括人际关系、亲密关系、沟通与拒绝的技巧、决策和选择等技能教育。综合性教育的具体目标如下。

一是帮助儿童青少年获得关于性和生殖健康的科学知识信息，包括人的成长与发育，性解剖和生理学，生育、避孕、怀孕和分娩，认识和预防艾滋病及性传播疾病，家庭生活和人际关系，文化和性，平等和性别角色，性的权利，预防性暴力等。

二是学习生活技能，健康生活，包括批判性思维、沟通技巧、谈判技巧、自我发展的技能、决策技能、负责任的能力、寻求帮助的能力、同理心。

三是培养积极健康的态度和价值观，包括尊重他人、接受多样性、思想开放、自尊自爱、家庭和谐、对性和生殖健康的积极态度等。

总之，我国学者和研究者认为，综合性教育或全面性教育是一个有计划、循序渐进的过程教育。通过全面性教育，儿童青少年能够从中获取科学而客观的事实信息，形成积极的性态度、信念和价值观，并且能够应对人生中来自身体、心理、社会发展等各个方面的挑战。

第二节 小学生的身心发展与性健康教育

我国小学生的年龄是 6~12 岁，时间跨度为 6 年，从儿童期逐渐过渡到青春期，身体生长发育变化较大，心理社会能力也得到较大的发展。性健康教育是关系人一生发展的教育，小学阶段尤为重要。一方面，性健康教育要考虑小学儿童生理"性"的本身发展趋势；另一方面，要考虑小学儿童的认知发展能力，才能更有效地开展性健康教育。在儿童性健康教育领域，很多研究重视儿童青春期发展变化的性健康教育，但是有关青春期前的儿童性健康教育，特别是小学生性健康教育的研究很少。目前，很多研究内容散见在小学生生命教育、德育中，研究的内容和方式都不系统。另外，更多研究关注对学生生理知识和心理态度的教育，忽视对学生保持性健康保健和保护技能的教育，特别是对小学生自我保护的技能——预防性侵犯发生的教育研究有限。即使预防儿童性侵的教育现在获得了国家政策和法规的支持，但中小学特别是小学关于儿童性健康教育技能的研究仍很少，系统性也不强，甚至有些教育内容与方法有偏颇之处。

小学生性健康教育要结合其身心发展特点而进行，不仅要关注小学生高年级青春期的健康教育，也要关注小学生低年级儿童期的健康教育。发展指的是个体从受孕（精卵结合形成新生命）到死亡的过程中，连续性和系统性的变化。儿童发展的内容一般包括3个领域：第一，生理的成熟和发展，如身体的变化；第二，认知的发展，如知觉、语言、学习和思维；第三，心理社会方面的发展，如情感、人格和人际关系等。性的发展是儿童身心健康发展的重要方面，因此，在小学阶段开展性健康教育要基于儿童身心发展。身体生理性别是由遗传和激素决定的，是男孩还是女孩取决于儿童拥有的染色体是46，XX还是46，XY，同时受到儿童出生后雄性和雌性激素的影响。青春期由于性腺的分泌，这些激素的量适度增长，从而呈现显著的第二性征。小学生性发展的特点，简单来说，一般分为6～9岁（一至三年级）小学低年级稳定的发展和10～12岁（四至六年级）青春期迅速的发展。

一、6～9岁小学低年级儿童的身心发展

1. 生理发展

小学低年级的儿童身体发育稳定进展，身高和体重稳定增加，男孩与女孩的生长曲线相似。在控制遗传和环境因素以后，一般同龄男孩比女孩稍高一点，也稍重一点。研究者发现，婴儿期的生长发育很快，但是随着孩子年龄的增加逐渐放慢，进入儿童期，特别是小学低年级阶段，整体来看儿童的发育速度相对缓慢，而且变化很小，整体发育比较稳定。儿童与幼儿阶段相比，长得更高大、更强壮，做各种动作更加准确、有效，如跑得更快、跳得更高、扔得更远。随着孩子整个身体的增大，身体的不同部位也以不同的速度进行发育，儿童期身体发育遵循从近到远的规律，即从身体的神经中枢开始，然后向外延，上臂先于手发育等，儿童期的男孩和女孩身体比例发育情

况相似。在运动技能上，女孩在整体上的发育要早于男孩，女孩的运动平衡性和准确性要高于男孩；男孩子则在肌肉发育上稍好于女孩，直到青春期男孩和女孩的身材大小和肌肉力量才出现明显的差异。总体来看，青春期之前，儿童大脑和头部的生长快于身体的平均生长速度，生殖器官的发育速度较慢，基本处于静止状态，男孩和女孩在生理能力方面差别较小。

2. 心理发展

儿童6~9岁的认知发展中，有意注意和记忆逐步取代无意注意和记忆，儿童能够集中注意力的时间越来越长。依据皮亚杰认知发展理论，小学6~9岁的儿童正处于由前运算阶段向具体运算阶段过渡的年龄阶段。儿童逐渐跨越了前运算阶段僵化、自我中心的思维，迅速获得了认知操作能力，能够修改和重组已有的表象和符号，初步得出符合逻辑的结论，具有了守恒和可逆性思维，能够逐渐理解数量和逻辑关系等。此时，儿童的情感也开始逐渐成熟，初步出现一些高级情感的萌芽，如义务感、责任感等，是正面进行健康教育和培养健康习惯的好时机。

二、10~12岁小学高年级儿童的身心发展

青春期是指由儿童发育到成人的过渡时期，年龄一般为10~20岁，小学高年级的儿童正处于青春期前期。但实际上，青春期具体的年龄阶段一般很难划分，每个儿童青春期开始、结束的年龄及发育速度都有所不同。一般女童的青春期开始、结束的年龄比男童早2年左右。

1. 生理发展

小学高年级的学生一般处于青春期早期，身体发育变化最明显的特征是发育加速，身高和体重快速增长，其增长速度是自婴儿时期以来最快的；第二性征和性器官都开始发育，一般持续2年。女孩的发育加速一般开始于10.5岁，到12岁左右达到最高峰，之后发育速度回落到较慢的水平；男孩的发育加速一般滞后2~3年，12~13岁才进入发育加速期，14岁左右达到高峰，之后回落到较为缓慢的速度。青春期儿童各内脏器官体积增大、重量增加、功能日臻完善；最为明显的是内分泌功能活跃，与生长发育和性成熟有关的激素大量分泌，女孩乳房突出、臀部变宽，男孩肩膀变宽。女孩阴毛发育，阴道开始变大，子宫发育，月经初潮来临。

（1）女孩

月经初潮来临时，女孩的卵巢实际上尚未完全发育成熟，重量一般为成人的30%；子宫的体积和重量都显著增大，形态也发生变化，逐渐发育到接近成人子宫形态，宫体相对较大，宫颈相对较小；阴道变长变宽，黏膜增厚出现皱襞，分泌物增多。外生殖器官也从幼年型逐渐变为成人型，小阴唇变大，大阴唇变得肥厚，并有色素沉着。女孩进入青春期后一个显著的变化就是月经初潮。月经是指在内分泌的调节下子宫内膜周期性地脱落出血。月经出血的第一天为月经周期的开始，两次月经第一天的间隔时间称为月经周期，一般为21～35天，平均28天。月经持续出血的天数为月经期，正常月经持续出血2～7天，多数为3～5天。一般情况下，月经第2～3天时，出血量最多。月经初潮年龄的早晚反映了人体发育的早晚，但是，月经初潮并不是性成熟的标志，初潮后一段时期，月经周期没有规律，随着生殖器官结构和功能的完善，月经周期才接近正常。

欧美各国关于女孩月经初潮的研究发现：绝大多数发达国家女孩的初潮年龄出现了下降的趋势，如欧美各国女孩的初潮年龄平均每10年提前3～4个月。但是，因为缺少长期的历史资料，加之计算方法不统一，我国女孩初潮年龄的长期变化研究处于落后状态。部分发达国家女孩月经初潮提前的趋势可能正在放缓，同时在其他国家这一趋势则更加明显，而对于中国女孩，该指标也表现出持续下降的趋势，每10年提前约6个月。中国的相关研究发现：农村女孩月经初潮的下降速度和平均年龄均大于城市女孩，而且身体体重指数高（BMI）、能量摄入高的女孩，初潮发生得早。

（2）男孩

男孩进入青春期后，第二性征发育主要表现为阴毛、腋毛、胡须的生长，以及变声和出现喉结。男孩阴毛开始发育的年龄个体差异很大，一般在11岁左右。男孩进入青春期后，性器官开始发育，睾丸迅速发育，容积明显增大，与此同时，附睾、精囊腺、前列腺也迅速发育，输精管管腔逐渐变粗、变长。男孩阴茎、阴囊迅速发育，阴囊增大，颜色变红，阴茎长度和宽度略有增加。男孩进入青春期后，在促性腺激素和雄激素的作用下，生殖器官迅速发育，发育到一定程度之后，睾丸产生精子，首次遗精。对青春期男孩来说，遗精是成长中的一种自然、正常的生理现象。首次遗精的精液主要是前列腺液，有活力的成熟精子不多，但男孩首次遗精后就有生育能力的可能性。

2.心理发展

青春期是儿童心理健康发展的关键阶段，在青春期，儿童心理发展相对滞后于生理性的成熟，身心发展处于不平衡状态，存在诸多矛盾的表现。在生理变化上，特别是外形上，青春期儿童产生了成人感，但是心理又时常表现出幼稚的举动，很多愿望无法满足，体会到强烈的冲击和压力，容易产生烦恼。青春期儿童一方面在生活和心理上还需要依赖成人的帮助；另一方面又渴望独立。因此，青春期儿童身心发展的不平衡状态若不能及时解决，则容易感受到心理压力与冲突。

青春期儿童的认知能力飞速发展。感知觉、记忆、注意等认知能力不断改善和发展，能够更有效地完成更多学习任务。小学高年级学生的抽象思维、逻辑推理能力加强，逐渐从具体运算阶段过渡到形式运算阶段，出现了初步的思辨思维能力等。

青春期儿童自我意识发展达到高峰，他们渴望认识、了解自己，强烈关注自己的内心世界和个性成长，十分在意他人的评价。青少年独立的愿望日益高涨，有成人感，希望与父母和他人建立相互尊重、平等的关系。青春期心理发展任务之一就是自我同一性的形成。自我同一性是个体对自己本质、信仰、发展趋势的一种一致意识，即关于"我是谁"的认识。儿童青少年希望自己成为一个真正而非附属于别人的独立自我。小学高年级的学生与父母暂时疏远的同时，与同伴相处日益增多，亲密感日渐增加，出现了青春期早期的"小伙伴"集团式交往。一方面，青春期早期儿童已经意识到性别差异，生理上正迅速变化的青少年对异性逐渐产生兴趣，但该兴趣常常以相反的方式来表达，被称为异性疏远期；另一方面，对待朋友之间的友谊处于亲密分享阶段，处于朋友双向帮助阶段，对友谊的互动性有一定的了解。

第三节　小学生性健康教育的发展概况

"性"教育是儿童健康成长的重要教育之一，性的发展伴随个体一生的发展,但是,性教育不同于其他教育,在教育的过程中会激起人的情感感受,而且"性"在很多文化中都是敏感和保守的话题,不鼓励在公共场合与儿童青少年谈论。因此,世界各国都认为开展儿童性教育是一个挑战。即便现在很多西方发达国家,如英国、芬兰、美国和澳大利亚等,很早就开始了儿童性健康教育的研究和实践,但是直到今天,他们对于开展性健康教育,特别是儿童青少年性健康教育都是谨慎而小心的。几十年来,西方发达国家不断从不同角度、不同方式的实证研究中获得证据,完善本国现有的性健康教育内容和方式,以期促进其儿童青少年的健康成长。本节将回顾国内外儿童青少年性健康教育的发展概况,特别是小学生性健康教育的发展概况,为探索更符合我国国情和文化的小学生性健康教育提供一定的国际经验和借鉴。

一、西方发达国家小学生性健康教育的发展概况

1. 瑞典

瑞典是较早开展学校性教育的国家,也是学校性教育取得较多成就和收获的国家。但是,瑞典的性教育推广和取得的成效也是一波三折,不是一蹴而就的。瑞典的性教育从1890年的最初尝试到1977年的学校必修课程,经历了多年的变迁。

1890年,女医生韦德尔斯特主张对孩子们"性"的提问进行诚实大方的回答,提出要重视学校作为性教育重要场所的作用,她的观点得到了部分学校教师和家长的支持。瑞典开始针对7~12岁的孩子在部分学校进行性教育实践。随后,她举办了4期性教育讲座,一些听讲座的教师表达了对其观点的支持,并赞成在小学义务教育阶段进行性教育的倡议。但是,韦德尔斯特的观点具有一定的历史局限性,如在教育对象上只对女童开展性教育,不让男童学习性知识。继韦德尔斯特之后,瑞典的性教育也在不断摸索中,1933年,瑞典人爱丽丝·奥特森·詹森联合热衷于社会事务的医生、职业工会者及政治活动者共同创办了世界上第一个非政府组织的全国性教育组织——瑞典性教育协会。该协会主张性教育应与其他教育相结合,从而促进瑞典人民对性教育的科学认识,增强了性教育积极的一面,推动了中小学性教育的发展。1942年,瑞典官方提出:从学校最低的年级开始,在整个学校系统中进行性教育。1945年,世界上第一个性教育大纲在瑞典颁布。1956年,中学

性教育在瑞典推行，但此时的性教育带有强制性，属于粗放型教育，效果有限。直到1974年，瑞典的性教育开始强调"性"的正面能量，尊重青少年的自主性，强调人格教育和道德教育，注重对儿童青少年的引导。瑞典政府于1974年、1977年分别颁布了《可以真实感受的爱》《人际关系宣言》两本性教育教师手册。至今，瑞典性教育课程是学校的必修课程，中小学每年都开设适合学生年龄特点的性教育内容，这些性教育内容涉及很多现实问题，引导帮助学生健康成长。

2.英国

英国有关性的研究开始较早，1933—2003年，英国性教育从最初简单提出到公立学校严格要求实施，也经过了70多年的不懈努力。

1933年，霭理士编写的著作《性心理学》在英国得以出版。在《性心理学》中，霭理士对性进行了系统科学的解读，包括人的性生理、卫生、心理，还包括两性之间的关系及性与社会的关系。其中，部分内容还专门涉及了对儿童青少年进行性教育的必要性及对性教育要有科学认识。他提到，儿童性知识的教育有其必要性，而且指出性知识的基本要素应当很早教授给儿童，目的是保证儿童健康的生活，并且该书强调，儿童的母亲是家庭性教育的主要实施者。霭理士主张，父母对于儿童单纯而自然的有关"性"的发问，应该单纯而自然地答复；应该在儿童早期对其进行身体的教育，如父母可以和年龄很小的孩子一起洗澡，教授其身体隐私部位的名称，这样一方面可以缓解儿童性的自觉；另一方面可以预防儿童不健全的好奇心理。

第二次世界大战以后，西方性开放运动兴起，英国出现了青少年性行为过早、少女怀孕、堕胎等问题，性教育的相关研究一直持续至今。《1988年教育改革法》是英国近几十年影响最深远的法案。《1988年教育改革法》在设计国家课程时，在"科学课程"中加入了有关青少年青春期性教育、生殖健康等方面的内容。但是，这种要求并不系统，国家也并未严格规定，因此，英国许多学校对这部分教学内容十分敷衍，甚至不直接进行教授。为进一步明确教授青少年性教育，英国1996年颁布的《教育法案》明确公立学校必须讲授与性教育相关的内容。英国性教育的进展发生在2003年，国家儿童局发布了《性和关系的教育指南》(*Sex and Relationship Education Guidance*)，将性教育列为英国公立学校的必修课程。该指南将儿童青少年性教育分为4个学段，中小学占2个学段，分别教授不同的内容。第一个学段为5~7岁，性教育内容主要集中在了解男女身体特征，掌握一些简单的两性交往技巧，学习互相尊重等；第二个学段为7~11岁，此时儿童青少年的认知能力进一步提升，开始进入青春期，性教育内容主要包括学习青春期的生理变化、情感与态度的变化，以及尊重人与人之间的差异性等。

虽然2003年的《性和关系的教育指南》明确了性教育是公立学校的必修课，并且自2011年开始，所有满15岁的青少年必须接受至少一年的性与关系教育。但是，英国的性教育在实际实施过程中仍然存在各种问题，如仅限于公立学校、家长的不理解及学校师资水平匮乏等，而且随着时代的发展，与性教育相关的问题还是层出不穷。为进一步完善和加强英国的儿童青少年性健康教育，英国国家教育部于2020年9月开始在小学阶段开设关系教育（Relationship Education）的必修课程，在中学阶段开设关系和性教育（Relationships and Sex Education，RSE）的必修课程。此外，从2020年9月起，所有学校都被要求教授儿童健康教育（Health Education）的课程。

3. 美国

美国是一个历史积淀单薄、移民文化交融的联邦制度资本主义国家，也是世界上较早开展中小学性教育的国家之一。但是，美国各个州的学校性教育发展并不统一，整体发展的历程也曲折反复。从1966年提出性教育至今，各个州的教育内容和方式差异较大，其国内目前对中小学性健康教育也存在一定的争议，目前主要存在禁欲教育和全面性教育两种类型，对我国儿童性健康教育有一定的启示。

20世纪40年代，美国对性教育持不鼓励的态度，压制学生的思想，禁止谈论与性相关的话题。但1966年后，由于"冷战"背景，美国社会出现了严重的社会性问题，很多人追求绝对的自由和解放，"性自由""性解放"思潮出现。当时学校开展青春期性教育的目标是减少性病、性适应不良行为等，但是学校进行的是所谓"无指导"的性教育，只向学生传授性知识，不对学生的性行为做任何道德、价值观教育。教育的结果事与愿违，教育的内容脱离学生身心发展，反而造成青少年性活动频繁、少女怀孕和青少年性病人数激增。

20世纪80年代后，随着青少年危险性行为越来越多，性疾病患病率越来越高，特别是艾滋病的出现及其难以治愈的特点，美国社会各界开始反思性教育。以美国性教育信息委员会为代表，提出"安全性行为"综合性教育目标，把"预防"作为学校性教育的主要思想，并与艾滋病预防教育相结合，开展中小学性教育。但是，"安全性教育"的侧重点是减少怀孕少女数量，减少性病传播范围，因此，这种"安全性教育"的效果似乎也有限。80年代后期，一些宗教团体、社会团体开始呼吁学校性教育回归传统道德规范，以性道德教育为基础，全面考虑学生年龄、身心发展的不同，适时讲授适度的性教育知识，明确反对学生婚前性行为。此类性教育被称为禁欲教育、性纯洁教育。虽然禁欲教育开展以来，在青少年控制性行为、降低早期危险性行为、缓解性犯罪等方面取得了一定的效果，但是其与学校性教育的广义目的还有很大的差距。

20世纪90年代，美国禁欲性教育和安全性教育并存融合，又出现了全面性教育。全面性教育提倡儿童青少年主动学习、掌握与其生理、心理相适应的科学健康性知识，并且获得沟通与决策的能力，从而监控自身的性冲动和性行为并保护自己。

4. 日本

日本的儿童性教育工作开展得并不顺利，从1947年的纯洁教育到2002年的性课程教育，直到现在也没有独立的中小学儿童性教育课程，而且儿童性教育的内容散见于各个学科。日本性教育的不成型与其特殊的历史、文化和地理环境息息相关。

第二次世界大战之后，日本社会秩序混乱、道德沦丧、暗娼盛行、性病蔓延，1947年，纯洁教育拉开了日本性教育的序幕。纯洁教育伴随着战后民主化改革和性解放思潮的兴起而不断发展。虽然战前日本视"性"为禁忌，不能公开谈论性或性相关话题，性教育更是无从谈起，然而随着美国性文化的传入，人们的性观念也随之开放，开放的性观念导致社会性道德迅速滑坡，对青少年的健康成长也产生了不利影响，性教育逐渐被提上议程。

纯洁教育的理念是传授科学的性知识，培养正确的性道德，促进儿童青少年身心健康发展，提倡家庭、学校和社会教育相互结合。例如，在家庭中利用讲寓言和故事的方法对孩子进行教育，青春期时从动植物繁殖的角度渗入性健康教育；提倡学校教育要考虑到儿童青少年的个体差异和年龄差别，社会教育要注重通过电影、图书、宣传手册等向儿童青少年传授性知识，同时注重培养其对社会现象和社会问题的批判能力，提高其道德水平。

1974年以后，日本"性教育"替代了纯洁教育，当时日本举办了全国规模的有关性教育的教师进修与研讨会，性教育的问题引起了日本社会的广泛关注，并将艾滋病预防相关内容融入儿童青少年性教育。90年代以后，日本进入了全面深化性教育阶段，1992年，日本自明治时代以来首次使用了小学保健教科书，教授儿童保护身体，让学生了解身体的构成与功能，知道性器官的名称，形成良好的卫生保健习惯。

但是，日本2002年爆发了反对和批评"性"教育的运动。因为有关日本中小学性教育评价的研究发现，性教育的效果不尽如人意。2002年，医务人员选取10余所中学3190名16～18岁的学生为研究对象，发现超过10%的人感染了各种性传播疾病，这一比例远远高于其他欧美发达国家。研究者认为，虽然日本设置了较为完善的中小学性教育的内容和目标，但是始终没有专门的性教育课程，也没有专门的教材与课时，仅通过渗透到各个学科的方法教授儿童性教育。另外，性教育的专业教师资源相对匮乏，整体上削弱了学校性教育的力量。日本民众长期受儒家文化思想的影响，保守传统型观念依然在日本社会占据统治地位，面对儿童青少年的性觉醒越来越早、性意识越来越强，日本社会性道德、性观念的偏差成为中小学性教育的主要阻力。

5. 新加坡

新加坡是东南亚的一个城市型岛国，虽然新加坡的儿童性教育工作开始得相对较晚，但是，近年来通过政府政策和制度支持，其发展速度较快且逐渐形成了一定的系统性，教育也初见效果。

1959年，新加坡迈向自治，便把提高青少年的道德教育与公民素质教育作为政府和教育部门的一项重要职责。20世纪70—80年代，新加坡的性教育独立于政府管理，主要由社区承担开展性教育讲座的任务；而在学校教育中，性教育处于边缘地位。20世纪90年代，虽然社会的专家、学者、医生等人员强烈要求学校教授青少年性知识、性行为、性健康等各种信息，但是依据当时的情况，学校性教育无法做到，仅将性教育隐含在"道德与宗教教育"的课程中，此外，相关内容还散见于中小学的健康教育课、科学课、公民和道德教育课等。总之，20世纪90年代，性教育刚刚进入新加坡学校教育的领域，仅散见于多个学科的学习内容。

随着全球化和互联网的普及与应用，儿童青少年有更多的途径获得性信息，青少年的性问题也越来越普遍，青少年的性教育问题成为国家和社会普遍关注的重点，新加坡教育部经过多方调研，于2000年制订了以品德培养为基础的婚前禁欲式性教育计划。该计划规定本国11～18岁的学生，根据年龄的不同，每年可接受2～5小时的性教育。新加坡的性教育是以家庭为基础的婚前禁欲教育，涉及性知识、技能和性道德、价值观等内容，性教育最终的目的是可以促进青少年良好人格的形成和品德的养成。另外，新加坡性教育不仅通过家庭开展，也通过学校和社会开展，教授学生性生理、心理的基本知识，也传播预防艾滋病、避孕等知识。

纵观欧美和亚洲发达国家性健康教育的发展概况，可见，无论是欧美还是亚洲国家，性教育的实施过程都不是一帆风顺的，都经历过否定和反复的过程，而且还在不断的探索中。特别是亚洲国家青少年的性教育发展更是受到文化和本国国情的影响，阻力较多，但是总有一批研究者和学者在推动性教育工作的正常开展，虽然过程艰辛，但是也取得了一定的效果。

二、我国小学生性健康教育的发展概况

1. 中国古代性教育

中华文明源远流长，早在公元前500年，孔子开办私学，就有最早的性教育萌芽。孔子私学讲授《诗经》，其中有关男女爱情的十几首诗歌是私学中一部分教育内容。汉代，我国历史上出现了正式记载的性教育，班固整理编辑的《白虎通德论》就规定男性贵族子弟就读的学宫中，除了学习各种技艺外，还要学习性相关的内容，这就是我国最早的学校性教育。可见，中国古人对于性教育的态度是十分开明的。然而，中国的封建社会经历了中央集权的封建帝国秦、汉、魏、晋、南北朝，又历经封建社会的鼎盛时期隋、唐、五代，儒家思想逐渐在中国文化中占据统治地位。直到唐朝，人们对于婚姻和性的态度相对开明，但是北宋以来理学盛行，儒家、理学影响了当代中国人对"性"的态度。宋朝理学提倡的"存天理灭人欲"的思想贯穿于社会各个领域，使人们对性的需要处于空前的压抑与禁锢之中，加深了对女子的束缚与控制。自宋朝以来到近代封建社会结束，保守及违背人性的思想一直影

响人们的认识和态度，中国社会在近代逐渐形成了极为保守的"性"的价值观。

2. 中国近代性教育

从20世纪20年代开始，在中国传统子女的性教育过程中，父母多采用话语机制，即要求子女能从只言片语中领悟性教育知识。但是，20年代以来，一批思想家和改革家积极推动中国的性教育工作。康有为和梁启超积极推动中国的性教育，他们认为"国家需要传授合适的人类性和生殖的知识"。近代，张竞生有"中国性学研究普及第一人""中国倡导计划生育第一人""中国发起爱情讨论第一人"之誉。1921年，应北大校长蔡元培之邀，张竞生就任北大哲学系教授，在北大开设性心理学课程。他认为，性教育是一种"必要的教育"和"极严重的教育"，应切实加以推行，力争将普及性知识作为国民人生教育的一个重要方面，纳入国民教育体系之中；性教育应该首先从家庭开始，妈妈是首要的性教育者，因为通常孩子会问妈妈关于他们出生的情况。鲁迅先生也提倡学校性教育是家庭性教育的补充。总之，20世纪上半叶，中国性教育在西学东渐的时代背景下，由新兴的知识阶层所领导，有了一定的科学性教育的萌芽，但当时中国贫穷落后，儿童性教育没有政府的认可、支持，也没有制度化的保证，步履维艰。

3. 中华人民共和国的儿童性教育工作

中华人民共和国成立之初，人民群众对于性教育的看法仍然很保守、排斥，学校性教育的发展和推广也走过了曲折道路，但是学校性教育的确是在中华人民共和国成立之后才蓬勃发展的。周恩来总理很重视国家的儿童青少年性教育工作，在1963年3月接见全国卫生科技规划工作会议上的专家们时，他特别强调，要求广大医务工作者"一定要把青春期性卫生知识教给广大男女青少年，让他们能用科学的知识来保护自己的健康，促进正常发育"。随着社会的发展，1979年，我国教育部和卫生部联合下发《中小学卫生工作的暂行规定（草案）》，其中特别强调"要加强青春期卫生教育"。

20世纪80年代，我国北京、上海等大城市的一批教育工作者和医务工作者开始参加有关青春期教育的研讨会，开始对青春期教育有了新的认识。学校性教育的兴起可以说是在少数较为发达的地区开始的。1988年，国家教育委员会和国家计划生育委员会联合发布了《关于在中学开展青春期教育的通知》。"青春期教育研究"课题还被列入国家"八五"计划国家教委重点研究项目中。1990年，国家教育委员会联合卫生部颁布《学校卫生工作条例》，从卫生习惯角度强调应及时开展学校健康教育。改革开放以来，伴随艾滋病的问题，性教育重新被人们讨论，成为热点。中学的预防艾滋病教育和性教育相联系，推动预防艾滋病教育整合到性教育中，完善性教育的内容框架。最初，我国主要是在初中和高中开展性教育，性教育不再仅局限于家庭教育，而是以学校教育为主。例如，中学性教育的内容包括性生理、性心理、性道德及社会主义道德教育。90年代，大学也开始了性教育课程的讨论。虽然有政策、有目标，然而，性教育在我国实施仍相对较慢，也缺乏系统性。

2008年，教育部颁发的《中小学健康教育指导纲要》提出了健康教育的5个领域（健康行为与生活方式、疾病预防、心理健康、生长发育与青春期保健、安全应急与避险），均与性教育的内容有关。该纲要明确提出，中学和小学都需要开展健康教育工作。2013年9月，教育部等四部门出台了《关于做好预防少年儿童遭受性侵工作的意见》，明确规定针对少年儿童开展性知识教育、预防性侵害教育。2016年10月，中共中央、国务院发布了《"健康中国2030"规划纲要》，提出要将健康教育纳入国民教育体系，把健康教育作为所有教育阶段素质教育的重要内容，在公民中开展性道德、性健康和性安全宣传教育和干预。2018年12月，教育部颁发的《进一步加强中小学（幼儿园）预防性侵害学生工作的通知》中强调，要不断完善预防性侵协同机制，学校要与家长保持密切联系，家校双方要及时掌握孩子情况等。随着我国经济和文化的发展，国家相关部门越来越重视儿童青少年的性健康教育工作，特别是小学的性健康教育工作，出台了一系列支持政策和规定，促进我国小学的性教育工作。2021年11月，教育部印发了《生命安全与健康教育进中小学课程教材指南》，明确领域2"生长发育与青春期保健"中的多项内容都涉及儿童性健康教育，儿童性健康教育逐渐正式走进了中小学的课程中。

中华人民共和国成立以来，学校性教育工作虽然在国家和政府层面得到了支持，有相关政策，但是至今我国的性教育体系还不完整。一方面，儿童性教育很多内容散见于国家的各个教育政策；另一方面，中国地域广阔，各个地区经济发展水平不等，儿童性教育的政策落实情况差异较大。我国台湾和香港地区由于历史和文化的原因，开展性教育较早。但是，即使在台湾和香港地区，也没有单独设置性教育课程，如台湾地区性教育的主要内容设置在"健康教育"课程中，类属于学校卫生工作的框架，以健康促进的方式在学校中推行。台湾地区的性健康教育通过融入的方式进行跨学科教学，结合课外宣导、社区教育来完成。台湾地区在小学一至六年级，有关性教育的内容体现在"道德与健康"中的"家庭生活与性教育"课程当中，学校可以按照本校的计划而定。

综上所述，首先，我国由于保守的传统文化、家庭教育观念、学业压力等因素，学校性教育仍然落后于儿童青少年的性发展，无法系统地促进儿童青少年健康的发展。其次，儿童性教育的模式和教育内容不够明确，大部分学校的性教育仍然通过科学、生物等课程展开，鲜见独立而系统的性教育课程。最后，目前我国儿童性教育工作仍然未建立有效的评价体系和评价指标。至今，儿童性教育课程大多在初中和高中开设，小学中低年龄阶段的儿童性教育工作常常被忽视，特别是农村地区小学儿童很少得到及时和合适的性教育指导。2019年，对贵州和安徽农村小学2506名五、六年级小学生进行问卷调查发现，小学生青春期知识总体知晓率不足2/3，性态度认知知晓率不足40%。相应的调查研究结果显示，在我国的"老少边穷"地区，甚至初高中学生都无法接受系统、完整和合适的青春期性教育。

进入信息时代，网络教育在青少年性健康教育中逐渐占据越来越重要的地位。网络教育的时间和空间不受限，资源可以最大化和重复性使用，学习者行为自主，教学形式灵活多样。学习者可以利用碎片化时间进行学习，学习内容更注重个体的特点，可以个性化调节，同时，交互空间注重保证教育的私密性，对于性教育，学习者更容易坦诚交流。因此，在我国，儿童性健康教育要尝试与信息时代相结合，考虑互联网的背景，逐步开展基于校园、家校合作的儿童性教育工作，让更多的中国儿童青少年受益。

第四节 小学生性健康教育的内容与途径

性教育对一个人自身成长的价值观和人生态度的形成具有重要的塑造作用，有助于培养其就有关性的诸多问题做出决策、进行交流和减少风险的能力。目前，国内外诸多研究者在儿童性健康教育领域逐渐形成共识，性教育应该从儿童早期开始,不能等到青春期。贝斯坦认为,儿童理解生殖过程是与皮亚杰认知发展相并行。儿童不是一个"迷你"的大人,他们与成年人思考的特点不同,因此,成年人在解释性的话题时,需要依据儿童的认知发展。国内外相关研究显示,小学生性生理发育普遍提前,他们所接触的人文社会环境充斥着大量关于性的信息,小学性健康教育就显得特别重要。尤其是近年来儿童性侵犯事件频繁爆出,更是引起了人们对开展儿童性健康教育,特别是小学性健康教育的重视。小学性教育不仅要向即将步入青春期的小学高年级的学生传授科学的性知识和技能,也要向小学低年级的学生传授适合他们年龄的知识和技能,以促进所有小学生身心健康成长。小学教育是基础教育的起点,小学阶段的学生能够迅速地学习和自然地接受新知识,并形成良好的性保健习惯。因此,小学阶段是儿童健康素养形成的关键时期,小学形成的良好素养会持续一生,国外一些发达国家和地区的性健康教育都是从小学开始。瑞典、美国、英国和新加坡等都开展了小学性健康教育。2018年,联合国教科文组织鼓励有条件的国家推行全面性教育,并且基于实证数据研究,为学校性教育提供了指导纲要,建议儿童早期开展性教育。本章将综述国际发达国家及国际组织在小学开展性健康教育的经验和研究,重点分析小学生性健康教育的主要内容和方式,为我国进一步开展小学的全面性健康教育提供一定的实践支持和经验借鉴。

一、瑞典性教育

瑞典是世界上第一个成立全国性教育组织的国家,性教育在全世界走在前列。不仅在学校建立完整的性教育课程体系,而且其性教育的多种渠道已深入社区及社会生活的多个层面。1956年,瑞典政府制定了全国九年一贯制的学校性教育教学大纲,性教育是必修课程。学生从7岁开始接受性教育,从生理卫生课开始,中学也有性教育,但是到了大学,政府就不要求学校进行性教育了。瑞典的中小学性教育模式从无指导性教育模式到禁欲型性教育模式,再到安全性教育模式,至今,经过多年实践,瑞典普遍采取的是综合性教育模式。小学儿童的性教育和其他学科一样,学校会鼓励孩子在餐桌上与父母讨论性健康发展的相关话题。为了更好地开展性教育,学校还会对家长进行教育活动,而且,在学校进行性教育工作的教师都要通过国家资格培训。

1. 性教育的目标

瑞典的性教育目标经历了从最初仅为防止意外怀孕到如今强调性对人生的积极影响的转变。目前，瑞典学校性教育目标更深刻、范围更宽广，不再只是简单、直接地传授性知识，而是与道德教育相结合，包括性道德、人际关系和预防儿童性侵犯等各方面的教育目标。

瑞典性教育的总体目标是让学生了解人的发展规律，防止性病传播，保护自己，提高自我意识，形成对性的价值判断。具体目标包括以下内容：帮助学生准确地学习人的性生理、性心理与社会学方面的知识，帮助儿童青少年在性行为与计划生育方面有能力做出符合社会责任的选择，获得人际关系的满足，学会承担责任。

2. 性教育的内容

1994年之前，瑞典的中小学性教育有统一的内容；1994年之后，性教育的内容发生了变革，从原来统一的内容到提倡各个学校编写自己的教材，用自己的方法，不再强调统一。但是即使不统一，中小学性教育的内容通常是依据学生年龄及年级特点的不同，把学生性教育划分为4个阶段，分阶段渐进实施性教育：小学阶段注重启蒙性教育，树立正确的性观念；小学高年级和中学低年级注重青春期早期科学地看待身体的生理变化；中学高年级阶段注重青春期健康社交技能的养成。总之，各个阶段的内容都是由浅入深、层层递进、逐渐丰富，同时与中小学生的认知发展能力相适应。本研究更关注小学阶段的性教育，下面重点呈现瑞典的小学阶段性教育的主要内容。

第一个阶段为7~10岁。此阶段的教育内容主要涉及一些基本的性知识，包括身体生殖器官的解剖、身体发育相关知识（初潮和遗精）、自我形象、性交行为、怀孕、生育、避孕和自慰等基本知识。为了预防儿童性侵犯，减少性伤害，孩子在较早的年龄就接触与自我保护相关的性知识和技能。

第二个阶段为10~13岁。此阶段的教育内容主要涉及青春期身心发展的知识、预防性病和艾滋病知识、同性恋及裸露癖等基本知识。

瑞典政府如今不强调每个学校的内容统一，注重在多元化社会中向学生传授全面客观的性知识，将重点放在伦理道德上，强调对学生态度和价值观的引导，尤其强调责任意识。在学校性教育过程中，引导学生懂得尊重他人、遵守性道德标准，培养学生自律和选择的能力，教会学生珍视自己的身体，在知识、道德和爱的约束下做出正确的选择。

3. 性教育的方法

瑞典的性教育课由学校与一个教学小组共同安排。性教育小组人员包括心理学家、社会学家、精神病学家、儿科医生、妇产科医生、营养专家、助产士、护士、记者、作家、国家工作人员等。

小学性教育的方法更多以启发式、参与式、讨论式、游戏式等为主。教学过程中坚持教师是引导者、学生是学习的主动者的观念，激发学生主动学习的兴趣，将授课的内容用小学生易于接受、容易参与、便于理解的方式引导孩子主动学习，如有关母亲妊娠与生育知识，学生不仅在课堂上学习有关性的各种知识，甚至还自己做研究、写报告，在家庭中与父母讨论。

小学性教育方法灵活而生动，通过教师讲解、学生自学、小组讨论、开展活动、师生对话、生生对话等形式，让学生感觉自己就是性教育课堂的一部分。例如，有的教师做了一些生动的教具（形象的人体解剖教具，用生动的动画片轻松幽默地讲授男女关系等），调动学生的积极性，便于学生学习。在教育途径上，除了正规的性教育课程外，活动、讲座、网络课程等也是典型的辅助方式。教育方法特别注重将知识教育与道德教育有机地结合起来。例如，在介绍性关系的法律时，先由专家上大课，讲解家庭法、同居法、儿童和家长的法律地位等有关的法律知识，再进行小组讨论，最后大班上课总结。

瑞典除了学校的正规性教育外，早期还通过电视台转播大量的性教育节目，此外，同伴教育项目也成为瑞典性教育的一条特色途径。近年来，网络逐渐成为教育的另一种途径。随着互联网技术的发展和普及，网络平台拉近了人们与知识的距离，提供了更为迅捷的教育功能，越来越多的性教育内容通过网络快速传播。网络性教育拓展了教育的平台和服务空间，也提高了教育的实效。

二、英国性与关系的教育

英国的性教育自20世纪80年代逐步开展，经过多年的实践和研究，为全面囊括性教育的内容，英国将性教育的名称界定为"性与关系"的教育，强调性教育不仅包括生理卫生知识，还包括心理、情感、两性关系、婚姻、家庭、价值观等教育内容。2000年，英国教育与就业部专门颁发了《性与关系教育指南》(*Sex and Relationship Education Guidance*)，将性教育列为英国公立学校的必修课程，为5~16岁的孩子提供性教育。该指南将性教育分为4个阶段，中小学各占2个阶段，分别教授不同的内容。第一个阶段5~7岁，第二个阶段7~11岁，第三个阶段11~14岁，第四个阶段14~16岁。小学主要教授第一个阶段和第二个阶段的内容。英国"性与关系"的教育针对不同年龄阶段的儿童实施，帮助儿童正确认识两性在生理和心理方面的不同，以及青春期以后身心发生的变化，从而帮助儿童青少年正确认识自我，帮助他们解决所面临的生理、心理和两性交往方面的困惑。"性与关系"的教育也教授儿童相应的生理卫生知识、正确的两性交往方式、自我保护方法、注重隐私保护和尊重他人等主题内容。

1."性与关系"教育的目标

"性与关系"教育的目标是对儿童青少年进行生理知识、情感、道德和技能教育，帮助他们学会尊重自己和他人，让他们拥有自信，能够健康地度过从童年到青春期，再到成年的每一个时期。"性与关系"教育推动儿童青少年精神、道德、文化、心理和生理的发展，实现对学生的态度和价值观、个人和社会技能、知识和情感等全方位的教育，促进儿童青少年的健康和全面发展，为学生未来成人生活的机遇、责任和经历做好准备。

小学生的认知能力发展快、记忆力强，此时是对儿童进行"性与关系"教育的关键时期。英国小学性教育有4个具体目标：第一，儿童能够自信地谈论、倾听和思考关于性、情感和人际关系的问题；第二，他们能够知道身体器官的名称，描述身体器官对人的作用；第三，他们能够保护自己，并且会求助；第四，通过知识和技能的学习为青春期的到来做好准备。小学第一个学段为5~7岁，此时是小学低年级段，儿童心智发育还不是十分健全，认知能力尚处于比较低的水平，儿童性教育内容主要集中在了解男女身体特征，掌握一些简单的两性交往技巧，学习互相尊重等。第二个学段为7~11岁，儿童的认知能力有一定的提升，即将准备进入青春期，教育内容主要包括学习青春期的生理变化、情感与态度的变化，以及尊重人与人之间的差异性等。

2. "性与关系"教育的内容

"性与关系"教育的内容主要包括态度和价值观、个人和社会技能、性知识与理解等3个方面。

态度和价值观教育内容分为四大主题：第一，培养学生的信心和责任感，充分发挥学生的能力；第二，准备发挥公民的积极作用，如学习道德和价值观的重要性；第三，发展健康和安全的生活方式，如了解家庭、婚姻和稳定亲密社会关系对于健康的重要性；第四，发展良好的人际关系，尊重人与人之间的差异，如探索、思考和理解道德两难的问题情境，发展有利于决策的批判性思维。

个人和社会技能教育内容包括：学习自信地管理个人的情感与人际关系的技能，自尊和同理心的教育，协调矛盾和争端的技能；在经历身体变化之前的小学早期，关注友谊、欺凌和自尊等方面的内容，以及养成自信地表达、倾听和思考有关感情和关系的信心。小学高年级则教授儿童形成良好的人际关系，如学习在无偏见、求同存异的基础上做出选择的技能，学会尊重人与人之间的差异，同时知道如何请求帮助和支持，掌握保护自己的关键技能，避免遭受儿童剥削和虐待等。

性知识与理解教育内容重点放在生理知识，儿童需要学习和了解身体不同阶段的生理变化，如知道生命的由来、青春期的身心变化。此部分内容的教育重点是在孩子身体发育之前掌握青春期所需要的相关生理知识，特别关注发育较早的孩子。小学早期还要关注学生友谊、校园欺凌和个人自尊发展的相关内容。了解人类的性别、生殖、性健康、情感和亲密关系，如学习预防艾滋病和性传播疾病的知识，学习和掌握与他人自信沟通的技巧。小学高年级学生则需要了解推迟性行为的原因，以及由此带来的益处，避免意外怀孕。

3. "性与关系"教育的教学策略和方法

小学性健康教育课程一般采用多种教学和学习方式，包括视频、信息表、小册子、教科书、视觉教具和模型、游戏、角色扮演、互联网和访问。对于教师的教学，《性与关系教育指南》建议了五大教学策略。

第一，建立儿童性健康课程的基本规则。基本的规则能够帮助教师和学生建立一种安全的校园学习氛围，在这种氛围下，能够降低教师的焦虑和尴尬感，特别是教师在应对学生突然、意想不到的问题和评论时。例如，一些课堂的基本原则为：没有人（无论是学生还是教师）需要回答私人问题；没有人被强迫参与讨论；在课堂上只运用科学准确的身体名称。

第二，"距离"交谈。教师为了避免尴尬，同时保护学生的个人隐私，可以采用情景讨论法。例如，角色扮演能够帮助学生去个性化，仅把情景表演出来；进行"创作人物"的个性研究，采用合适的视频资料。

第三，问题处理法。在班级里，授课教师应该建立清晰的规则参数，如哪些问题在课堂出现是合适的，哪些问题在课堂出现是不合适的。例如：其一，如果学生提出比较私人的问题，教师应该用基本规则提醒学生，请他转化问题，或者协助学生请更加专业的学校人员解决；其二，如果教师不知道如何回答学生的问题，教师首先要承认这点，然后建议学生或和学生一起，晚些时间来研究这个问题；其三，如果一个问题对于学生或整个班级来说，明显超越学生的年龄，如有学生报告遭受了性侵犯，教师应该做出承诺，稍后与学生进行个人深入交流；其四，如果教师怀疑这个学生遭受了性侵犯，教师需要向儿童保护机构汇报。

第四，小组讨论和项目学习。研究表明：学生最喜欢的学习方法之一就是小组讨论和项目学习，这种方法能够帮助学生梳理以前的学习内容，深化理解，锻炼学生的社会沟通交流技能，在不同的场合重新考虑自己的信念和态度，反思新学的内容，修订和计划未来的活动。在小学，性教育通过让孩子围成一圈进行小组讨论，能够让孩子进行生动有效的再学习；在初中，性教育可以采用个案研究和项目工作的学习方式，激发学生生动有效的学习。

第五，反思学习。反思对于学生巩固所学习的内容、建立新的理解是非常重要的。教师可以通过提问，帮助学生对他们所学习的知识和技能进行回顾。例如：今天小组讨论，你最喜欢干什么？小组讨论汇总，你从其他人那里学到什么？谁和你的观点最不同，谁和你的成长经历最不同？小组讨论结束后，你要做什么？除了小组讨论的内容，你还有其他需要补充吗？

英国"性与关系"的教育不再把教育焦点仅放在女孩身上，男孩也必须接受教育，了解他们所应承担的责任和扮演的角色，教师会根据男女学习方式的差异制订各种不同的计划。

总之，在英国，"性与关系"的教育不仅是学校的责任，还需要学校、家长和社区共同合作。学校在教学过程中要时刻注意与家长进行沟通，定期与家长商讨"性与关系"教育课程的内容，特别是在小学到中学的过渡年。家长有权力决定自己的孩子是否接受"性与关系"教育。如果家长不允许自己的孩子接受学校的"性与关系"教育，学校一般会做出替代性的安排，如为这些家长提供学校标准的儿童性教育内容的资源信息包。

三、美国的性教育

美国也是现代关注性教育最早的国家之一。美国性教育的发展大概经历了3个阶段：第一个阶段是为了避孕的安全教育阶段；第二个阶段是以基督教伦理道德为价值标准的禁欲型性教育；第三个阶段是近年来蓬勃发展的全面性教育。从美国性教育的发展阶段来看，性教育最初是一种为了解决社会问题的实用型教育，如安全性教育主要解决艾滋病发病率高的社会问题，而如今，美国性教育逐渐发展成为学生身体、品德、心理及价值观念等深层次内容全面发展的教育。

1. 性教育的目标

虽然美国重视儿童青少年性教育工作，但是由于美国教育行政制度是典型的地方分权制度，目前国家层面并没有制定独立的学校性教育标准和内容，更多是将学校性教育作为健康教育的重要组成部分。《国家健康教育标准》是发展和制定独立的性教育标准的重要参考，美国《国家性教育标准》（*National Sexuality Education Standards*）就是在此标准的基础上制定的。相比于国家层面，各州根据本州不同的情况，制定学校性教育的方针或相关课程标准，学校性教育实际的管理权是委托给各个学区，因此，美国各州开展学校性教育的内容和方式具有一定的差异性。

当前在美国中小学，安全性教育和禁欲性教育仍有广泛的市场。安全性教育的目标是预防艾滋病及性病的传播、减少青少年怀孕。禁欲性教育是教授青少年了解婚前性行为的严重危害，以及婚前禁欲对个人身心发展的重要价值，教导青少年如何应对性诱惑，帮助青少年树立以基督教普遍的价值观、行为规范为基础的性道德。目前，美国提倡的全面性教育是一种综合型性教育，教授青少年性发展所需要的知识、技能、态度和价值观，在情感和社会发展的背景下，从各个层面去解读"性"，不仅传授知识，更赋予儿童青少年必要的生活技能，获得积极的"性"态度和价值观。

2. 性教育的内容

美国性教育的主要内容相对丰富和开放，这主要与其国家的社会文化背景密切相关。美国的性教育是在儿童青少年性传播疾病，尤其是艾滋病和少女怀孕激增的背景下产生和发展的，因此，美国性教育的内容强调包括艾滋病在内的性传播疾病的预防和避孕的内容，并且对性行为、性健康等较为敏感的话题也做了详细的规定。这些教育内容在其小学性健康教育中也有所体现。

但是，由于美国行政体制的特殊性，各州进行学校性教育的内容和方式具有一定的差异。美国除了康涅狄格州和华盛顿州专门针对性教育制定了相关标准外，大多数州仅将性教育内容融入"健康教育标准"和"体育与健康标准"课程进行规定。例如，加利福尼亚州健康教育标准中包含了六大健康领域，其中"生长发育与性健康"专门对性教育的内容进行了详细的规定，并且指出在幼儿园阶段到小学三年级，"生长发育"是教学的重点，而在小学五年级之后才开始讲授"性健康"的内容。又如，华盛顿州的性健康教育内容包括解剖学和生理学，生长与发育，生殖健康，艾滋病和性传播疾病的预防，预防妊娠，自我认同，亲情、友情和爱情，性健康服务、性犯罪相关的华盛顿州法律等。再如，内华达州的性教育内容主要包括生长与发育，疾病预防，身体结构、功能和发育过程，青春期身体、心理、情感和社会变化，尊重个体差异，性传播疾病的预防等。

（1）禁欲性教育

美国禁欲性教育是由性健康医学研究所（Medical Institute for Sexual Health）推动的。1996年，该研究所颁布了《性与人格教育全国指南》，主要内容是教育学生保持良好的性健康状态和预防疾病。该指南为学龄儿童提供性教育的内容，重点是发展他们的普适价值观和人格，建立人际关系，培养其沟通和做决定的技能。禁欲性教育中涉及的普适价值观是指尊重、谦虚、勇气、自控、同情、责任、忠贞和毅力对于亲密关系的重要作用，及其对于人格发展的重大意义，它能够对个体性行为产生积极影响。该指南提供了6个主题教育内容，分别是人类发展、人格发展、人际关系、性、性行为与后果、媒体与社会。每个主题有3~6个相关话题，主要包括人体与健康、青春期、生殖、生命阶段、做决策、承诺与设定目标、友谊、爱情、婚姻与家庭、为人父母、人类的性、性欲、亲密、忠贞、禁欲与性健康、避孕、性传播疾病、艾滋病、虐待与性虐待、拒绝的技能、媒体素养、性与媒体、媒体的影响等。

（2）全面性教育

非政府组织在美国全面性教育相关标准和政策的制定中起到十分重要的作用。美国性信息和教育委员会制定和出版了《全面性教育指南》(Guidelines for Comprehensive Sexuality Education)，为开展学校性教育提供了关键概念、主题和信息的基本框架。全面性教育为从幼儿园到十二年级的学生选定7个性教育主题，分别是：第一，从解剖学和生理学的角度帮助学生理解人类基本功能；第二，青春期发育相关的个体身体、社会和情感的发展；第三，自我认知，理解人类的几个基本方面，并理解自己是谁；第四，了解人类是如何怀孕和繁衍生息的，同时要知道人类如何避孕；第五，在性传播疾病和艾滋病方面，要有相关知识和避免感染的能力；第六，人际关系，促进学生建立与家庭和同学之间的关系；第七，个人安全，帮助学生认识学校安全环境，建立起创造和维护安全环境的意识。

美国中小学性教育内容基本对应和涵盖了儿童青少年所处成长阶段存在困惑、亟须解决、普遍存在及需要面对的众多问题。一般性教育的内容按照学段可分为5~8岁、9~12岁、13~15岁、16岁及以上。包含的内容主要有生理现象、青春期心理、性本能、性观念、性约束、寻求帮助等现实问题，覆盖面广，针对性强。下面主要列举小学性健康教育（5~12岁）的内容。

小学一至三年级（5~8岁）的内容有：①知道创造新生命是大自然最伟大的奇迹之一；②学会认识并爱护自己的身体；③了解男女的差异，并坦诚地谈论这些差异；④懂得隐私权，懂得每个人都有隐私，并能尊重他人的隐私权；⑤认识家庭的重要性，并学会关心家人。

小学四至六年级（9~12岁）的内容有：①胚胎发育、生长变化，以及性别在生殖中的作用，学习染色体、基因、细胞等在性别中的结构和分工，使学生了解家庭分工及对生殖后代的责任等；②知道每个人都按照自己不同的发育速度和特点发展，知道女孩发育比男孩快，但后来男孩会超过女孩；③什么是遗精、月经；④创造一个新生命是大自然最神奇的行动之一；⑤应从正当的途径获取有关性和性生活的信息；⑥性和性欲等人类生殖，男女的性责任等问题。

3. 性教育的方法

美国性教育的方法是多种多样的，一般较多采用以下几种。

①讨论法。针对有关性的各种问题，师生在课堂上畅所欲言地展开讨论。

②直观法。教师展示形象的实物，如人体模型、电影、动画片或录像片等，用具体的事物来辅助对性概念的理解。

③读书法。教师指导学生阅读相关书籍，这种方法往往与讨论法结合进行。

④咨询法。学校心理教师或咨询师用心理咨询的相关原理，邀请相关专家来上课或提供咨询的渠道，对学生进行个别性咨询。

⑤问题情境法或问题讨论法。教师通过创设一个"性"问题情境，请学生表述自己的看法和疑问，或请学生考虑可能导致的后果，进而组织学生讨论，引导学生掌握正确的性知识，树立正确的性道德观念。

⑥同伴教育法。教师鼓励具有相同背景、相似年龄或具有共同语言的伙伴在一起分享性知识、性观念。同伴教育法可以通过玩游戏、自由讨论性问题的方式来增长性知识。

⑦网络教育法。美国有一些网站，如北部加利福尼亚美国公民自由联盟的网站上有一些综合性教育课程，充分利用网络新技术辅助性健康教育的开展和普及。

四、新加坡性教育计划

新加坡与我国同属儒家文化圈，有着共同的历史与文化渊源。随着新加坡经济的飞速发展，新加坡的儿童生活在一个网络信息的时代，儿童可以通过各种访问渠道，如电影、书籍、杂志、互联网等，获得有关性的信息，这些对孩子的身心健康都产生了深远的影响。因此，新加坡性教育在20世纪90年代飞速发展。新加坡教育部制定了"家庭、学校和社会"的性教育框架，形成了"成长岁月计划"（The Growing Years Program，GY）和"授权青少年计划"（The Empowered Teens Program，eTeens）两个性教育计划。两个计划规定了性教育课程的指导思想与培养目标、框架与主题、具体的性教育课程标准。新加坡的性教育开始于父母，继续于学校，补充于社区，3个体系通力合作，共同促进儿童性教育的发展。因此，新加坡性教育构建出一个学校、家庭和社区三位一体的教育框架。

1. 指导思想和总体目标

新加坡性教育的指导思想和总体目标是"以家庭为基础和婚前禁欲"，内容涉及性知识、性技能、性道德观、性价值观及健康、负责任的两性关系。围绕指导思想和目标，新加坡教育部制定了性教育的框架，即家庭、学校和社会为儿童性教育的实施主题。新加坡作为典型的亚洲国家，坚持儒家"修身、齐家、治国、平天下"的文化传统，因此，新加坡宣传家庭的价值，强调家庭在社会中的地位和意义，促进家庭功能和作用的发挥。新加坡性教育坚持婚前禁欲的理念，通过对学生实施性教育，使学生认识到贞洁的重要性，并同时促进青少年良好人格的形成和品德的养成。无论儿童获取性知识的来源和途径是什么，家长都是他们的最佳资源，孩子可以从家长那里得到终其一生的关于性话题的正确的经验和错误的教训。

2. 具体目标

新加坡对儿童青少年进行性教育的具体目标主要体现在4个方面：其一，教授科学准确的性信息，如人类成长过程中的性生理、性心理及由性引起的情绪变化等知识，怀孕、避孕措施等内容，性侵犯、艾滋病及其他性传播疾病的预防和治疗等信息。其二，促进学生形成健康的性观念。培养学生正确的性道德观和价值观，帮助学生建立自身的道德底线，尊重自己，也尊重他人。其三，教授学生做负责任的选择和决定的能力。向学生传授"婚前禁欲"的理念及随意性行为对自身和家庭造成的后果和影响，鼓励学生在与异性交往的过程中，做出负责任的选择和决定，避免过早产生性行为。其四，帮助学生更好地认识自我和他人，促进其建立健康、负责任的人际关系，促进个体身心的健康发展。新加坡的学校性教育一方面向学生传授一定的认识自我的手段和方法，帮助学生更好地认识、管理自己的思维、情绪和行为；另一方面，教授学生具体的社交技巧和方法，促进其更好地与他人进行沟通与交流，获得良好的两性关系。

3. 主要内容

（1）学校性教育

新加坡学校性教育是一个整体、循序渐进的过程，从小学到大学都有符合儿童身心发展特点的课程设置，旨在满足儿童在不同阶段的发展需求。鉴于本研究的主要方向，重点剖析新加坡小学性教育的主要内容。新加坡学校性教育计划主要包括成长岁月计划和授权青少年计划。在小学阶段，更多使用成长岁月计划（GY）。

新加坡小学性教育遵循教育部整体性教育课程的设置。小学分为两个阶段：初级阶段是小学一至四年级，高级阶段是小学五、六年级。性教育内容具体包括五大主题，分别是人的发展、人际关系、人的性健康、性行为，以及文化、社会和法律。依照儿童身心发展，每个阶段讨论一个主题，所涉及的主题在下一个阶段得到更深入的讨论和学习。人的发展主题重点讨论学生青春期身心和情感的变化；人际关系主题重点讨论同伴关系，教授学生建立健康人际关系的技能；人的性健康主题重点向学生传达性健康的重要性，以及教授学生如何避免性行为；性行为主题重点向学生传达人类的性，以及性和性行为对人的影响；文化、社会和法律主题重点向儿童青少年传达社会、文化和法律对性及性别的认同等。

小学高年级阶段每学期有固定课时数的专门性教育课程，小学低年级则主要通过各学科教学渗透。自2011年起，新加坡所有小学都引入了级任教师辅导课。小学一至四年级学习性教育的内容较为简单，主要教授低年级学生认识自己和异性的性别差异、身体各个器官的名称、基本的自我保护知识。通过课程教育，学生大概了解儿童性侵犯的概念，能够分辨哪些是安全的行为，哪些是性侵犯的行为，知道如何保护自己，预防儿童性侵犯。除此之外，在小学低年级，教师还教授学生当自身遭受性侵犯时，寻求有效帮助的技能，以及与同伴交往的技巧、感受自我和他人情绪的能力（同理心），从而帮助学生更好地适应不同的社会关系。小学低年级主要是通过学科渗透，在级任教师辅导课或活动上进行学习，如每周会分配固定的课时，要求级任教师开展社交和情感教育（Social and Emotional Learning，SEL）及互动活动。

新加坡小学的五、六年级正式开始设置了专门的性教育课程，如健康教育课、科学课、品格与公民教育课。学校必须每学期为学生提供至少4小时的性教育课程。五年级的性教育主要包括3个主题：学生初入青春期时生理、心理和情绪的变化及挑战，人类家庭的结构类型及家庭对个体的作用，儿童性侵犯的概念及保护自己安全的途径和方法等。六年级的性教育主要包括2

个主题：其一，教授学生识别健康的友谊特征，以此作为准则评判自己和朋友是否具有良好的品质；识别并区分爱与迷恋，并分辨因爱与迷恋而产生的不同情绪和感受，同时教授学生如何管理情绪，排解迷恋情绪。其二，教授学生通过社交网络确定与异性关系的利弊；如何合理使用互联网，辨别网络信息，并教授学生安全上网和自我保护的方法和措施。

（2）家庭性教育

新加坡高度重视家庭性教育，认为家庭是社会的基本构成，父母能够在儿童性教育中起到积极正向的作用，因此，新加坡把家庭性教育纳入国家性教育计划。新加坡教育部专门针对家长编写了性教育读物，一方面提高家长自身的性教育观念和能力；另一方面帮助家长更好地与孩子进行性话题的沟通与交流。

父母在儿童不同的年龄阶段使用适合其年龄阶段的词汇开展家庭性教育。教育的主要内容依据儿童年龄的不同而有所不同。在0~2岁，家长用正确的名称帮助孩子认识生殖器官，满足孩子的好奇心，帮助孩子进行自我探索。在3~6岁，家长可以利用绘本、动画片等帮助孩子认识男女生身体的差异，并教育孩子保护隐私部位的重要性及保护隐私部位的技能。幼儿阶段还要教会孩子分辨安全的接触和不安全的接触。对于7~9岁的儿童，家长可以利用图书等帮助孩子深化之前学习的经验。在10~11岁，家长可以借助科学的男女生身体解剖图，向孩子解释男女生的身体构造差异，并结合图示，向孩子解释男女生青春期身心的正常变化。在12~17岁，孩子进入青春期，家长应尽可能全面且不带批判地、客观地回答孩子有关性、约会和恋爱等的问题，如与孩子谈论约会的注意事项及产生婚前性行为的后果等。家长在确保孩子上网安全性的前提下，借助网络和多媒体等手段开展青春期性健康教育，培养青春期儿童健康的性态度和价值观，鼓励孩子与他人建立健康、和谐的人际关系。

4. 教育方法和途径

新加坡教育部提倡性教育是一个特殊的教育领域，需要采用特殊的教学方法。特别是对于小学儿童，除了考虑到孩子的年龄特征外，还要考虑到性教育的特殊性，不仅要征得家长的支持，而且要孩子容易接受，适应教育发展的要求。新加坡在性教育领域采用的教育方法主要有以下4种。

第一，跨学科教学法。新加坡小学性教育，特别是低年级的性教育分散在各个学科中，虽然高年级有专门的性教育课程，但是小学性健康教育实际上整体仍普遍采用跨学科的教学方法，以课程的形式开展，如级任教师辅导课、科学课、品格与公民教育课。

第二，案例研究法。案例研究法主要是通过真实案例和真实故事的呈现，通过学生分析、演绎和讨论案例的形式向学生传授性健康的相关信息。这种形式主要用于儿童预防性侵犯的教育，可以通过讲述儿童遭受性侵犯的案例，引发学生对案例进行思考和讨论，并对预防儿童性侵犯事件提出自己的建议。在案例讨论中，教师引导学生采用正确、科学的理念进行自我保护，如提高识别儿童性侵犯的能力，掌握自我保护、预防性侵犯的技能。在案例的分享过程中认识儿童性侵犯，了解国家为保护儿童免于遭受性侵犯而颁布的法律条款等。教师还可以通过案例研究，教授学生如果遇到危险情境如何寻求他人的帮助，如何自救等。

第三，现实生活场景法。现实生活场景法主要是通过场景模拟和角色扮演的方式，让学生在轻松、随意、玩乐的氛围中接受正确的性教育。现实生活场景法可以涉及多个日常生活的情境，让学生主动选择扮演的角色，亲身体验当下角色的心理和行为的变化，在角色扮演中获得性健康的信息，逐渐形成科学正确的性观念、性道德和性价值观。

第四，叙述法（故事法）。叙述法是一种以自身的经历或虚构的故事为主要形式，帮助学生认识和澄清与性健康教育相关观念的教学方法。通过课程，教师讲述他人或亲身经历，以叙事的方法，带领学生体验故事主人公的价值趋向和行为选择，并通过故事传递科学正确的性知识、性观念和两性相处相关的信息，促使学生形成科学健康的性道德和价值观念。

儿童性教育对于具有东方文化特色的新加坡是具有挑战性的，但是随着时代的发展，专家和家长都认为儿童性教育有重要的意义。为了更好地保障中小学性教育工作，新加坡教育部抓住重点，制订学校性教育的计划，强制各个中小学对学生实施规定课时的性教育。另外，强调了校长的职责，中小学校长要为儿童青少年性教育计划提供规定的时间，确保性教育课程按照教育部全面性教育框架的要求进行。参与儿童性健康教育的教师必须接受教育部的专业培训。除了学校性教育的保障外，教育部还鼓励家长开展家庭性教育，并为家长提供教育资源和材料，支持家庭性教育。同时，社会组织作为外部供应者为学校性教育计划提供额外的资源，社会组织为学校性教育补充了丰富、专业、科学的性教育资源，以弥补学校性教育的不足。

五、国际组织的儿童性教育

各类国际组织也积极推动儿童性健康教育，联合国教科文组织教育部门（UNESCO）与联合国艾滋病规划署秘书处、联合国人口基金（UNFPA）、联合国儿童基金会（UNICEF）、联合国妇女署、世界卫生组织（WHO）分别于2008年和2018年推出和修订了《国际性教育技术指导纲要》（简称《纲要》）。《纲要》提供了全面性教育的清晰理解，全面性教育的目的是使得儿童青少年获得科学、准确且适龄的知识、态度和技能，从而建立积极的价值观。

1. 全面性教育的目标

全面性教育着眼于儿童青少年成长过程中不断变化的需求和持续发展的能力，基于课程，根据学习者的年龄和所处的发展阶段，及时提供适合其当前阶段知识、技能、态度和价值观的全面、综合的信息，从而确保儿童青少年的健康、福祉和尊严。

2. 全面性教育的主要内容

全面性教育包括8个核心概念的主要内容，分别是关系，价值观、权利、文化与性，理解社会性别，暴力与安全保障，保持健康的技能，人体与发育，性与性行为，性与生殖健康。每个核心概念又细分为4个年龄阶段，分别为5~8岁、9~12岁、13~15岁、16~18岁。低年龄的儿童学习的内容一般为简单基本的信息；为了让儿童更好地度过青春期，在9~12岁与13~15岁对有些内容特意进行了重复，学习难度螺旋上升。为方便教育，全面性教育的8个核心概念都有相应的知识、技能和态度的学习内容。每个核心概念又被拆分为2~5个主题。对于不同年龄阶段的儿童青少年，每个主题的学习要点不同，在全面性教育过程中，每个教学主题都会被多次重复，复杂程度也逐渐增加，新的教学内容建立在以往学习内容的基础上。依据全面性教育的年龄划分，小学全面性教育分为两个阶段：一个为5~8岁的低年级段，另一个为9~12岁的高年级段。

第一，关系的核心概念包括4个主题，分别是家庭、友谊、爱与关系，宽容、包容与尊重，责任与养育子女。5~8岁的低年级段家庭的学习要点是知道世界上存在多种多样的家庭，每个家庭成员都扮演着不同的角色，男性与女性在角色和责任上都存在差异等。友谊、爱与关系的学习要点是知道什么是友谊、朋友；珍惜友谊，能够展示对朋友的信任、尊重、理解和分享等；学会建立并保持健康的友谊。宽容、包容与尊重主题中，儿童学习每一个人都是独一无二的，都要为社会做出贡献，学习如何表达宽容、包容和尊重。责任与养育子女的学习要点则是能够描述"家庭"和"婚姻"的概念，知道不同的婚姻和家庭方式等。9~12岁的高年级段家庭的学习要点包括儿童了解父母为孩子提供指导和支持，父母会影响儿童的决策；不同的家庭成员存在不同的权利和责任，知道家庭成员角色平等；认识到健康和疾病会影响到家庭功能等。友谊、爱与关系的学习内容包括认识到向他人表达友谊和爱的方式多种多样，人际关系的平等是保持健康人际关系的一部分。宽容、包容与尊重主题中，儿童认识到污名和歧视是有害的，认识什么是欺凌和骚扰，公开反对骚扰和欺凌，并学习应对骚扰和欺凌的技能。责任与养育子女主题中，儿童需要掌握什么是家庭的责任、婚姻与养育子女的关系，认识到什么是称职的父母，自己所在国家和文化的家庭养育子女的方式等。

第二，价值观、权利、文化与性的核心概念包括3个主题，分别是价值观与性、人权与性，文化、社会与性。5~8岁的低年级段在价值观与性的主题中认识什么是价值观，知道个人、同伴、家庭和社区可能存在不同的价值观。人权与性主题中，儿童学习人权的概念，知道每个人都应该得到尊重。文化、社会与性主题中，儿童学习了解自我，知道家庭和社会对自我定义的影响。9~12岁的高年级段在价值观与性的主题中，儿童能够知道自己的价值观受到父母或其他监护人的影响，认识到家庭和社区的价值观和态度会影响到个人的行为和决策，能够反思自己从家庭中学习到的价值观。人权与性的主题学习重点是帮助儿童了解儿童的权利，知道国家对于儿童权利的保护。文化、社会与性的主题学习重点是教授儿童了解本国文化、宗教和社会会影响人们包括性的很多观念，认同性的观念是多元的，尊重不同文化、宗教和社会对性的理解。

第三，理解社会性别的核心概念包括3个主题，分别是社会性别及其规范的社会建构，社会性别平等、刻板印象与偏见，基于社会性别的暴力。

5～8岁的低年级段，社会性别及其规范的社会建构的学习内容主要是儿童知道什么是生理性别、什么是社会性别。社会性别平等、刻板印象与偏见的主题学习中，儿童认识一些因为社会性别不平等而受到不公平待遇的人或事件，认识到无论社会性别如何，都要尊重他人。基于社会性别的暴力学习中，儿童能够认识到不同场所可能发生的性别暴力行为和事件，知道所有基于社会性别的暴力都是错误的，学习如何帮助正在经历社会性别暴力的个体，如向信任的成年人求助等。9～12岁的高年级段社会性别及其规范的社会建构中，儿童能够定义社会性别角色，举例社会规范、文化规范，认同有很多因素能够影响社会性别，反思社会、文化和宗教对于人们社会性别的影响，学习和尊重他人的社会性别。社会性别平等、刻板印象与偏见的主题中，儿童学习关注家庭、朋友、社区等社会性别不平等的现象，培养和学习在健康人际关系中促进社会性别平等的方法，知道一些社会性别不平等的刻板印象和偏见，认识到刻板印象和偏见的消极影响，学习挑战刻板印象和偏见的途径和方法。基于社会性别的暴力主题的学习重点是：儿童知道所有基于社会性别的暴力都是错误的，是对人权利的侵犯；学习如何帮助正在经历社会性别暴力的个体，知道社会性别刻板印象和偏见是暴力的根源，学习主张社会性别平等、反抗暴力的方式和途径。

第四，暴力与安全保障的核心概念包括3个主题，分别是暴力，许可、隐私与身体完整性，信息技术的安全使用。5～8岁的低年级段暴力教育主题的内容包括：儿童能够识别暴力，认识到暴力解决问题的错误，如学习什么是儿童虐待、儿童性侵犯，识别危险情境，识别家庭父母之间的暴力，学会如何寻求帮助。许可、隐私与身体完整性主题教授儿童是自己身体的主人，认识身体的隐私部位，能够拒绝不安全的接触并寻求帮助。信息技术的安全使用中，儿童需要了解互联网和社交媒体在帮助人们互相了解的同时，也可能让人们特别是儿童暴露在危险之中。9～12岁的高年级段在暴力教育主题学习中能够举例说明什么是儿童虐待、儿童性侵犯，包括网络欺凌；知道对儿童的各种虐待都是违法的，识别危险情境，学习应对的技能，及时寻求帮助；儿童了解什么是亲密伴侣之间的暴力，认识到家庭暴力的错误，并学习寻求帮助。许可、隐私与身体完整性主题中，儿童关注青春期男孩和女孩的身体隐私，学习用沟通来保护自己，并且拒绝不受欢迎的性接触。信息技术的安全使用主题中，教授儿童关注互联网和社交媒体可能带来的各种危险，儿童能够认识到色情媒介对男性、女性和性关系的错误描述可能会误导人们，学习在网络使用过程中如何获得信任的成年人的帮助。

第五，保护健康的技能的核心概念包括5个主题，分别是社会规范和同伴对性行为的影响，决策，沟通、拒绝与协商技巧，媒体素养和性，寻求帮助与支持。5～8岁的低年级段在社会规范和同伴对性行为的影响主题中，学习同伴影响可能会带来好或坏的结果，能够掌握应对同伴压力的方法。决策主题中，儿童知道每个人都有权做自己的决策，但要承担自己决策产生的后果，认识到儿童需要信任的成年人的帮助来决策。沟通、拒绝和协商技巧主题中，儿童学习识别健康和不健康的沟通方式，认识到社会性别可以影响人们之间的沟通。媒体素养与性主题中，儿童知道媒体传播的信息有时也是错误的，能够辨识媒体传播的信息。寻求帮助与支持主题中，儿童学习关注谁是可以信任的人，知道人们互相帮助的方式，知道在危险情境下向信任的成年人寻求帮助。9～12岁的高年级段在社会规范和同伴对性行为的影响主题中，知道同伴可以影响青春期和性有关的行为和决策，了解同伴影响的正向和负向作用，并学习应对消极同伴压力的技能。决策主题中，儿童认识到决策是可以学习的一项技能，能够运用决策解决问题，知道影响决策的因素包括朋友、文化、社会风俗等。沟通、拒绝和协商技巧主题中，儿童重点学习有效的沟通有不同的模式和风格，能够意识到协商需要双方的尊重、合作，并学习如何有效地倾听及与他人沟通。媒体素养与性主题中，儿童能够意识到媒介能够影响与性和社会性别相关的个人价值观、态度和行为。寻求帮助与支持主题中，儿童能够了解学校和社区能够提供多种帮助和支持的途径，意识到儿童不仅需要信任的成年人的帮助，也可以从社区获得帮助。

第六，人体与发育的核心概念包括4个主题，分别是性与生理卫生、生命、青春期发育、身体意象。5～8岁的低年级段在性与生理卫生主题中，儿童认识关键的内外生殖器官名称，简单了解其功能，知道每个人的身体（包括残障人士）都是独一无二的，喜爱自己的身体，但也尊重他人。生命主题中，儿童学习精卵结合生命开始，初步了解女性怀孕经历的变化。青春发育期主题中，儿童初步认识人类生长发育会经历青春期，认同青春期是青少年成长过程中正常、健康的一部分。身体意象主题中，儿童重点学习喜爱自己的身体，尊重他人的身体。9～12岁的高年级段，在性与生理卫生主题中，知道身体的性健康和生殖有关的部位，知道女性月经周期的排卵和男性精子产生的射精是生殖过程中不可或缺的部分，生殖过程中男性和女性的身体都发挥了重要的作用。生命主题中，儿童知道有性行为就可能有精卵结合，可能导致怀孕；认识月经周期变化。青春发育期主题中，儿童学习的重点是描述青春期儿童性与生殖系统的变化，以及由此带来的心理和情感变化，学习保持青春期卫生的方法，如如何使用卫生巾、月经期间的饮食起居注意事项等。身体意象主题中，儿童能够知道一个人的价值不能由其相貌决定，认识到每个人都有其独特而美丽的一面。

第七，性与行为的核心概念包括2个主题，分别是性与性的生命周期、性行为与性反应。本部分内容的重点体现在青春期12岁以后的儿童青少年的教育，但也涉及了一些低年龄孩子学习的内容。5～8岁的低年级段在性与性的生命周期主题中知道人是群居动物，喜欢与他人亲近，能够用语言表达对他人的情感和亲近，认识到语言和行为会影响我们的情感表达和与他人的亲密感。性行为与性反应主题中，儿童重点学习辨别安全和不安全的身体接触，以及如何应对不安全的身体接触。9～12岁的高年级段在性与性的生命周期学习中认识到性是人类健康的一部分，理解性意味着对他人产生情感和身体上的吸引，认识到对"性"感到好奇并产生疑问是很自然的，可以向信任的成年人询问与性相关的问题。性行为与性反应主题中，儿童学习关注自我青春期（男孩女孩）的身体变化，认识青春期男孩和女孩之间的喜爱之情是正常的发展表现，学习在性行为上做出明智的决策。

第八，性与生殖健康的核心概念包括3个主题，分别是怀孕与避孕、认识艾滋病、预防艾滋病与其他性传播疾病。本部分内容也是更多涉及12～18岁的儿童，但是在5～12岁年龄阶段也给出了一些学习内容。5～8岁的低年级段在怀孕与避孕主题中，重点了解怀孕是一个自然的、可以被计划的生理过程，认识到不是所有夫妻都有孩子。认识艾滋病主题中，儿童能够初步认识什么是艾滋病，知道艾滋病对身体健康的影响，尊重、关怀和支持艾滋病患者过上美满的生活。预防艾滋病与其他性传播疾病主题中，儿童学习"疾病"和"健康"的概念，知道预防疾病、保持健康的方法。9～12岁的高年级段在怀孕与避孕主题中，知道什么是怀孕，意识到过早发生性行为对身体健康的影响，认识到最好的避孕是不发生性行为，知道避孕药、安全套和其他避孕方式，认识到怀孕是男性和女性共同的责任。认识艾滋病主题中，儿童了解艾滋病病毒感染者也有获得美满健康幸福生活的权利，不歧视艾滋病患者，要关心他们，并给予安全支持的环境。预防艾滋病与其他性传播疾病主题中，儿童能够列举性传播疾病的途径，如何降低艾滋病和其他性传播疾病感染的风险，知道可以通过检测发现疾病，及时治疗。

3. 全面性教育的方法

《国际性教育技术指导纲要》指出，高质量的性教育必须要成规模地持续开展，需要国家教育体系的制度化支持。儿童性健康教育可以采用独立课程或融入课程的形式进行。尽管作为独立或融入的课程更有利于性教育的开展，但是从各国实践来看，更可行的方法是在已有的教学内容上进行提升，如健康课、心理课和生物课等。正式的考试能够让学生更认真地对待学习的内容，因此，监测教学质量和学习成果能更好地促进性教育的效果。

已有的研究发现，能够达到较好教学效果的课程数量一般为12节以上，当然，也可以通过特定的活动和项目来补充教学内容。全面性教育的课程教学提倡参与式教学方式，运用互动式、以学生为中心的教学方式，除了教授知识和技能之外，还包含丰富的互动和多样的活动，让学生有机会反思自己的价值观和态度。全面性教育联合国家、社区、学校和家长的力量，共同推动儿童性教育工作，如学校性教育课程、课外活动、社区和健康服务等多方在内的项目更能促进儿童全面性教育的效果。随着时代的发展，运用数字媒体开展性教育能够提供更多机会。

第二章
小学生性健康教育的理论与研究

第一节　小学生性健康教育的主要理论

性教育是健康教育领域研究的重要内容之一，在探讨小学生性健康教育的背景理论之前，我们需要回顾一下健康教育相关的理论。

健康教育是指通过有计划、有组织、有系统的教育活动，促使个体自觉采纳有益于健康的行为和生活方式，消除或减轻健康危险因素，从而预防疾病，促进健康，提高生活质量的一种教育。小学生健康教育的核心目标是使儿童青少年树立健康的意识，形成促进健康的行为，培养对公众健康的自觉性和责任感。儿童青少年时期是人类个体一生中接受能力最强、可塑性最大的时期，儿童青少年时期形成的健康生活方式将使其一生受益。但是，健康生活方式的建立是一个巩固和发展的过程，是一个各种内外刺激按一定的顺序重复多次，大脑皮质的兴奋、抑制关系逐步固定、动力定型的过程。健康教育就是顺应这一过程，培养儿童青少年的健康行为。健康教育的主要场所是学校，学校比任何社会机构都能为儿童青少年提供帮助。学校完整而系统的教学体系、资源和环境能够促进儿童青少年健康信念的确立，改变健康态度，建立健康行为。学校健康教育和健康促进强调社区、家庭和学校三位一体共同育人。因此，本节重点介绍学校健康教育的理论、性健康教育的学科理论和家校合作的主要理论，为进一步科学开展小学生性健康教育研究提供理论支持。

一、健康教育与健康促进的理论

学校健康教育已经形成了比较完整的理论体系，包含"知—信—行"理论、健康信念理论、社会认知理论、阶段转变理论、社会网络与支持理论、机构发展理论等。健康促进也包含健康教育，但是在解决某些问题的时候，不能单纯采用健康教育，还需要进行健康促进，如争取社区和学校协助健康教育就是学校健康促进的中心内容之一。本部分重点介绍学校健康教育应用较为广泛的"知—信—行"理论和社会认知理论。

1. "知—信—行"理论

学校健康教育应用较为广泛的理论之一是"知—信—行"理论。"知—信—行"模式也称为认知模式，是行为改变较为成熟的模式。该理论模式认为，人类行为的改变分为3个连续过程，分别是获取知识、产生信念和形成行为。其中，"知"是对有关知识的认识和理解；"信"是正确的信念与积极的态度；"行"是行动和行为。知识是基础，信念和态度是动力，行为是结果。儿童青少年只有掌握正确的知识，才能树立正确的信念，采取积极的态度，从而建立健康行为，改变不健康行为。

该认知模型中的"知"字即知识。健康的知识对健康行为的形成非常重要。人需要先有知识，才能有意识地采取某种健康行为。知识能够激发健康行为的动机，儿童青少年通过学习，不断提高健康知识水平，为其健康奠定基础。模型中的"信"字是指"信念和态度"。科学的信念能够促进人们科学健康的行为，人们对某种事物和现象深信不疑，才能自觉地对自我行为和环境进行分析判断，促进行为改变朝向选择和追求健康的环境。态度是指对人、事采取的持久、一致的行为倾向，是信念的集合，也是对某人、某事物、活动、观点等所持有的相对稳定的情感，可以是积极的，也可以是消极的。态度和信念能够维持和指导人们去改变自身的行为。模型中的"行"字指的是"行为"。人的行为从健康的维度可以分为健康促进行为和健康危险行为。健康促进行为是指该行为与个人和社会的健康期望一致，客观上对个体健康有利，且不损害他人的健康；健康促进行为一般有一定的强度，表现较为明显，行为稳定，有一定的持续作用。健康危险行为则与健康促进行为有完全相反的含义。

2. 社会认知理论

社会认知理论由美国社会心理学家班杜拉提出。该理论认为，个人行为、认知、其他因素、环境事件等交互作用影响人的行为；对结果的期望、自我效能、行为能力、对他人行为的认知、环境的影响等能够决定个人和集体的行为。

社会认知理论中有以下几个关键概念：首先是自我效能。自我效能是指个体对自己能否在一定水平上完成某一活动所具有的能力判断、信念或主体自我感受；也就是个体在面临某一任务活动时的胜任感及其自信、自珍、自尊等方面的感受。自我效能也可称作"自我效能感""自我信念""自我效能期待"等。其次是行为能力，行为习得能力是交互作用的结果。自我效能是认知，行为能力是实践。个体在实施某行为前，首先知道该行为的含义和行动实践的方法，做到知识和技能相结合。最后是认知他人行为或观察他人行为。班杜拉的社会学习理论强调的是观察学习或模仿学习，在观察学习的过程中，人们获得了示范活动的象征性表象，并引导适当的操作。人们在观察学习的过程中逐渐形成自身的行为准则，并在实践中变成自己的行动指南。

二、学校性健康教育的学科理论

小学生性健康教育是综合型教育，涉及学校教育的各个学科教学，但是主要植根于性科学，从其各分支中汲取营养，确定教学内容。学校性健康教育的学科理论包括性生理、性心理、性伦理、性道德、性法学、性哲学和性美学等学科的内容。

性生理学。性生理学从人的生理结构和生理反应两个方面来研究性的发展。从静态的角度研究人体九大系统之一的生殖系统，如生殖器官的结构和功能。从动态的角度研究人身体的生理发育，如男性和女性的第一性征、第二性征等，以及涉及生命的生殖健康各个阶段的生殖过程、功能和系统。

性心理—行为。性心理—行为学是用心理学的观点、理论和方法研究人类性行为与发展的过程。性心理—行为指在性生理的基础上，研究人类的性心理发展、性别角色社会化过程及性健康等。人类的性活动不仅是生物的本能反应，还包含丰富的心理活动，如性身份的塑造、性角色的进入、性意识的发展、性的社会化等。当代的性心理学涉及的内容非常广泛，包括性别认同或性身份（心理性别）、性取向、性偏好、性欲、性感受、性心理的毕生发展、性功能障碍、非机能性障碍、性心理障碍（性变态）等。

性伦理和性道德。性伦理学是研究性道德现象及其本质和规律的学科。性伦理学可以用科学的、理论思维的形式反映性道德现象，揭示性道德的起源、形成、发展、演变的规律及其本质、特征和社会作用，使人们从理性上把握性道德的本质，预测性道德发展的趋势。它的内容包括性道德的起源和本质、性道德的结构和特征、性道德的历史演变及规律、性道德的社会功能和作用、性道德的社会调控和自然调控等内容。

性法学。性法学是研究对人类性关系和性行为的法律保障、法律规范和法律调整的科学。性法学在其法学方面主要涉及性关系和性行为,以及与性关系、性行为密切相关的其他社会关系和社会行为的民事法律调整、刑事法律调整和行政法律调整等。性法学运用法律科学和性科学的原理与方法,在研究人类性行为和性关系的事实与规律的基础上,总结对人类性行为和性关系进行法律保障、法律规范和法律调整的历史经验,揭示对人类性行为和性关系进行法律保障、法律规范和法律调整的客观规律,为社会提供有益于解放和发展生产力、社会全面进步和人类文明幸福的最佳性法律对策的科学依据,同时,促进性法律与性法制的改革、进步和完善。

三、家校合作的教育理论

1. 家校合作的传统理论

布朗芬布伦纳的生态系统理论是支撑中小学家校合作的重要理论之一。该理论以儿童为中心,把影响儿童发展的外界分为4个系统,分别为微系统、中系统、外系统和宏系统。其中,"微系统"对儿童青少年产生最直接的影响,家庭是主要的微系统,接下来是朋友和学校;"中系统"主要指微系统背景中的交互关系;"外系统"是指对青少年产生影响的社会背景;"宏系统"包括特定文化中的意识形态、态度、道德观念、习俗及法律。依照生态系统理论,学校、家庭和社会相互关联依存,共同影响儿童的健康成长。良好的亲子关系、师生关系及社会氛围能够为儿童的健康发展提供良好的环境。除了社会的整体风气和氛围影响孩子成长之外,学校和家庭就是孩子成长最重要的两个世界,家长与教师是孩子成长最重要的关键他人。

家校合作共育的概念内涵当前尚无明确的界定,泛指在培养学生成长为德智体美劳全面发展人才的过程中,家庭和学校产生的教育合力。基于重叠影响阈理论的家校合作共育是通过学校、家庭、社区之间建立一种新型的伙伴关系,家长参与学校教育活动,能够改善学校教育氛围。学校、家庭、社区形成教育合力,才能更好地帮助儿童在学校和未来走向社会的生活中取得成功。爱普斯坦的重叠影响阈理论强调,学校、家庭和社区三者既可以从不同的角度单独对儿童的成长发挥各自的育人作用,也可以交互叠加作用,协同承担儿童德智体美劳全面发展的任务和责任,共同构成儿童成长的场域。

基于重叠影响阈理论，家校合作以儿童为中心，家庭和学校在儿童成长和教育上相互配合、交互影响。家校合作是双向的教育活动，家长是学校的支持者、参与者，学校是教育的组织者、主导者，家长和学校共同承担儿童全面发展的任务和责任，促进儿童健康成长。

2."互联网+"家校合作的创新理论

在我国，家校合作逐渐成为教育研究中的一个重要议题。基于互联网、移动终端的家校合作模式也逐渐活跃。我国出台的《教育部关于加强家庭教育工作的指导意见》明确指出，要加快形成家庭教育的社会支持网络。作为新媒体终端的微信日益普及，是促进家校合作的重要媒体支持方式之一。微信作为一种技术媒体，被家校双方接受与应用，也遵循创新扩散理论的5个过程，分别是获知、说服、决定、实施和确认。微信支持下的家校合作的基本模式是以"微信群"为基本单位，通过构建班级微信群将儿童的家庭和学校衔接起来。教师通过在微信群中分享、反馈，帮助家长了解儿童在学校生活的具体情况；而家长通过基于微信群的信息沟通和反馈互动也会激发教师的深度思考，从而帮助教师更全面地了解不同的学生。基于微信群的沟通有灵活、平等、即时等特点，从而加强了家庭和学校教育对儿童成长的双重影响。微信群有以下六大模块作用：其一，信息发布，如学科作业、重大活动、通知的提示等；其二，信息即时反馈，如家长的问题能够得到及时的回复、小窗口的一对一指导等；其三，学习资源分享，利用微信的跨平台接口功能，将教育资源及时发布在微信群中，如课程资源、网页等；其四，微型家长会，微信群打破时空界限，可整合文字、语音和视频召开家长会；其五，教师教学教育的指导，利用微信平台，教师可分享经验和专业知识，辅助学生的家庭学习，打造家校合作的教育共同体；其六，风采展示，家长通过微信群全面了解孩子在学校的整体状况，通过班级微视频和日常生活照片，提高家长参与儿童教育的积极性。虽然以微信群为基础的家校共育也存在一些不足，如信息庞杂、重点不突出等，但微信支持的家校合作打破了时空界限，打造家校共同享有学习资源和服务的共同体，总体上促进了家长、儿童和教师的良性互动。

第二节 国外小学生性健康教育的研究

很多国际组织和国家都建议从儿童早期开始性健康教育。儿童早期性健康教育有助于从小培养儿童良好的性素养，提高他们通过多种方式表达性和性别的信心，帮助他们应对同伴压力，让他们学习自己做决定和对自己的行为负责，发展他们的决策力和批判性思维，发展他们在人类社会生活中的道德意识。早期儿童性健康教育对建立儿童的性文明、性道德非常重要，同时，对于青少年未来获得和保持健康快乐也非常重要。但是，国际上对于儿童性健康教育存在一定的社会焦虑，主要源于文化的论述，这些论述持续地认为对于青春期之前的孩子开展性教育是没有必要的，不符合儿童发展，冒险且危险。因此，世界各国，即使是西方发达国家的儿童性教育都受到了种族和文化环境的限制，如儿童性教育应该在什么年龄开始，家长在什么阶段开始与孩子谈论"性"的话题，哪些内容可以教授给儿童，如何教、谁来教等问题被不断地争论和讨论着。若干研究发现，对儿童时期性教育的极端和错误的认识，如控制儿童的性好奇，让儿童远离科学的性理念和知识等，反而会造成儿童的焦虑。

一、基于校园的儿童性健康教育的效果评价研究

综述以往研究发现，很多西方国家都开展了学校性教育，如澳大利亚、新西兰、英国、美国和加拿大。这些研究表明，小学开展性教育非常重要。首先，孩子们想要学习；其次，教育帮助儿童为青春期的到来做准备，一些儿童较早进入青春期；再次，父母愿意学校开展性教育，因为儿童生活在充满性信息的环境中；最后，儿童性健康教育帮助其选择更加健康的生活，如儿童早期就形成了性别定式，有利于预防儿童性侵犯，学校性健康教育能够协助家庭开展坦诚性教育。一些研究也发现，青少年能在性教育中有所受益，特别有益于他们今后的生活。例如，接受全面性教育的青少年有更少的危险性行为、更少的性伴侣，更可能用合适的保护措施，少女怀孕的可能性更低。但是，以儿童青少年为研究对象的调查发现，孩子们的性知识经常是零散的、碎片化的，他们获得信息的来源多样化，包括父母、同伴、学校教育、流行文化和媒体。相关研究发现，儿童报告他们了解婚姻的来源是日常

生活的观察、同伴交流、儿童文学、流行文化和电视节目。然而近年来，随着少女怀孕、性传播疾病和艾滋病的流行，各国政府更加关注在学校对儿童青少年开展性教育，并以此作为一种经济和健康的手段来应对这些社会问题。罗宾逊等的一系列研究建议：基于校园的性教育需要符合儿童年龄的特点且具有持续性，家庭和学校需同步开展性教育。总之，学校性教育有效性的证据正在不断增长和加强，不同国家和地区基于实证研究的结果均显示了儿童性健康教育的积极效果。

1. 国际组织的研究

联合国教科文组织2016年关于全面性教育的证据回顾分析了22个相关回顾性的研究和70项基于学校和课程的随机对照试验研究，这些研究的对象是5~18岁的儿童青少年。这些实证数据表明，学校性教育对儿童青少年有着积极的影响，如儿童的性与生殖健康知识水平的提升，性态度和性行为的改善。在联合国教科文组织所回顾的性教育项目中都显示，儿童性教育增加了人们对性及怀孕或性传播疾病（如艾滋病）感染风险的知识。儿童青少年的项目评估发现，全面性教育能够增加父母与孩子之间关于"性和人际关系"的交流，能够提高青少年处理性情绪风险时的自我效能感。相关的追踪研究发现，性健康教育会对儿童的社会心理和行为结果产生长期和显著的积极影响。

跨文化的研究也发现，有效的性健康教育在不同的环境中实施，同样会对儿童青少年的知识、态度和行为产生积极的影响。研究还发现，如果对项目进行一些调整，则可能降低它的有效性，如减少课时数量，省略关键的信息或技能，参与教育实施的人员未经充分的培训或不合格等。但是，改变一些项目的语言、图片或文化参照物不会改变性教育的有效性。国际组织跨文化的研究提示，与家庭和社区结合的学校性教育最具影响力，如培训卫生工作者，发放安全套，鼓励家长与教师积极参与多元项目。

2. 发达国家的研究

瑞典的性教育开展得较早，且以学生的个人成长为导向，因此，其中小学性教育效果非常显著。在发达国家里，瑞典青少年的怀孕率和堕胎率、未成年生子人数都是较低的。瑞典通过开展性教育工作，人们进行性的自我保护意识明显增强，第一次性交的年龄明显推迟。

美国开展的全面性教育工作也取得了一定的成效，其全面性教育内容符合青少年的实际生活需要，显著地提高了他们的性知识水平及对性行为风险的感知能力。2007年，道格拉斯评估了全美48项全面性教育计划的教学效果，发现绝大多数性教育计划都能增加青少年的性知识；接近90%的项目计划提高了青少年性知识水平的总分，增强了青少年对性传播疾病（包含艾滋病）的知识。同时，美国全面性教育促进了儿童青少年对"性"的积极态度，提高了学生自我保护意识。道格拉斯的研究发现，约50%的项目改变了学生对性的态度，超过60%的项目能够提高学生禁欲的态度，接近55%的项目改善了学生对于安全套的态度。美国全面性教育有效地推迟了不同性别、不同年龄的青少年初次性交的时间，从而促进了青少年采取保护的性行为。在美国48项全面性教育计划中，有27项调查了危险性行为的变化，其中超过一半的项目降低了青少年的危险性行为，还有超过60%的计划减少了青少年的不安全性行为。

英国教育部自2000年《性与关系教育指南》颁布后，要求所有公立中小学必须开设儿童性教育课程，同时强调在中小学性教育过程中，学校要与社区和家长开展广泛的合作。英国"性与关系"的教育并不以考试的方式进行考核，而是通过儿童学习和实施后的身心变化来评估儿童性教育的有效性。通过课堂观察、抽样教师访谈、对教师和儿童的问卷调查及家长的反馈，评估学生学习的目标、内容和方法的有效性。教师们要充分注意到有效的性教育和人际关系教育，注重儿童保护问题，符合儿童保护和隐私保密的政策。英国的研究报告发现，80%的小学都聘请外部专家来校指导或上课。外部专家来源多样化，包括地方社区或卫生服务机构（如疾病控制中心）、学校卫生保健机构（如中小学卫生保健所）、儿童保健医疗机构（如妇幼保健院）、家庭生活服务机构（如家政中心）等。虽然聘请外部专家，但是性教育也有校内教师的支持和合作，上课的频率是每周一课，持续4~6个星期。小学非常愿意让外部专家来指导高年级的孩子，年龄为10~13岁，但是对于年龄为5~9岁的孩子，一般不倾向使用外部专家，而由内部教师来教授，能产生积极的效果。尽管这些教育需要必要的外部支持，如学校文化、父母加入、社区支持等，但相应的政策都保证这些外部支持的环境教育与学校的课程教育相一致。相关研究还发现，英国性教育课程的效果有时更多取决于教师个人的自信和能力，因此，对于学校可持续的推进课程，教师自身的性教育素养和教育教学能力很关键。整体来看，英国对某些小学的评估研究认为，小学的"性与关系"教育基本达到了教育部的要求和目标，提高了学生的性知识和技能水平，也全面提高了学生的综合素质。

虽然澳大利亚并没有将性教育作为儿童青少年的强制教育（在小学和初中），但是在某些州，如维多利亚州，确实实施了从学前到十年级的学校强制的性教育。澳大利亚儿童性教育的经历通常是不全面的，总是随着学生的学校、州和地区而发生变化。澳大利亚在新威尔士、维多利亚州推行性教育的课程，有课程大纲，而且推行的时候都进行了学校审核，在推行性教育的同时，家长可以选择是否接受，孩子也可以随时退出。澳大利亚小学性教育也初步取得了一些成果。儿童通过性健康教育的学习，综合素养得到一定提升。

日本是亚洲较早开展学校性教育的国家。日本并没有在学校教育中开设专门的学科进行儿童性健康教育，而是由日本教育部做整体指导，将性健康教育的内容融入健康和体育、家庭经济学、人际交往和道德教育中。日本教育部整体指导的学校性教育内容包括：①学校基本的性教育观点；②不同年龄阶段性教育的目标和内容；③如何教授性教育课程；④性教育和家庭或社区的联系；⑤学校开展异常性行为的咨询；⑥学校开展特别的主题和相关观察的个体研究。学校融合课程如下：青少年身体发育、异性吸引力、尊重和生殖等主题融入健康和体育，家庭相关的教育融入家庭经济学，人际交往能力和性别关系融入课外活动，帮助朋友和尊重生命融入道德教育。

2004年，日本教育、文化、运动、科学和技术部组织了针对日本学校开展性教育的方式和内容的调查。本次调查共涉及47个日本省市县、2420个城市，包括22 276所小学、10 155所初中和803所特殊学校。结果表明：所有的公立学校都开展了某种形式的性教育，与城市或乡镇相比，地方政府给予了性教育的纲要，67%的学校会给予教学计划，31%的学校建立了性教育委员会；除了法定的教学书籍外，一些有关性教育的书、视频及自编材料也在教学中运用。研究发现：在教学过程中是由教师来选择运用不同的教育内容和材料，而不是委员会；学校更愿意邀请专业的健康教育人员来为初中生上课。结果还发现：大约有80%的小学和60%的初中以信件的形式告知家长性教育的内容，约有44.5%的小学和9.4%的初中邀请家长进课堂。家长对于孩子受到的性教育知之不多,并没有抱怨和询问。虽然超过60%的家长对于儿童性发展有强烈的兴趣,但是此调查结果表明,日本学校性健康教育的质和量都不足,男孩和女孩在性知识中的得分非常低。

新加坡教育部为中小学制定了详细的性教育课程标准,以学校、学年为单位进行性健康教育,如学生在某一学期、某一周需要学习的主题、课程目标、课时安排等,都有详细的安排。另外,新加坡教育部规定性教育必须由专业的教师担任,这些教师都是学校专门挑选,并经过教育部专业培训的。教师每次课程教学后,可以针对每次的主题对学生进行前后测的实验,从而确保学生真正掌握了相应的学习内容,达到了教育目标。新加坡性教育取得良好效果的原因还在于有效监督,校方不仅要在学校的网站上发布性教育的宗旨和计划,还要发布社会组织机构提供的性教育课程内容,以供家长查阅和社会监督。

新加坡教育部与健康促进委员会成立了由心理学家、教育家与医疗人员等组成的性教育委员会,专门对学校的性教育课程内容和方法进行定期检查,而且家长和社区也会定期检查学校的教学效果,提出反馈。对于学校聘请的社会组织机构的资质及性教育的内容,教育部都会组织委员会进行严格的审查和批准,保证学校性教育正确的价值导向。目前,新加坡性教育的成长岁月计划和授权青少年计划取得了良好的效果,帮助学生获得一些性知识和性技能,形成了正确的性态度和性价值观。综合分析,新加坡政府主导的性教育工作能够帮助学生更好地认识自我,并与他人建立健康、负责任的人际关系,促进其身心的健康发展。

国际组织和发达国家的学校性健康教育研究发现,有一些方法可以帮助和改善学校开展性教育。首先,开展家庭和学校教育及提高社区个人安全意识能够帮助低年级的孩子开展性教育。低年级儿童的家长获知孩子要学习性教育,一般会有焦虑的情绪,因此,需要学校与家长进行教育前的解释。例如,告知家长学校性教育的主题包括性别平等教育、儿童自我保护教育等。学校在与家长进行沟通时,需要强调性教育的一些细节,如教育的目标是提高儿童的自尊自信,教育的方式是采用儿童技能学习的活动,教育过程中会谨慎使用敏感而生涩的词汇(如用"隐私部位"替代"生殖器官"的具体词汇等)。因为研究发现,如果直接使用敏感生涩的性教育词汇,常常会引起家长对教育内容的误解，使其产生莫名的焦虑。其次，儿童性健康教育的教学方式多采用活动、游戏等，如用音乐和视频动画的方式教授儿童自我保护的知识和技能，这种方式有趣且有效，低年级儿童非常喜欢。学校教师可以创造机会与家长接触，了解家长的需求和困惑，并向家长传递正确的信息。教师在家长的协助下，能够更好地帮助儿童建立积极的身体形象，为顺利过渡到青春期打下基础。再次，学校性教育的项目要提供适合教师教学和家长使用的教育材料，以协助教师和家长更好地开展家校合作。由于家长和教师在性教育方面缺少培训、知识有限，因此，合适的教育材料有助于他们开展家校一致的儿童性教育。最后，很多国家的学校性教育，特别是小学性教育会选择借助校园外部的力量，如新加坡政府提倡外部专业机构提供教育协助，邀请具有相应教学经验的外部专家，协助学校进行性健康教育教学。澳大利亚的研究也发现，在小学教育中，约有82%的学校会邀请外部专业机构介入。一项澳大利亚的调查显示，61%的学校希望性健康教育能够由外部专业机构的教师承担，仅有4%的学校提出需要更多的学校材料。可见，虽然教育材料很重要，但相较于下发教育材料，学校更希望有外部专业机构的教师介入，协助学校开展性教育工作。另外，大部分的研究也发现，尽管给教师提供了教育材料，但是教师依然缺少上好课的能力，这些教育材料对于教师教学的帮助有限。儿童性健康教育课程确实对授课教师的能力有较高的要求，需要教师不仅具备丰富的性教育知识，而且还有能够处理意外、特殊事件的灵活应变能力。因此，一般授课教师会感到教学的压力，从外部邀请专家进行教育，一方面能够增强学校开展性教育的信心；另一方面又能缓解教师教学时间有限的压力，更好地取得家长的信任。

二、家校合作的儿童性健康教育的研究

家长在性健康教育中扮演重要的角色，传统来讲，性教育普遍被认为是家庭的责任，是比较私密的事情。孩子认为父母是最重要的性健康教育来源，大量的健康教育都在家庭中进行。家庭应该是孩子性教育的开始，很多家长认为应该在家庭中开展性教育，很多教师也认为家长是孩子的第二教师，应该在学校巩固家庭性教育的成果。对日本家校合作的调查结果显示：约有80%的小学、60%的中学低年级会告知家长学校性教育的教学内容，有

45%的小学、9%的中学低年级会邀请家长来学校参与儿童性教育的课堂教学。

儿童通常会向父母提问一些性的内容,如生殖器官的区别、儿童如何出生、什么是怀孕等问题。父母是儿童性教育的来源,不论他们是否胜任这个角色,他们的性态度及日常活动都会向儿童传递一些"性"或"性别"的信息。如果家长在性健康教育方面保持沉默,那么这种沉默将使得儿童对性或谈论"性"感到恐惧,甚至认为"性"是不好的事情。研究表明,儿童在很小的时候就知道某些知识是禁忌,如"性"。沉默的教育会让儿童感到某些问题与父母讨论很尴尬。很多家长和教育者都认为,性教育的对象仅是那些即将进入青春期和生育期的年轻人,婴幼儿关于性的一些问题经常会被家长忽视,或将交流的话题很快转移到其他方面。但大量的研究都提示,性教育应该在儿童早期进行,不能等到青春期。儿童一出生就伴随着性和性别,性的发展伴随孩子一生,父母早期的性教育更有利于孩子从小形成安全和健康的性态度。

1. 家长的儿童性健康教育态度和知识

一些国家基于小学家长的调查发现,家长支持儿童性健康教育的工作,但是他们缺少儿童性健康教育的知识。对一些父母调查的研究显示,父母通常想要他们的孩子获得更好的性教育,至少比他们青少年时期的教育好。罗宾逊等的一系列研究发现,很多家长或监护人、教师和年轻人都认为全面性教育在学校教育中很重要,儿童需要早期开展性教育。美国加利福尼亚州对从幼儿园到十二年级的学校家长进行调查,发现约有89%的家长支持开展全面性教育,38%的家长认为性教育应该在小学开展。另外一项关于美国712个家庭(主要是了解家长对学校教育内容的感知及需求)的调查发现,接近40%的家长认为在小学三至五年级应该教授孩子生殖系统的知识,接近80%的家长支持在学校开展全面性教育。罗宾逊等对澳大利亚342名小学家长的调查结果显示,大部分的家长(71%)或主要照顾者都认为性教育对于小学儿童是重要且必要的,家长也认为小学儿童性教育需要家庭和学校的合作。该研究结果也发现,虽然家长支持学校性健康教育,但是仍然有1/3的家长认为儿童性教育应该是他们自己的责任;大约有1/3的家长认为性教育对于小学儿童不重要也不相关,或者不知道性教育对小学儿童是否重要或必要。

有的家长认为,孩子应该在童年早期就掌握所有的性健康教育知识;有些家长认为，早期可以给予一定的教育，随着儿童青少年的成长，逐渐加深教育。罗宾逊等对家长的调查研究发现，小学家长认为有些性教育内容不适合教授年龄较小的儿童，这些内容包括同性恋、双性人、变性人、性交、亲密关系的图片、阴道生育、性渴望、色情、性变态行为、性疾病、避孕和流产等。虽然接受调查家长的社会文化背景不同，对性教育的态度会有所差异，但是不论什么样的社会文化宗教背景、社会经济地位、种族、性取向等，家长或儿童监护人都具有相对保守的儿童性教育观。研究发现，与挪威、瑞典、丹麦、冰岛相比，英国、美国、澳大利亚和南非都有保守的儿童性观念。一些对家长的调查发现，家长倾向于把预防儿童性侵犯、儿童保护的话题包括在儿童早期的性健康教育中。但是研究也发现，父母在儿童性健康教育的认识上也存在一定的误区，如很多家长认为性教育对于女孩更重要，因为女孩可能在社会上面对更多有关"性"的挑战。性教育能够促进女孩在月经前了解自己的身体，减少少女怀孕，避免遭受性暴力。这可能与媒体经常报道女性遭受性骚扰、约会暴力等有关。因此，性教育可以帮助女孩建立批判性思维，从更为全面的角度基于性别审视自我。但是，男孩也会经历青春期，同样需要被保护，同样需要接受性健康教育。

2. 家长的儿童性健康教育行为实践

大量研究发现，在家庭中有关性教育的交流、父母的监督和建议有助于减少青少年时期的危险性行为、推迟青少年时期性交的年龄。虽然家长对于儿童性健康教育持积极正向的态度，但是由于家长缺少相关的教育知识，小学家长开展性健康教育的实际行为非常有限。研究表明，很多家长在家庭中很少开展性教育。学校缺少教育材料，教师缺少培训，青少年缺少系统全面的性教育，互联网则成为孩子获得性教育内容的主要来源。

英国的性健康教育中明确要求父母参与。特步等研究者发现，儿童青少年想要从父母那里获得更多的性知识，然而，父母虽然想要教育孩子，但是性教育的主题让他们感到非常尴尬。首先，家长不知道如何教育孩子，不知道哪些知识是应该教授给孩子的；他们不知道何时开始，教育的细节程度应该如何。研究中发现，很多家长在进行有关性、生殖和亲密关系的亲子交流时存在困难，感到尴尬，缺少信心，认为自己缺少相关的知识和技能。大部分家长认为，他们要等孩子提问相关问题时才给予解答，而不是主动开启这个话题。有些父母甚至在孩子提问相关问题时也不能给予回答、及时教育。沃克在对父母的访谈中发现，在家庭中，母亲更多对孩子开展性健康教育，虽然父母在教育的过程中都有尴尬的经历，但是父亲与孩子在探讨性主题时感到更多的困难。可见，父母没有承担好性教育任务的原因可能包括家长没有信心、缺少有关性的知识、与孩子谈论性感觉尴尬、害怕给孩子传递信息破坏孩子的天真无邪、缺少有效的沟通技能等。因此，性健康教育不仅需要向儿童青少年传播，而且需要家长学习，以弥补家长在这方面教育的缺失。

对父母的教育需要借助社区及健康组织，提供给父母及时的、基于证据的信息，即关于儿童早期性教育的信息。以父母为中心的教育需要培训父母的教育技能，为他们提供材料，支持父母更好地在家庭中开展性教育。家校合作的重点是父母的教育与学校的教育相一致，家庭教育提供更多教育情境，方便儿童青少年在不同时间、不同地点学习同样的性教育知识。英国研究者奥尔德雷德等为伦敦一所小学的家长和学生（5~11岁）提供家庭亲子性健康教育的书籍，供他们进行阅读，并采用人种志观察法和半结构访谈法对他们进行个案研究。结果表明，通过亲子阅读，家长表示他们增加了儿童性教育的知识，也提高了自己对儿童性健康教育课程的认识，书籍更好地帮助他们与孩子进行性健康方面的沟通，并对学校开设性健康教育课程给予了更正向积极的评价。

怀特和伍德采用父母干预的方式，即要求父母选择和阅读一些书籍，通过与专家讨论儿童性健康教育问题的方式进行教育干预，干预的时间是周末一小时。教育干预者是健康教育的推动者、健康教育专家或培训者。教育的目的是提高家长的性健康教育素养。研究者在父母教育干预中采用观察法，即观察家长参与会议的行为、对某些话题的言语和非言语的反应等。研究结果发现，更多母亲会参与培训，父亲对于性健康教育的态度不如母亲积极，而且兴趣有限。总体来看，父母参与性健康教育培训能够积极地促进家庭性健康教育，促进亲子关系。但是观察者也发现，在儿童性健康教育中存在刻板的性别角色，即家长对于女孩的性健康教育更多持积极的态度，但是，对于是否给予男孩性健康教育，家长犹豫不决。例如，父亲经常提及的一个因素即不愿意和他们的孩子谈论性，母亲也感到教育儿子有关性的话题很有挑战性。总之，为了能够更好地开展基于家长的性教育培训项目，需要了解父母关于儿童性教育的信息、父母教育行为的期望、父母开展性教育的信心，以及父母在干预项目中的兴趣点。

3. 促进家长开展性健康教育的因素

父母开展儿童性健康教育的相关因素包括：第一，家庭的准备情况，如父母做好准备开展性健康教育，孩子做好准备接受性健康教育；第二，父母之前在原生家庭接受教育的情况，父母过去的经验与他们开展性健康教育相关；第三，父母会受到学校、朋友、其他家庭的影响，而决定是否开展性健康教育。研究同样发现，限制父母开展性健康教育的因素包括：第一，没有意识到他们的孩子需要性健康教育；第二，不认为性健康教育应该由父母来进行；第三，与孩子谈论"性"感觉非常尴尬；第四，父母不确定孩子是否应该接受性健康教育，应该说和做哪些事情；第五，父母通常具有错误的性教育观念，认为亲子性教育一定要始于一个正式的性健康教育话题，而实际上，亲子性教育的各个话题都是生活化的，是在非正式场合下开始的。

相关研究也提供了一些促进父母开展性健康教育的因素：第一，父母要在繁忙的家庭生活中寻找机会开展性健康教育；第二，父母需要建立"不认为性健康教育是家庭教育的禁忌"的观念；第三，父母对于"性"的话题需要保持开放的态度；第四，父母在孩子的发展过程中，要能够主动、循序渐进地学习一些知识；第五，家校合作，家校教育内容一致能够促进家庭中的亲子交流；第六，学校或社区要让家长非常容易获得一些儿童性健康教育的信息和材料，为家长下发教育材料能够增强亲子交流的动机，以及家庭开展性教育的质量。获得材料不仅能够帮助家长教育孩子，家长自身也可以获得相关的性教育知识。另外，学校教育需要提供给家长更多关于性教育课程的信息，提供给他们一些教育方法，方便家长开展教育，如需要告知家长开展性教育的意义，不同年龄的儿童适合怎样的教育，不同年龄的儿童通常会问哪些有关性的问题等。

三、国际小学性健康教育研究的局限性

虽然国际上关于性健康教育的研究取得了一些效果，但是从研究对象、研究方法和研究效果上看，还存在一些局限性。目前，大部分的学校教育和家庭教育基于青春期儿童，很少有研究涉及小学或更小年龄的儿童。而且，

更多的研究是在发达国家开展，在发展中国家开展的研究较少，特别是中低收入国家。虽然已经有一些随机对照研究，但是对于全面性教育的不同层面，以及对儿童健康教育结果影响评估的非随机、非对照和定性研究仍较少。一方面，全面性教育是持续发展的教育，伴随人的一生，但是目前很多随机的试验研究仅在短期内随访评估；另一方面，很多研究都是基于学校课程，基于家庭、学校和社区合作的研究设计相对较少。综合分析，国际小学性健康教育存在以下几点不足。

首先，师资力量不足。目前，儿童性教育所需要的教师培训有限，教师缺少信心和时间开展教育。澳大利亚对于教师的访谈和问卷调查研究发现，教师在开展儿童性健康教育时，在不同地区、不同主题上，教师的自信心水平变化较大，如偏远学校的教师一般不具备开展小学性健康教育的信心和能力，他们通常会寻求外界的专家帮助，从而为本校学生提供定期性健康教育；另外，教师们在某些主题教育上信心不足，这些主题包括生殖系统的组成、青春期教育、性发展和人际关系等。

2011年，史密斯等评估了300所中学的性教育教师，发现大部分教师都认为他们的专业知识有待提高，约16%的教师报告学校没有专门安排正式的课程来开展儿童性健康教育；超过75%的教师表示在开展教育时，很少或没有接受来自外部的帮助以协助开展性健康教育课程。史密斯等的研究强烈呼吁对儿童性健康教育的教师开展培训，让教师有准备，能够胜任课程。

其次，教师没有时间和专门的课程开展教学和研究。有一项对澳大利亚4所公立小学的研究，采用团体访谈法访谈17名教师，其中女教师13名，男教师4名，这些教师教授的年级是小学五、六年级（9~12岁）。该研究发现：学校没有专门的性健康教育课程时间，即使有，时间也非常有限；教师缺少时间和空间去开展性教育。一方面，教师教学任务过于繁忙，约有超过一半的教师由于没有课时，不能开展性教育课程；另一方面，小学教师缺少教学的信心，害怕性教育课程会带来一些负面影响，因此一些教师选择不开设性教育课程。例如，教师培训不足，对于不同年龄儿童性的发展认识不足，不知道如何满足不同身体发展阶段的孩子的需求，如何回答孩子提出的一些令人尴尬的问题等，这些因素都限制了小学教师教授性教育课程。很多小学教师不知道家长对于性教育的态度和想法是怎样的，如何在课堂中引入性教育的主题等。日本的全国性调查显示，学校性教育的时间严重不足，性教育的内容不充分，如日本初中每年儿童性健康教育的时间仅为3小时，而且各种性教育的主题教学散见于健康和体育教育（81.2％的学校）、教师主题教育（52.8％的学校）和道德教育（33.6％的学校），几乎没有设置专门的性教育课程。

再次，小学性教育的开展过度依赖外部提供者。教师理应是进行小学性教育最好的人选，然而调查却发现，教师经常寻求外部的一些帮助进行性教育，如外部机构或专家，以及社区医院、护士、社会工作者等。另外，小学性健康教育多是"一次性"的活动呈现，并且更多是在小学高年级开始，仅局限在10~11岁的孩子接受青春期前期的教育。同时，外部力量的教育频率也较低，内容不持续、不系统，通常是一年一次。教师总担心父母反对进行性教育，因此，他们更倾向于寻找外部专家来进行教育。还有一些教师认为，开展性教育工作是父母的责任，教师是不能在校园开展性教育工作的，这样做会侵犯家长进行儿童性教育的优先权和责任感。

最后，学校和家庭性教育内容有限。很多国家的儿童性教育局限于生理卫生教育，仅教授孩子基本的身体生理知识，忽略全面性教育。澳大利亚的调研发现，几乎所有的教师都认为，他们对于本国的儿童性健康教育的课程标准理解有限；接近1/3的教师不了解性教育课程标准，要么缺少学校的支持进行学习，要么缺少评价性教育课程质量的知识。研究发现，教师非常缺少专业且科学的教育材料，教育材料不足、个人专业发展有限等因素使得大部分的教师不选择或不愿意教授性教育课程。更为重要的是，教师缺少岗前培训，也缺少岗中跟踪培训，这些都使得教师缺少相应的教育知识和教学策略。调查还发现，澳大利亚的中学教师普遍认为，性健康教育课程应该从小学开始，应该包括关系与爱、生殖器官的名称和功能等内容。由于各个州政策不一，研究评估各个州和地区课程的一致性非常困难。日本的一项研究也发现，80％的学校儿童性教育的具体内容仅局限在青春期身体变化、怀孕与生产、性传播疾病3个主题；不足40％的学校开展了月经、避孕和性咨询的内容；不足10％的学校开展了性别多样化的内容。

可见，全世界的儿童性健康教育，特别是小学性健康教育还有较多提升和完善的空间。

第三节　我国小学生性健康教育的研究

美国、英国、瑞典和澳大利亚等发达国家的研究和教育实践支持在小学阶段开展儿童性健康教育。但是在我国，在小学阶段开展性健康教育仍然处于探索阶段。中华人民共和国成立70多年以来，特别是改革开放的40多年，党和国家一直在关注儿童青少年的健康发展，20世纪80年代以来，有多达几十个相关文件涉及儿童青少年性健康教育。从青春期健康教育到预防艾滋病教育，从安全教育到预防儿童遭受性侵犯的教育，体现了党和国家从多方面、多角度开展儿童青少年性教育的规划。人们对儿童青少年性教育的观念也发生了变化，从排斥到关注，再到今天的强烈需求及探索如何开展教育，对儿童性健康教育越来越重视。社会媒体也从不敢报道到主动为性教育呼吁、倡导和宣传。但是，目前我国研究者更多还是关注初高中阶段的青少年性健康教育工作，关注小学生性健康教育的研究相对较少；很多研究与中学衔接，小学阶段仅关注对高年级学生青春期前期的教育，对于低年级儿童性健康教育的研究较少。

一、我国小学生性健康教育的研究

小学儿童的年龄是6～12岁，小学阶段是儿童身心发展发生巨大变化的一个时期。小学阶段儿童学习能力持续提高，是学习各类知识和技能（也包括性知识和技能）、养成良好卫生习惯、形成自身价值观的重要时期。校园是儿童获得知识和技能的地方，基于校园的性教育，能够帮助儿童弄清楚男女性别差异，减少他们成长中的烦恼，学会保护自己的身体，树立健康科学的性价值观。我国近年来逐渐意识到小学生性健康教育的重要意义和价值，党和国家不仅出台了一系列有关小学生性健康教育的政策和文件，全国各地也不断出现各类对于小学生性健康教育的调查和教育干预研究。虽然目前有关小学儿童性健康教育的研究相对较少，但是也拉开了探索我国小学生性健康教育的序幕。

（一）我国小学性健康教育的政策文件

1992年，国家教育委员会颁布《九年义务教育全日制小学、初级中学课程计划（试行）》，提出小学高年级可以根据需要，安排青春期教育的短期课程或进行个别指导。2001年12月，《中华人民共和国人口与计划生育法》第十三条规定，教育、卫生等相关部门应当组织开展人口与计划生育宣传教育，"学校应当在学生中，以符合受教育者特征的适当方式，有计划地开展生理卫生教育、青春期教育或者性健康教育"。

2008年，教育部颁布《中小学健康教育指导纲要》，内容包括五大领域：健康行为与生活方式、疾病预防、心理健康、生长发育与青春期保健、安全应急与避险，每个领域都有与儿童性教育相关的内容。对中小学性教育纲要、标准和条例都有了更为具体的要求，而且儿童性教育的内容也逐渐丰富。《中小学健康教育指导纲要》将小学生健康教育的水平分为三级，分别为水平一（小学一、二年级）、水平二（小学三、四年级）、水平三（小学五、六年级）。小学一、二年级在生长发育与青春期保健领域的学习内容包括生命孕育、成长知识，知道"我从哪里来"。在安全应急与避险领域有关性教育的内容包括：不玩危险游戏，注意游戏安全；发生紧急情况会拨打求助电话。小学三、四年级在生长发育与青春期保健领域与性教育有关的内容包括：人的生命周期包括诞生、发育、成熟、衰老、死亡；初步了解儿童青少年身体主要器官的功能，学会保护自己。小学五、六年级在生长发育与青春期保健领域的学习内容包括：青春期的生长发育特点；男女少年在青春发育期的差异（男性、女性第二性征的具体表现）；女生月经初潮及意义（月经形成及周期计算）；男生首次遗精及意义；变声期的保健知识；青春期的个人卫生知识。在安全应急与避险领域中有关性教育的内容主要是提高网络安全防范意识。

2011年，国家颁布的《中国儿童发展纲要（2011—2020年）》中进一步加强了儿童健康指导和干预，在"儿童与健康"领域明确提出加强生殖健康服务。将性与生殖健康教育纳入义务教育课程体系，增加性与生殖健康服务机构数量，加强能力建设，提供适合适龄儿童的服务，满足其咨询与治疗需求。在"儿童与法律保护"领域明确中小学生普遍接受法制教育，法律意识、自我保护意识和能力明显增强。该纲要要求：消除对女童的歧视，宣传性别平等观念，增强全社会性别平等意识。"儿童与法律保护"领域第7条明确要保护儿童免遭一切形式的性侵犯；建立受暴力伤害儿童问题的预防、强制报告、反应、紧急救助和治疗辅导工作机制。

为落实教育规划纲要，促进教师专业发展，建设高素质教师队伍，2012年，教育部研究制定了《小学教师专业标准（试行）》，要求教师了解小学生安全防护的知识，掌握针对小学生可能出现的各种侵犯与伤害行为的预防与应对方法，了解对小学生进行青春期和性健康教育的知识和方法。2013年9月，教育部联合公安部、共青团中央、全国妇联共同出台了《关于做好预防少年儿童遭受性侵工作的意见》，明确要求学校要通过课堂教学、讲座、班队会、主题活动、编发手册等多种形式开展性知识教育、预防性侵犯教育，提高师生、家长对性侵犯犯罪的认识。2014年8月，教育部印发的《义务教育学校管理标准（试行）》中也要求学校开展以生活技能为基础的安全健康教育；有计划地开展生命教育、防灾减灾教育、禁毒和预防艾滋病教育；普及疾病预防、饮食卫生常识，以及生长发育和青春期保健知识。

2016年《"健康中国2030"规划纲要》中明确指出，要加大学校健康教育力度；将健康教育纳入国民教育体系，把健康教育作为所有教育阶段素质教育的重要内容；以中小学为重点，建立学校健康教育推进机制；减少不安全性行为和毒品危害。该纲要指出，要强化社会综合治理，以青少年、育龄妇女及流动人群为重点，开展性道德、性健康和性安全宣传教育和干预，加强对性传播高危行为人群的综合干预，减少意外妊娠和性相关疾病传播。2018年12月，教育部办公厅《关于进一步加强中小学（幼儿园）预防性侵害学生工作的通知》指出，各地教育行政部门和学校要把预防性侵害教育工作作为重中之重，通过课堂教学、讲座、班会、主题活动、编发手册、微博、微信、宣传栏等多种形式开展性知识教育、预防性侵害教育。

综述以上各个政策和文件，发现从20世纪80年代开始，我国党和政府一直非常关注儿童性健康教育，很多内容也涉及小学生性健康教育。这些政策和文件为开展小学性健康教育提供了政策支持，且随着研究的角度和时代的变化，很多内容也不断进行着修订和补充。

（二）我国小学性健康教育的现况调查

尽管国家的政策和文件支持在小学开展性健康教育，但是实际上，对我国小学性健康教育的研究相对较少，而且研究更多集中在最近5年。有限的研究结果表明，小学生性健康教育的知识有限，但需求强烈；家长支持学校开展性健康教育，但是存在一定的担忧；教师虽然支持学校开展性健康教育，但是对于开展基于校园的性健康教育信心不足，知识和实践有限。

1. 小学生性健康教育的知识有限，但需求强烈

2015 年，胡塔静等对六省 12 所小学的调查研究表明，我国小学生普遍缺乏性相关知识，缺少自我保护意识。近年来，我国研究者在全国各地的小样本调查同样显示，小学生的性知识水平较低。涂中在湖北武汉一所小学调研了三至六年级的学生 174 人，并在五年级进行了学生访谈。该研究的结果发现，接近 50% 的中高年级学生曾经向父母询问过"我是从哪里来的"并得到了解答；中年级有 90% 的学生不清楚男生与女生的区别，高年级也仅有少部分能够准确回答男生与女生在第二性征发育上的差异；仅有 20% 的高年级学生能够知晓遗精和月经相关的知识。研究发现，学生对于性教育缺少科学的态度，缺少男女交往等沟通的技能，相较于中年级，高年级学生能够使用科学、准确的名词描述某些性心理现象，如"恋爱"。

2018 年，胡家心在江西省抚州市 4 所小学调研了 300 名五、六年级学生。研究结果发现，有接近一半的学生从课外书、电视、网络上了解青春期生理卫生知识，仅有不足 10% 的学生从教师和学校课程中获得性相关知识。该调查发现，小学高年级学生缺少与异性沟通的技能，超过一半的学生不会主动找异性聊天或沟通，在与异性相处的方式上，接近 40% 的男生选择游戏或体育活动，女生则接近 35% 倾向于讨论学习。该研究结果提示，尽管学生具备一定的自我意识，但是自我保护的技能欠缺，在遭受潜在性侵犯情境时，仅有不足 40% 的男生和 25% 的女生能够向旁人求助，超过 1/3 的学生选择躲避；1/4 的学生选择大声呼喊。

2019 年，徐宝琪在山东 W 市某小学采用问卷法和访谈法对 506 名小学五、六年级的学生性教育的意识和需求，以及小学性教育的现状进行了调查。研究发现，高年级学生的知识得分较低，但有接受学校性教育的愿望。有超过一半的六年级学生认为身边存在同龄人"早恋"的现象，且有超过 40% 的学生赞成"早恋"。研究发现，高年级学生出现了性知识的困惑，产生了对青春期性教育的需求；大部分学生在遇到困惑的时候会选择求助家长，只有极少数学生向教师请教了有关性或青春期知识的问题，而且求助之后，

有75%的教师告诉学生"回家去问家长"。高年级学生最想了解的知识包括"异性交往""性生理知识""防性侵、自我保护知识"。结果还发现，大部分学生虽然不愿意向教师求教，但是仍然希望学校能够组织统一的性教育，从学校获得性健康教育的知识和技能。总之，该研究提示，高年级学生对性教育的需求强烈，但是性知识掌握较少，甚至存在误区；大部分学生对"性"既好奇，又感觉尴尬、害羞，超过70%的学生认为自己掌握的知识不充足或比较不充足。

2019年，刁缘圆对成都两所小学高年级180名学生进行小学性教育的效果调查。结果显示，仅有1/4的学生认为性知识的来源是教师，小学生表示更希望从家人和书籍杂志中获得性知识。学校开展性教育之后，对小学高年级学生的调查显示：接近90%的男生对于遗精保健、女生对于月经保健都有了正确的了解。可见高年级的性健康教育内容落到了实处，男女生都学习了隐私部位的保护，且女孩在自我保护方面的重视程度显著高于男孩。该研究还发现：虽然学生获得了相关的性知识，但是性观念和态度还未得到科学的引导，如仅有不足一半的学生认为小学生应该学习性知识。

2. 家长支持学校开展性健康教育，但是存在一定的担忧

涂中在湖北武汉一所小学调研了33名家长，发现超过80%的家长支持学校性教育工作，家长特别急迫地希望学校教会孩子面对性侵犯时自我保护的方法，但是超过80%的家长表示学校很少对孩子进行性教育。研究结果发现，接近70%的家长希望学校利用体育与健康课程对孩子进行性教育，特别是利用心理课；但也有1/3的家长希望能够开设性教育专门课程。胡家心2018年调研了江西抚州市4所学校的209名家长，发现家长就孩子提出的性知识问题能够耐心讲解的仅有53%，其余大部分都是搪塞敷衍，甚至是斥责；虽然超过80%的家长认为能够在小学开展性教育，但是其中超过一半的家长认为在小学进行简单的教育即可。从结果中可以发现，多数家长对性教育的内容存在一定的误区，认为小学生性教育应主要注重性生理知识、性安全意识这两个方面的内容；只有少数家长认为小学生性教育内容还需涉及性道德、性法制教育和性心理健康教育这3个方面。2019年，刁缘圆对成都两所小学高年级的179名家长进行小学性教育的效果调查，发现超过95%的家长支持小学性教育工作，但是家长本身的教育行为有限；有超过80%的家长

曾经被孩子提问与性相关的内容，其中超过60%的家长选择不回答，并将相关问题遗留下来，等孩子自行解决。

2019年，张艳茹等对长沙市330名家长进行问卷调查，发现超过80%的家长缺乏科学的儿童性健康知识，但是超过90%的家长认为小学性教育是有必要的。进一步调查发现，仅有约20%的家长表示会经常主动向孩子传授性健康的知识，同样有20%的家长表示从来不会向孩子传授性相关的知识。虽然家长对于小学性教育持积极支持态度，但是还存在一些担忧，如"认为我国性教育的体系不成熟，小学生成为试验品"；家长也有一些错误的概念，认为性教育主要是"传授生理知识，非常难以启齿"。2019年，张红梅等对全国小学四年级至高中三年级的6408份家长问卷调查发现，超过80%的家长表示家庭性教育是必要的；母亲对性教育的重视程度显著高于父亲，女孩家长比男孩家长更看重性教育；父母亲学历越高，认为"有必要"进行性教育的倾向越大；高收入家庭比低收入家庭更看重性教育。研究同样发现，仅有11%的家长在家庭中开展了系统的性教育；而且一直以来，男孩在家庭性教育中处于弱势地位，较少从家庭中获取足够的性健康信息。

3. 教师虽然支持学校开展性健康教育，但是对于开展基于校园的性健康教育信心不足，知识和实践有限

涂中的研究发现，接近90%的教师认为在小学中高年级开展性教育非常有必要，有接近70%的小学教师愿意利用课程教授学生有关性教育的知识，仅有55%的教师认为男女学生应该分开上课。进一步调研发现，教师的教学方式不一，有的利用文化课穿插讲授，有的将其布置为家庭作业，有的主张请专业人士来校授课。但是接近90%的教师表示，小学性教育要获得家长的支持。总体上，教师对于学校性教育的评价为"满意"的仅约3%。胡家心2018年调研了江西抚州市4所小学的200名教师，所有教师都认为本学校几乎没有开展任何性教育活动。另外，教师缺少儿童性生理和性心理方面的知识。调查发现，仅有不足70%的教师表示对人类性生理、性心理发育的相关知识稍有了解，仅有18%的教师认为很了解。研究提示，尽管教师支持在小学开展性教育工作，但是又表现出了消极与疏忽的教学态度；接近80%的教师的教学态度是"领导布置我执行"，还有一些教师认为和学生谈"性"是一种羞耻的事情，即使遇到性教育的内容，也不愿意对学生进行充分的解释与

分析；还有超过一半的教师认为小学性教育工作是家庭的事情。

2019年，张艳茹等对长沙市120名教师的问卷调查发现，仅有约17%的教师表示对儿童性知识熟悉且专业；超过90%的教师认为很有必要在小学开展性教育；但是接近80%的教师表示本学校没有开展过性教育的相关活动或课程，小学性教育并未取得实质性的效果。进一步分析发现，20%开展性教育的学校主要采用讲座、大班课的形式。该研究发现，大部分教师认为学校性教育主要是品德课教师和班主任的责任；大部分教师和家长认为小学性教育的内容应该包括性别教育、预防性侵犯教育及卫生健康保健教育，而性道德及性法制教育较少被家长和教师提及。教师虽然支持性教育，但是知识有限；另外，接近90%的教师反映学校没有专门的性教育材料，也没有统一的评价性教育效果的指标，市场上畅销的教育材料虽然很多，但适合小学生阅读的非常少。

虽然我国小学教师标准中明确要求教师要了解小学生及青春期性教育的知识和教学方式，但是实际的调研发现，有超过80%的教师认为本校性教育的师资一般或较差。大部分学校缺少专门的性教育师资，我国高等师范学校也没有开设专门的性教育专业，师范生性教育的素养有待提高。2019年，徐宝琪在山东W市某小学采用问卷法和访谈法进行教师访谈发现，教师性教育的意识和能力欠缺，性教育缺少专门课程，教育的内容随意且零散，教育形式单一且流于表面，缺少性教育的评价。高年级的教师认为，邀请接受过性教育训练的专门人员来学校授课是最好的方式，其次是不定期由外部专家开展针对家长和学生的讲座。该研究显示，几乎没有教师能够主动承担性教育，原因包括自身没有信心、开不了口、害怕家长反对等。目前，教师对于高年级学生性知识和技能的掌握水平几乎完全不了解。

2020年，肖丹丹对成都市两所小学132名小学教师进行问卷调查，并对5名教师进行个体访谈，发现小学教师虽然支持开展校园性教育，但是他们对儿童性健康教育的认识较为片面，对性教育的理解仅局限在安全和性生理教育，几乎100%的小学教师都重视性安全教育；但是对性道德和性心理教育的重视不足，接近70%的教师认为父母应该讲解性教育的内容，因为性教育中有很多隐私的内容不便在课堂讲授；仅有大约15%的教师认为自己是专业的教育者，能够保证性教育的实施效果。调查发现，在教学过程中教师存在随意应对性教育工作、教学形式单一的问题，且教师缺少性教育的知识。例如，仅有不足4%的教师认为自己很了解儿童性认知发展的知识，但大部分教师对艾滋病（及其他性传播疾病）预防的知识、青春期相关的知识还是有所了解的。研究还发现，教师接受儿童性健康教育的培训非常有限，仅有不足10%的教师表示通过职业培训获取性知识，大部分教师是通过生活经验、网络媒体等途径获取知识，因此，无法保证获得科学准确的性教育知识。该调查显示，超过60%的教师能够用孩子听得懂的语言回答学生"性"相关的问题，但仍有部分小学教师对"性疑问"有回避的态度。教师性教育的形式多是看视频，或者简短的语言提示，且有的教师的教育对象仅为女生，可见男生的性教育容易被教师忽视。

2019年，易玉洁在湖南省岳阳市湘阴县5所农村小学调查发现，农村教师老龄化程度高，队伍缺乏活力，50岁以上的教师占比50%，而且有超过50%的教师童年期也没有接受过性教育。该调查发现，接近90%的教师认为性教育课是有必要的，但是受限于自身的知识水平、时间、教学任务等，从事儿童性教育的工作积极性不高。调查还发现，超过70%的教师认为自己所在的农村学校从未开展过性教育活动；教师关注最多的教育内容与家长相似，即更多关注的是预防性侵犯和儿童保护的内容；接近90%的教师更倾向于学生自主学习的教育方式，如"阅读图书，观看影片"，而且家长和教师都希望借助校外或社会的专业力量协助学校开展儿童性健康教育。

4. 我国对于小学性健康教育的干预研究较少

我国对于小学性健康教育的干预研究较少，仅有的文献也多是基于校园的儿童性健康教育干预的研究，很少有研究基于家庭性教育，特别是对家校合作开展性教育的研究更是少见。桂文玲的研究发现，我国学校性教育的内容深度尚浅，教育的内容依然是零星地渗透在其他课程中，教育的形式有些是讲座，有些是综合课程中包含性教育的散点，很少学校有较为完善的性教育内容。但是也有研究提出，我国教育管理部门对基于学校的性教育有着较为明确的要求与安排，倡导以多学科渗透为主要形式。

2015年，赖珍珍等在北京一所流动儿童学校开展性教育，以三年级学生为研究对象，对116名学生进行教育，然后采用准实验方法基于前测和后测的变化来评价教育的效果。教育内容是依据《中小学健康教育指导纲要》和

《国际性教育技术指导纲要》编写的《珍爱生命》三年级上册和下册的书籍。三年级上册的主要内容包括认识自我、学习沟通、性别角色、网络安全和家庭关系等6个主题；下册的主要内容是青春期发育、青春期性心理、认识疾病和预防疾病等6个主题。每个主题一课，共12课时。研究首先对教师进行培训，培训的内容包括全面性教育理念、教学内容知识点分析、教学方法等；前测和后测的主要内容包括性健康知识和行为的情况。该研究的结果表明，小学三年级的课程能够显著提高流动儿童的性知识水平，从26分提高到30分（满分41分）；流动儿童健康行为提高了4分，从30分提高到34分。

2019年，刁缘圆对成都两所小学高年级180名学生和179名家长进行小学性教育的效果调查。研究发现，学校安排了性教育课程，但是一个月只有一次。与学校4名教师开展访谈后发现，学校性教育的课时难以充分保证，没有专职的教师，而且教师对性知识的学习较少，对性教育的内容理解不深。学校未将性教育课程的考核纳入学校教育考核范围内，所以教学没有稳定的时间保证。总之，学校性教育的内容比较片面和陈旧，如没有教师知晓全面性教育的内容，教师的教学内容更多关注生理卫生保健的教育，对于性道德、性法律、性保护的教育内容有限或完全没有。该研究提示，由于学校和教师知识有限、教学内容陈旧、教学方式单一，学生对于学校性教育的评价也不高，很多学生甚至更愿意从父母那里获得性知识。

我国乡村小学性教育缺乏，学校性教育开展较为困难，教育内容陈旧，师资力量和经费支持不足。2019年，肖蕾等通过分层随机整群抽样在四川省8所农村小学对8名小学分管领导和78名班主任进行问卷调查，并对8名小学分管干部进行访谈。研究发现，当地的教育主管部门均要求学校开展性教育，但是对性教育的内容不明确，差异较大。8所小学中有6所开展了农村小学性教育。小学性教育内容包括性生理知识、青春期心理与保健知识、良好卫生习惯、性侵害防范知识、新生命诞生知识与性别教育。儿童性教育形式主要为教师课堂讲授或学生自学，教学方式比较单一、固化。承担性教育课程的教师多为班主任，多依托自然、心理健康和班会课来开展。该调查显示，农村小学没有专业的性教育教师，班主任是承担儿童性教育的主要后备师资；接近80%的班主任认为校外组织与学校合作开展性教育是有必要的。校内外合作的教育内容应该包括参与学校学生教育课程或活动，对学生家长进行培训，帮助学校进行性教育课程或活动设计等。对教师和相关领导的访谈发现，小学性教育关注高年级学生，但忽视了中低年级；学校开设性教育课程，但没有工作量考核，也几乎很少发放费用。该调查结果显示，各级财政没有对学生性教育进行专项拨款，学校缺乏性教育经费；即使开设了性教育课程，也没有性教育经费，无法给任课教师发放课时费。

2019年，易玉洁在湖南省岳阳市湘阴县随机抽取5所农村小学进行问卷调查和教师访谈。问卷调查研究对象包括小学生198名、家长70名、教师30名；访谈研究对象包括10名小学生、10名家长和10名教职人员。问卷调查中发现，仅有6%的学生会与家长沟通，父母通常在子女倾诉的时候会显得非常不耐烦。该调查显示，农村小学生自我保护意识薄弱，仅有约17%的学生知道"若有人碰触隐私部位"会选择"逃跑"；大部分学生不知道向谁求助，如何求助，自我保护技能水平很低。对于性教育的内容，有接近90%的小学生希望能够学习"认识我的身体"的内容，超过60%的小学生选择了"男女生的区别"的内容，超过50%的小学生选择了"如何保护自己身体"的内容。教育方式的调查结果显示，有接近80%的小学生愿意"自己看书看电视"和"教师上课教授"。低年级孩子更多倾向教师教授，高年级孩子更愿意自己看书学习。农村小学家长高中及以上学历的仅占10%，超过90%的家长童年期从未接受过性教育。农村家长大部分为进城务工人员，儿童也多为留守儿童，更多被祖父母照顾。因此，该研究发现，仅有10%的家长会和孩子沟通；超过40%的家长对儿童性教育采取避而不谈的态度。虽然家长存在一定的担忧，但是大多数家长愿意让孩子接受专业的性教育，态度积极。调查结果发现，超过98%的家长希望学校开设预防性侵害和自我保护的教育内容，接近85%的家长希望开展与"生命诞生"有关的内容。最受家长青睐的教育形式是"阅读图书，观看影片"，比例超过98%；家长第二喜欢的教育形式是"教师讲解"，比例约为85%；仅有20%的家长表示愿意参加培训，然后自己去教育孩子。

二、我国小学生性健康教育研究的不足

综合分析已有的政策和研究文献可以发现，我国党和政府关注和重视儿童的性健康教育，特别是近年来更关注小学儿童性健康教育。但是，我国的

小学性健康教育发展较晚，还存在以下几点不足。

1. 小学性健康教育的政策、文件和纲要细化内容少，落实和评价困难

党和国家从20世纪80年代以来出台了一系列支持性健康教育的政策和文件，但是这些文件中对小学性健康教育指导和支持的内容均为散见，几乎没有针对我国小学儿童性健康教育的专门文件，因此，在政策文件执行的过程中缺失落实和评价的机制。从这些文件中可以发现，我国性教育的内容大多被纳入健康教育整体规划，学校性教育课程也更多从属于体育与健康的领域，从而使得教育内容和课时都无法保证。从政策落实的角度来看，研究发现，很多学校性教育都存在随意敷衍政策、教育内容老旧和贫乏的缺点。目前，学校的性教育都没有被纳入全国或地方的教育质量监测，国家和地方无法评价学生在性知识、技能、态度和价值观等方面的变化，从而不能很好地监督学校性教育的效果。

2. 小学性健康教育仅关注高年级青春期研究，中低年级的自我保护研究有限

综上分析，目前无论我国还是世界上其他发达国家，均更关注小学高年级阶段的青春期健康教育的效果，几乎超过80%的小学性健康教育的研究都是在小学高年级进行的，中低年级较为少见。与高年级学生相比，低年级学生更需要开展性健康教育，已有的调研数据显示，低年级的父母更关注性健康教育中的性保护内容。由于近年来儿童性侵犯的事件频繁爆出，受害儿童超过一半是小学儿童。因此，已有的研究发现，绝大部分小学家长在调研中都希望自己的孩子学习自我保护、预防性侵犯的知识和技能，但是，这方面的研究较少，特别是涉及小学中低年级的预防性侵犯的研究更少。中国已有的关于儿童性教育的研究也有涉及儿童预防性侵犯的内容。刘文利等采用自编教材，在北京一所流动儿童小学一至六年级采用教师、学生和家长访谈和观察等研究方法，进行性健康教育的干预研究。研究结果表明，儿童经过6年的性健康教育，具备一定的客观和积极健康的性态度，且具有一定的性健康和自我保护的知识。金依晨采用准实验研究方法，在北京一所小学一至五年级采用自编教材进行小学生预防性侵犯自我保护教育，结果表明，经过教师教育组的小学生预防性侵犯的知识和技能都有显著提高。这些有限的结果都提示，小学生是可以学习性保护知识和技能的，未来需要进一步关注小学中低年级性保护教育的研究方向。

3. 小学性健康教育较少考虑网络时代对于儿童学习的影响

互联网已经成为儿童重要的学习工具、沟通桥梁和娱乐的平台，对儿童学习和生活的影响持续增强。我国《2019年全国未成年人互联网使用情况研究报告》指出，小学生互联网普及率高达89.4%，首次使用互联网在学龄前的比例为33%，显著高于初中和高中学生。而且，小学工作日日均上网超过2小时的学生占比5.5%，节假日日均上网超过3小时的学生占比为8.5%。该报告指出，未成年人经常利用互联网进行学习的比例达到90%，其后是用网络听音乐和玩游戏，其中，小学生用于网络学习的占比达到88%。小学生利用在线教育平台学习的比例为17%，利用互联网学习课外知识的比例更高，约为31%，利用互联网做作业的比例为44%。但是，小学生利用电脑和手机玩游戏的比例分别为21%和52%，收看短视频的比例为38%。

互联网时代也带来了儿童学习方式和学习内容的改变，特别是小学生也越来越多地利用网络学习。网络学习具有时间空间不受限、资源利用最大化和可重复、学习行为自主、教学双方可远程互动、教学形式灵活多样等特点，这些特点会改变中小学生的学习方式，如学生可以利用碎片化时间进行学习，而且依据人工智能的算法，学生可以对学习内容进行个性化自我调节；特别是远程交互的网络平台可以保证教育的私密性，从而方便学习者更坦诚地吐露问题，进行沟通。因此，网络学习在性健康教育方面拥有天然的优势。随着互联网的发展和媒体信息的丰富，儿童青少年可接触的性相关信息日益增多，然而，这些信息良莠不齐，网络资源杂乱，无法保证其内容的准确性和可靠性，容易对儿童青少年造成误导。因此，引导互联网技术服务科学的儿童性健康教育非常重要。

综合已有文献，我国性教育课程，特别是科学的小学性教育课程缺失，整体师资力量薄弱，学校课时有限，基于互联网的性教育有限。当今，儿童青少年是互联网的活跃用户，容易接受基于互联网的健康教育方式，因此，如果能够科学利用互联网开展性健康教育，基于互联网的性健康教育也许能够成为我国性教育的重要补充，通过网络也可以更好地连接学校和家庭的性教育。

4. 小学性健康教育家校合作较少，更多是校园或家庭的单一教育

分析国内外已有的小学性健康教育发现，虽然国家和政府倡导家校合作

开展教育，但是在实际操作中仍非常少见，而且即使有合作，方式也较为单一，教育统一性不足。我国近年来在小学的研究基本上都涉及学校性教育研究的范畴，如如何支持和监督学校更好地开展儿童性教育，儿童性教育的内容包括哪些方面，性教育课程的教学方式有哪些等，鲜少有研究探索家庭教育的方式及内容。我国虽然有一些关于父母对小学家庭性教育的态度及父母的性教育知识和技能的调查，但是很少有研究涉及父母的家庭性教育实践行为，更少研究关注将学校和家庭性教育结合，促进孩子性健康发展。我国已有的对小学教师的调查也显示，他们非常希望家长能够加入儿童性教育中来，因为毕竟父母是儿童的第一任教师，而且很多对儿童的调查也显示，孩子非常希望从父母那里获得性知识和技能。这些研究结果都提示我们，小学性健康教育不能仅强调学校的作用，更要邀请家长加入，探索家校合作的新方式，更好地从家庭和学校两个微系统中支持儿童的健康发展。

第三章
"互联网+"家校合作小学生性健康教育需求的评价

"互联网+"背景下
家校合作小学生性健康教育的实证研究

第一节 "互联网+"时代小学生性健康教育的新特点

近年来,我国互联网建设进入高速发展的快车道,国家信息化基础设施建设得到长足发展。党的十九大提出"办好网络教育",标志着我国教育信息化进入了全新的2.0时代。"互联网+"深入推动教育的结构性变革,有利于教育信息化2.0的实现,"互联网+教育"和"人工智能+教育"等均是教育信息化2.0时代建设的不同表现形态。国家大力推进"互联网+"建设,"互联网+"具有连通性、开放性、融合性和颠覆性的特点。随着教育与互联网的深度跨界融合,出现了一个新的教育形式,即"互联网+教育",一场信息化的颠覆性变革正在教育界开启。2019年,李克强总理在政府工作报告中提出"发展互联网+教育,促进优质资源共享"。"互联网+"时代为教育信息化带来了深刻的变革和新的推动力,也预示着新的机遇和更光明的前景。"互联网+教育"绝非互联网与教育的简单结合,在教育中运用各种先进的互联网技术,而是要将二者深度融合,将"互联网+"的本质渗透到教育领域,对传统教育进行改造和重构,使其升华为信息时代下新型的教育形态,以使教育满足信息时代的需求。

一、"互联网+"时代对教育的影响

现今,信息技术与互联网平台迅猛发展,互联网思维也逐渐融入整个教育教学过程,"互联网+"优化了教育教学活动。"互联网+教育"也推动了学校的教学改革,如学生可以通过网络获取大量的信息资料,教师不再是获取知识的唯一途径。另外,以互联网为核心的信息技术作为学习支撑,以补充和强化传统学习,为学习者提供更多学习模式和学习机会。

黄荣怀认为,教育研究的3个基本问题是:"学什么""怎么学""在哪学"。首先,"学什么"关注学生的培养目标和学习内容;其次,"怎么学"关注教与学的方式;最后,"在哪学"则关注学习者的学习环境。"互联网+"时代给教育带来革命性的影响。"学什么"这个问题主要体现在"互联网+课程","互联网+"时代的课程资源不仅是对学习内容和学习资源呈现形式的变革,而且是对人才培养的目标的战略转型。对于"怎么学",既代表了"互联网+"时代学习方式的转变,也代表了教育者教学方法的转变。在"互联网+"时代背景下,教育者教学方法的转变不仅要提升自身信息素养,还要调整自身定位,转换自身角色。对于"在哪学"的问题,可以说是"互联网+教育"相比传统教育最为鲜明的特征,也是最基本的突破。传统学习受时间和场所的限制,而互联网的普及将学习行为变成了一项时时处处都可发生的活动。"互联网+"使教育从封闭走向开放,实现了任何人都能够随时随地学习知识、创造知识、共享知识。

二、"互联网+"背景下的性健康教育

在"互联网+"时代背景下,信息技术能为儿童青少年性健康教育带来深刻变革与前所未有的机遇。这些技术的应用和推广,一方面,可以让更多儿童青少年享有平等获得性健康教育资源的机会,推动以学习者为中心的教育模式,打造个性化自适应学习平台,提升综合教育的质量;另一方面,"互联网+"平台为学校和家庭监控儿童青少年的学习效果提供了可靠的反馈工具,能够协助教师和家长随时查看孩子的学习情况,并适时做出指导。在"互联网+"时代背景下,儿童青少年获取性知识和技能的渠道变得平等而开放,随着各种互联网移动终端的普及和新兴媒体技术的发展,儿童青少年的学习可以不受时空限制,随时随地接受信息,他们可以主动地探索知识,依托网络平台和多元化的技术支持与同辈同伴交流、合作。"互联网+"开放的时代,允许儿童青少年以自身的兴趣和能力为基础,选择适合自己的个性化学习方式,学习场地和学习时间也更加灵活和多元。

"互联网+"家校合作教育是指家庭和学校基于学生发展的沟通合作,主要通过信息技术和互联网技术支持下的平台进行,这些平台包括家校合作专网、班级博客、微信圈、QQ群、微信群、飞信群等。基于课堂与学校管理互动模型,在"互联网+"的背景下,学校与家长的合作不仅可以通过家校合作专网、班级博客等方式随时传输家庭教育理念,更好地促进家庭教育的开展,还可以进一步建立微信圈、QQ群、微信群、飞信群等,及时了解学生在校外的表现,综合其在学校内外的表现,与家长进行更为深刻的交流,这种交流是不受时空限制的,教师可以获得更多来自家庭的支持。

"互联网+"的时代，家校合作方式从教师单向主导转向教师、家长和专业人员多元合作的成长共同体。不同教育主体之间是合作共赢的关系，教师或教育专家可以通过"互联网+"将各类学习资源整合起来，与学生和家长交互沟通，教师、专家、学生和家长等共同成为学习资源的建设者、管理者和受益者。依托互联网+家校合作，不仅可增加优质教育的供给，而且有利于教育资源的均衡公平配置。

三、"互联网+"背景下的小学生性健康教育

"互联网+"背景下的儿童性健康教育，能够整合学校和家庭的教育优势，"互联网+"能够有利于教材的信息化，即教材摆脱书本的桎梏，教材的使用者不再仅是教师，还有家长。基于互联网，特别是微信这个交流渠道，能够让教师和家长及时沟通，让家长了解教材的内容，并及时给予反馈。已有的研究结果表明，家长虽然十分支持在学校进行性健康教育，自己也非常愿意在家里开展对儿童的性健康教育，但家长担心自己储备的性健康教育知识和技能不足，如不知道如何或采用何种教育材料对儿童进行性健康教育，而"互联网+"教育的形式，为儿童性健康教育家校合作打开了一个可行的窗口。另外，教材的内容展现不再只是平淡的文字和图片，借助互联网，儿童性健康教育的材料变得更加形象生动，不仅包含文字和图形，还能呈现音频和视频，以及实时的反馈沟通信息。

"互联网+"背景下家校合作开展儿童性健康教育，既保证学校和家庭开展教育的同步性，也能让家长在家庭中持续地帮助孩子练习所学到的性健康知识和技能。学校与家庭关于性健康教育时间和内容的统一性，能够大大促进孩子对性健康知识和技能的掌握，同时，有利于孩子形成科学、客观和统一的性健康态度。"互联网+"教育具有传统教育方式无法取代的优点，如传输信息方便、快捷，信息更新速度快，信息交换不受空间限制，信息存储量大等，这些特点都是传统家校合作模式无法比拟的。儿童性健康教育需要照顾每个孩子和每个家庭的个体差异性，如每个家庭的性教育观念有差异，开放程度有差异，并且每个儿童身心发展程度存在差异等。"互联网+"背景下的家校合作性健康教育试图兼顾儿童家庭教育的个体差异性，在尊重家庭教育差异性的基础上开展适合每个孩子的性健康教育。互联网为新形势下进一步加强家校合作教育提供了

新的沟通和交流的载体。在"互联网+"背景下,家校合作教育路径的互联网技术与基础教育逐渐实现教育理念、教育方式和家校合作反馈方式上的深度融合。因此,"互联网+"教育的背景提高了家校合作的沟通效率。

依据"互联网+教育"的5个核心要素:学习资源、学习方式、师生关系、教学环境和管理模式,研究者进一步分析基于"互联网+"小学生性健康教育中"学什么""怎么学""在哪学"的问题,从而重点关注信息技术给儿童性健康教育带来的深刻影响。

第一,"互联网+"对儿童性健康教育学习资源的影响主要体现在资源形态、资源平台和资源配置上。"互联网+"的平台或技术能够优化整合儿童性健康的学习资源。全面性教育需要跨行业、多类型的学习资源,这些学习资源被整合在"固定—移动""在线—离线""文本—可视"等多种形态中,从而实现儿童性健康教育资源的进一步共享和开放。移动互联网、云计算等技术的发展使得儿童性健康教育的资源平台发生了相应的改变,逐渐形成台式电脑、平板电脑、手机等多终端一体化的资源开放平台。开放的"互联网+"平台能够使优质学习资源的价值和作用发挥到最大化。由于我国各个地区的经济水平、师资水平、课程水平差异较大,基于"互联网+"的优质学习资源可以跨地区、跨学校流动与共享,缩小我国各个地区的教育资源鸿沟,实现任何儿童在任何学校和家庭都能接触到同等优质的性健康教育资源,达到教育资源的优化和均衡化,促进教育公平。

第二,"互联网+"背景促进学习方式由简单知识传授型向互动对话型转变,由集体教学走向个体差异化教学。在技术支持方面,虚拟现实/增强现实(VR/AR)、情境感知等技术不断成熟,使得学生的学习交替发生在真实场景与虚拟场景中,如小学生某些性保护知识和技能可以利用这些模拟情境来进行学习,在尊重儿童身心发展的基础上,全程收集儿童学习的过程和结果的数据,促进有效学习的发生。移动互联网技术还将儿童的学习行为由课堂延伸到课外,"互联网+"支持下的家校合作能够更好地促进儿童在学校的正式学习和在家庭的非正式学习,两种学习方式互相渗透。多情境跨界的学习更利于儿童掌握性健康教育的知识和技能;在基于"互联网+"家校合作的学习过程中强调儿童个性化的探究学习,个性化的学习更符合儿童性健康发展的需求。总之,"互联网+"支持下的学习方式更加灵活,多元突出儿童学习主体地位。

第三,"互联网+"时代儿童性健康教育的教学空间将基于互联网思维进行改造。互联网理念和技术建设的学习空间可以突破围墙的限制,学习空间将扩展到儿童任意的活动空间。学校教育的组织结构和服务模式也得以智能化、个性化发展。"互联网+"背景下,儿童性健康教育的课堂变为线上线下融合、虚实结合的跨界课堂,教学平台支持跟踪儿童学习行为,支持个性化定制,注重学习过程和学习效果的评价,及时利用人工智能、大数据进行儿童学习效果分析并提供反馈,使得儿童能更好地记录自己的全面性教育全程。

第四,"互联网+教育"将构建新型的师生关系,在互联网信息技术的支持下,学生能够快速有效地获取知识和信息。教师的角色不仅局限在校园,还有网络教师、家庭教师。学生自主学习的能力随着其互联网搜索能力的提升而提高,学生也成为自己知识结构的积极建设者,而且随着大数据技术和智能信息搜索的普及,知识更新速度更快。教师不再仅是知识的教授者,而是逐渐过渡为知识的再学习者、创造者;学生也不再仅是知识的接受者,而是逐渐成为新知识的探索者、建构者和创造者,甚至成为新知识的传播者,"互联网+"技术使得教学相长成为现实。

第五,"互联网+"时代对教育管理和服务模式提供了新的支持。高速网络技术支持了跨界的教育协同服务,云计算技术实现了教育资源与教育服务的共享,物联技术使得教育装备和教育环境实时结合。总之,基于"互联网+"的教育管理逐步走向"智慧管理"。"互联网+教育"为以生为本、以人为本的教育服务模式奠定了基础,智能识别师生群体的学习、工作,打通了数据和流程之间的流转,教育服务"一站式""数据化""智能化"。

第二节 "互联网+"小学生性健康教育需求评价的设计与实施

家校合作小学生性健康教育研究,首先需要了解小学教师和家长对于性健康教育的态度、已经具备的知识,以及是否已经开展了相关的教育。本研究的假设是小学教师和家长支持性健康教育,但是以往的研究很少涉及小学教师和家长。如果家长和教师支持性健康教育,那么他们对于小学性健康教育的需求有哪些？期待小学性健康教育中包括哪些内容？期待采用怎样的教育方式？采用什么教学方法开展小学生性健康教育？不同年级的小学教师和家长是否存在不同的需求？例如，小学五、六年级的孩子正处于青春期发育前期，有些女孩已经有月经初潮，那么，小学高年级是否更期待青春期的相关教育？又如，近年来，儿童性侵犯事件频繁被媒体爆出，家长和教师是否更关注儿童性保护、性安全方面的教育？再如，家长和教师更愿意采用什么样的教育教学方式开展性健康教育，毕竟性健康教育是一种敏感的教育，在我国保守的文化氛围下，家长和教师如何开展性健康教育效果更好？这些关于需求内容和方式的调研，对于研发教育实验的课程有一定的指导意义。一方面，了解家长和教师在儿童性健康教育方面的期待和需求，有助于所研发的小学生性健康教育课程更加符合学校和家庭的需求；另一方面，了解教师和家长教育教学方法的不同，更有利于开发适合学校和家庭的不同的教育材料，从而提高家校合作开展小学性健康教育的效果。因此，在教育实验实施之前，我们开展了小学家长和教师的性健康教育需求评价研究。

一、小学家长性健康教育需求评价的设计与实施

（一）抽样样本

小学家长性健康教育需求评价采用分层整群抽样的方式。样本来自北京、天津和河北3个地区。北京市朝阳区、丰台区、平谷区、延庆区和怀柔区8所小学，天津市河东区和河西区4所小学，河北省沧州市、承德市、衡水市和石家庄市6所小学，共18所小学。研究邀请每所小学一至六年级的全部家长参与研究，共有21 679名家长提交问卷。

经过整理，21 402份问卷合格，北京6007份（28.1%），天津2935份（13.7%），河北12 460份（58.2%）。女孩家长10 155份（47.4%），男孩家长11 247份（52.6%）。孩子平均年龄8.77岁（6～13岁，$SD=1.78$）。一年级家长4046份（18.9%），二年级家长3271份（15.3%），三年级家长3876份（18.1%），四年级家长3747份（17.5%），五年级家长3107份（14.5%），六年级家长3355份（15.7%）。

填写问卷的家长中，父亲4528人（21.2%），母亲15 217人（71.1%），其他照顾者1657人（7.7%）。父亲平均年龄37.43岁（21～64岁，$SD=4.93$），

母亲平均年龄36.02岁（20～54岁，SD=4.48）。填写人报告的学生父亲教育文化程度：初中及以下4925人（23.0%），高中6584人（30.8%），大专4913人（23.0%），大学本科及以上4980人（23.3%）；填写人报告的学生母亲教育文化程度：初中及以下5115人（23.9%），高中6015人（28.1%），大专5029人（23.5%），大学本科及以上5243人（24.5%）。

（二）问卷设计

1.家长性健康教育的知识、态度和实践问卷

为了调查家长对小学生性健康教育的意识，本问卷参考国内外已有研究的问卷，从3个维度解读家长的儿童性健康教育的基本情况，包括小学生家长性健康知识维度、小学生家长对开展性健康教育的态度维度和小学生家长开展性健康教育实践行为维度。知识维度包括5个条目，具体包括：您知道生殖器官的科学名称吗；您知道儿童不同年龄阶段性发展的特点吗；您知道预防儿童性侵犯的知识和技能吗；等等。态度维度包括6个条目，具体包括：您赞成在小学开展性健康教育吗；您赞成在学校和家庭一起开展性健康教育吗；您愿意参与学校开展的性健康教育网络/微信课程吗；等等。教育实践包括10个条目，具体包括：您能自信地回答孩子有关"性和性别"等的提问吗；您会与孩子一起阅读性教育方面的书籍吗；您会为孩子购买具有性教育内容的材料和手册吗；等等。家长问卷的知识、态度和教育实践各个维度信度优良，用Cronbach α 系数来估计量表的一致性信度，分别为 $\alpha=0.81$、0.88、0.85；问卷的整体信度 $\alpha=0.91$。采用AMOS17.0对问卷进行结构效度分析，CFI=0.91，GFI=0.90，NNFI=0.90，显示问卷效度良好。

2.家长性健康教育的内容需求问卷

家长性健康教育内容需求包括两个维度：其一，小学生家长对于学校开展性健康教育的内容需求；其二，小学生家长对于家校合作在家庭中开展性健康教育的内容需求。家长对学校教育的内容需求包括10个条目，包括儿童生殖器官科学准确的名称和功能；探讨性别角色和性别差异；预防儿童性侵犯知识等。家庭教育的内容需求包括10个条目，包括如何克服沟通壁垒，有效地与儿童沟通有关"性"的内容；教授孩子预防儿童性侵犯的知识和技能；知道开展儿童性教育科学准确的专业术语等。家长对学校教育和家庭教

育的内容需求信度优良,用 Cronbach a 系数来估计量表的一致性信度,分别为 a=0.92、0.96;问卷的整体信度 a=0.97。采用 AMOS17.0 对问卷进行结构效度分析,CFI=0.95,GFI=0.91,NNFI=0.94,效度良好。

所有问卷在正式实施前,均邀请 3~4 位发展与教育心理学、儿童青少年卫生学专业的学者和教授审阅,根据他们的意见进行了修改。修改后的问卷邀请了 5 名小学家长(3 名母亲、2 名父亲)进行问卷的预答,根据家长的建议和意见进行了修改,以利于小学家长理解,最终形成了研究使用的问卷。

(三)调查实施

1. 生成电子问卷

本研究采用网络问卷调查。研究使用问卷星企业版,首先将问卷上传到问卷星企业版界面,生成电子问卷,然后请 5 名小学家长进行预答后,将电子问卷进行修订,完善网络问卷的回答程序,最后定稿。

2. 联系调研学校

北京市在北京朝阳区教科所、丰台区教科院、平谷区教科所、延庆区教科所和怀柔区教科所的协助下,每个区邀请 1~2 所小学的家长参与调查;天津市在天津教科院的协助下,邀请 4 所小学的家长参与调查;河北省在沧州市、承德市、衡水市和石家庄市教委的协助下,邀请 4 市 8 所小学的家长参与调查。

3. 下发电子问卷二维码

电子问卷以学校为单位下发,每所学校有一个独立的问卷二维码。2018 年 9—12 月,研究者与所有参与调查的学校通过电话和网络充分地与校长沟通,沟通的主要内容包括调研的目的、过程和注意事项等。在获得校长的支持后,调研人员与学校科研主任或相关负责人沟通,对下发问卷的班主任进行培训,包括如何分发问卷、调研注意事项,并下发问卷指导语等内容给班主任。以班级为单位,班主任向家长下发通知,告知家长调研事宜,通知中附有问卷链接的电子二维码,供家长扫描并在线填写问卷,每个问卷仅允许学生的一名家长填写。问卷首页是家长知情同意书,以及填写网络问卷的注意事项。家长自愿、匿名完成答题,整个网络问卷符合伦理要求。家长问卷答题时间为15~20分钟。

(四)数据分析

2019年1月,回收家长问卷,形成SPSS数据库。首先进行数据清理,将不符合要求的调研数据删除,如问卷回答时间过短、不足5分钟,问卷中条目的答案前后矛盾等。清理数据后,形成家长数据库,运用SPSS和AMOS进行数据处理。第一,用SPSS22.0分析问卷的内部一致性信度,用AMOS17.0分析问卷的结构效度,如前所述,家长问卷信效度优良。第二,采用频数、平均数和标准差等统计数据描述家长的背景信息,如父亲、母亲参与调研的百分比、学历背景、孩子的年龄等。第三,运用t检验、方差分析呈现小学家长在性健康教育知识、态度、行为和需求方面的差异。第四,运用多因素回归分析探索可能影响家长性健康教育的知识、态度、行为和需求的相关因素,为进一步开展家校合作的小学生性健康教育提供数据支持。

二、小学教师性健康教育需求评价的设计与实施

(一)抽样样本

小学教师性健康教育需求评价采用分层整群抽样的方式。研究邀请来自北京市朝阳区、丰台区、延庆区、海淀区、怀柔区和平谷区6所小学,天津市4所小学,河北省沧州市、承德市、石家庄市和衡水市6所小学,共16所小学的全部在职在编教师参与网络调查,最终回收1224份小学教师问卷,其中8份教师问卷填写不合格,合格率99.3%。

最终合格的问卷情况为:北京教师问卷511份(42.0%),天津教师问卷205份(16.9%),河北教师问卷500份(41.1%);男教师132人(10.9%),女教师1084人(89.1%);教师的最小年龄21岁,最大年龄58岁,平均年龄38.6岁($SD=8.55$)。教龄5年及以下有266人(21.9%),教龄6~10年有151人(12.4%),教龄11~20年有247人(20.3%),教龄21年及以上有552人(45.4%)。教师的学历背景:大专及以下有183人(15.0%),大学本科有974人(80.1%),硕士研究生及以上有59人(4.9%)。教师的职务分布:普通教师有582人(47.9%),班主任有492人(40.5%),学校管理(教研组长、中层领导)有126人(10.3%),其他16人(1.3%)。教师的职称分布:三级

及以下为175人（14.4%），二级为294人（24.2%），一级为604人（49.7%），高级为143人（11.8%）。

（二）问卷设计

1. 小学教师性健康教育知识、态度和实践问卷

参考国内外已有的教师研究问卷，从3个维度了解小学教师性健康教育的基本情况。第一，教师性健康知识维度，包含5个条目，分别从性健康教育的科学名称、性保健知识、性生理和心理发展知识、性保护知识的角度设计条目；每个条目答对计1分，回答"不知道"或错误计0分，总分0~5分。第二，教师性健康态度维度，包含5个条目，分别从是否支持小学开展性健康教育，是否支持教师作为性健康教育的主要承担者，是否支持家校合作开展性健康教育，是否同意基于网络开展小学性健康教育及是否担心性健康教育会对孩子的发展产生不好的影响；每个条目答对计1分，回答"不知道"或错误计0分，总分0~5分。第三，教师性健康教育实践行为维度，包含3个条目，分别为是否为学生购买专业的教育材料，是否已经开展了科学性教育，学校是否有专门教师来授课；每个条目回答正确计1分，答错或"不知道"计0分，总分0~3分。研究结果用Cronbach a系数来估计问卷的整体信度，a=0.88。

2. 小学教师性健康教育培训需求问卷

小学性健康教育的实施离不开教师的培训工作。小学教师是否参与培训，培训意愿的程度都会影响培训的效果，本次调查旨在了解小学教师性健康教育培训的内容和方式的需求，为未来更好地开展教师培训工作提供数据参考。教师培训问卷由两个维度组成：培训内容和培训方式。教师培训内容需求维度包括9个条目，分别是小学生性生理发展特点，回答小学生有关"性"的提问，小学生日常性保健知识，相关生殖器官疾病和性传染病知识，互联网对儿童性发展的影响，青春期儿童心理发展变化，什么是儿童性侵犯，如何教授儿童性侵犯知识和技能，教师如何应对儿童性侵犯事件。每个条目回答"是"计1分，回答"否"或"不确定"计0分，总分0~9分。教师培训方式需求维度包括3个条目，分别是关于基于互联网开展培训、系列专家讲座、课例交流实践培训；每个条目回答"是"计1分，回答"不确定"或"否"计0分，总分0~3分。研究用Cronbach a系数来估计问卷的整体信度，a=0.95。

教师问卷在正式实施前，邀请3位发展与教育心理学、3位儿童青少年卫生学专业的学者和教授审阅，根据他们的意见进行了修改。教师问卷修改后，又邀请6名小学教师（3名女性、3名男性）进行了问卷的预答和访谈，根据小学教师的建议和意见进行了修改，最终形成了正式研究使用的教师问卷。

（三）调查实施

1. 生成电子问卷

教师调查与家长调查相似，采用网络问卷，使用问卷星企业版。研究人员将问卷上传到问卷星企业版界面，生成电子问卷，然后请6名小学教师预答后，完善电子问卷的界面和应答流程。

2. 联系调研学校

前期在北京朝阳区教科所、丰台区教科院、平谷区教科所、延庆区教科所、怀柔区教科所和海淀区教科所，河北省沧州市、承德市、衡水市和石家庄市教委和天津教科院的协助下，向所在地区的学校发出邀请，学校自愿匿名参加，校长组织，教师集体作答。

3. 下发电子问卷二维码

电子问卷以学校为单位下发、每个学校有一个独立的教师问卷二维码。2018年9—12月，研究者与所有参与研究的学校通过电话和网络充分地与校长沟通，沟通的主要内容包括教师调研的目的、方式和注意事项等。研究者提前将调研的教师问卷二维码、作答问卷流程及注意事项编辑为PPT，下发给学校负责调研的人员，在校长的支持下，利用学校教师集体培训或参加工作会的时间开展团体调研。问卷首页是教师知情同意书，教师匿名填写问卷，答题时间为10~15分钟。

（四）数据分析

2019年1月，参与研究学校的教师均网上匿名填写问卷，问卷星企业版形成SPSS数据库。第一，整理数据，将回收的不合格问卷剔除，最终形成合格问卷数据库。第二，定义变量，采用频数、均数和标准差等描述数据，初步描述教师性健康教育的知识、态度和教育实践，以及教师培训的内容和方式需求。第三，运用单因素和多因素方差分析，探索教师性健康教育知识、态度和实践的相关因素，以及教师培训需求的影响因素。第四，运用多元线性回归，进一步探索小学教师性健康教育实践的促进因素，为进一步开展基于校园的性健康教育提供教师数据参考。

调查说明

尊敬的校长：

您好！感谢您参加本次国家社科基金的网上问卷调研。本次调研对象为本校一至六年级全体家长和全体教师。调研内容：关于开展儿童性健康教育。

一、调研文件夹文档

1. 家长通知（Word 版，内含二维码）。

2. 单独家长问卷二维码（图片，方便转发）。

3. 教师问卷说明（PPT，内含二维码）。

4. 单独教师问卷二维码（图片，方便转发）。

二、家长调研

1. 调研方式建议：采用班主任发放《家长通知》形式，《家长通知》可使用纸质版或电子版（家长微信圈转发），课题组已准备《家长通知》。

2. 注意事项：仅一名家长答题；一个手机仅答题一次；填空题不要空着，请写"无"。

三、教师调研

1. 调研方式：全校大会，负责教师播放调研 PPT，教师当场扫描 PPT 中的二维码完成调研。若有未参加教师，可直接转发给教师图片二维码完成调研。

2. 注意事项：一个手机仅能答题一次；填空题不要空着，请写"无"。

四、调研完成时间

请于通知后 1～2 周内完成本次调研。

最后，再次感谢您的积极配合！让我们一起为中国儿童的健康快乐成长努力！

国家社科基金小学性健康教育项目组

第三节 "互联网+"小学生性健康教育家校合作的需求评价

本研究从家长和教师的角度探索"互联网+"小学性健康教育家校合作的需求。首先,呈现小学家长性健康教育的需求,包括:其一,小学家长开展性健康教育的准备情况,如家长性健康教育的知识、态度和教育实践情况;其二,分析小学家长开展性健康教育的内容和形式需求,如哪些性健康教育内容小学家长需求最为强烈,哪些形式更受家长的欢迎,"互联网+"教育的形式是否合适等。其次,呈现小学教师性健康教育的需求,包括:其一,小学教师开展性健康教育的准备情况,如教师性健康教育的知识、态度、教学实践和培训情况等;其二,小学教师开展性健康教育培训的内容和形式需求,如教师认为哪些性健康教育适合学校,最需要哪些内容的培训;基于网络的培训是否受教师欢迎,教师更加倾向于何种培训形式等。以上调查内容为未来开展基于校园的小学性健康教师培训和家长教育提供一定的数据参考和政策建议。

一、小学家长的儿童性健康教育需求评价

(一)小学家长的儿童性健康教育的知识、态度和实践情况

1. 小学家长的儿童性健康教育知识

本研究结果表明,约76.5%的家长会主动学习儿童性教育方面的知识。家长性健康教育知识有5个具体条目,每个条目最低0分,最高4分,总分0~20分;家长性健康教育知识总分平均值为13.31($SD=3.12$),女孩家长性健康教育知识水平显著高于男孩家长($F=60.49$,$P<0.001$),且在各个条目上均显著高于男孩家长($P<0.05$),具体如表3-1所示。以年级作为自变量、知识总分为因变量进行方差分析发现:随着孩子年级的增长,家长知识水平显著增加(一年级:$M=12.98$,$SD=3.06$;二年级:$M=13.22$,$SD=3.20$;三年级:$M=13.23$,$SD=3.09$;四年级:$M=13.35$,$SD=3.16$;五年级:$M=13.60$,$SD=3.09$;六年级:$M=13.61$,$SD=3.12$;$F=21.47$,$P<0.001$)。

北京、天津和河北家长性健康教育知识总分平均值分别为13.39

(SD=3.05)、13.36(SD=3.16)和13.27(SD=3.15),方差分析结果表明,北京和天津家长总分显著高于河北家长(F=3.49,$P<0.05$)。其中条目1、条目4和条目5在京津冀三地差异显著($P<0.01$)。

表3-1 小学家长的儿童性健康教育知识水平(N=21 402)

条目	平均分(标准差)		
	男孩	女孩	汇总
1.您知道人体生殖器官科学准确的术语(如阴茎、卵巢等)	3.13(0.77)	3.15(0.76)	3.14(0.76)
2.您知道生殖器官日常保健方法(如定期清洗外生殖器官等)	3.13(0.75)	3.16(0.74)	3.14(0.74)
3.您知道儿童不同年龄阶段性发展的特点	2.41(0.86)	2.52(0.85)	2.47(0.85)
4.您知道儿童不同年龄阶段可能遇到的"性"相关问题	2.23(0.84)	2.32(0.84)	2.27(0.84)
5.您知道预防儿童性侵犯的知识和技能	2.25(0.85)	2.34(0.84)	2.29(0.85)
知识总分	13.15(3.15)	13.49(3.09)	13.31(3.12)

2. 小学家长的儿童性健康教育态度

本研究发现,接近100%的家长认为儿童性教育工作很重要。进一步结果表明,接近85%的家长赞成儿童性健康教育应该在小学及小学前开始,约有97%的家长赞成小学生在学校接受性健康教育,其中约45%的家长非常赞成。接近87%的家长赞成或非常赞成在学校由教师开展性教育工作,其中接近40%的家长非常赞成。相似地,接近90%的家长赞成学校和家庭一起开展儿童性教育工作,接近40%的家长非常赞成。研究还发现,97%的家长愿意学校开展儿童性教育网络课程,愿意接受学校发送的有关儿童性教育内容和方法的信息。家长性健康教育态度的具体条目共6个,每个条目0~3分,总分为0~18分。小学生家长性健康教育态度总分平均值为13.18(SD=3.70)。

研究结果显示,男孩家长教育态度显著低于女孩家长(F=94.15,

$P<0.001$），且在各个条目上均显著低于女孩家长（$P<0.01$），具体如表3-2所示。小学各年级家长开展性健康教育的态度水平无显著差异（$P>0.05$）。

表3-2　小学家长的儿童性健康教育态度水平（$N=21\,402$）

条目	平均分（标准差）		
	男孩	女孩	汇总
1.您赞成对小学生开展性教育工作	2.24（0.79）	2.33（0.76）	2.28（0.76）
2.您赞成在学校由教师开展儿童性教育工作	2.21（0.75）	2.25（0.75）	2.23（0.75）
3.您赞成学校和家庭一起开展儿童性教育工作	2.18（0.76）	2.27（0.73）	2.23（0.75）
4.您愿意参与学校开展的儿童性教育网络课程	2.11（0.77）	2.17（0.76）	2.14（0.77）
5.您愿意与孩子一起阅读儿童性教育的亲子画册/绘本	2.13（0.76）	2.20（0.75）	2.17（0.70）
6.您愿意接受学校发送的有关儿童性教育内容和方法的信息	2.11（0.77）	2.15（0.77）	2.13（0.77）
态度总分	12.98（3.74）	13.37（3.64）	13.18（3.70）

北京、天津和河北家长性健康教育态度总分平均值分别为13.55（$SD=3.56$）、13.20（$SD=3.87$）和12.98（$SD=3.71$），方差分析结果表明，北京、天津和河北家长性健康态度差异显著（$F=48.71$，$P<0.001$），LSD检验表明，北京显著高于天津和河北（$P<0.001$），且天津显著高于河北（$P<0.01$）。所有态度条目在京津冀三地的差异均显著（$P<0.001$）。

3.小学家长的儿童性健康教育实践

数据分析发现，约有46%的家长已经在家庭开展了儿童性教育工作。家长开展家庭性教育实践共10个条目，每个条目回答"是"计1分，回答"否"或"不知道"计0分；总分最低分0分，最高分10分。家长开展性健康教育实践的总分平均值为4.70（$SD=3.07$），女孩家长性健康教育实践分值显著高于男孩家长（女孩：$M=4.80$，$SD=3.05$；男孩：$M=4.61$，$SD=3.09$；$F=21.08$，$P<0.001$）。进一步分析发现，女孩家长在条目 1、条目 6、条目 7、条目 8 和条目 9 上显著高于男孩家长（$P<0.001$），而男孩家长在条目 3 上显著高于女孩家长（$P<0.01$）。以年级作为自变量、家长教育实践得分作为因变量进行方差分析发现，家长教育实践的得分年级差异显著（$F=7.05$，$P<0.001$），且五、六年级家长的教育实践得分显著高于三、四年级（$P<0.01$）和一、二年级（$P<0.01$）的家长，具体如表 3-3 所示。

表 3-3 小学家长的儿童性健康教育实践水平（$N=21\ 402$）

条目	回答"是"的百分比		
	男孩	女孩	汇总
1. 您在家中已经开展部分或全部儿童性教育工作	40.2%	51.6%***	45.6%
2. 您能自信地回答孩子有关"性和性别"等的提问	40.0%	40.4%	40.2%
3. 您能使用生殖器官（如外阴、阴茎等）的专业术语开展孩子的性教育	30.6%**	29.1%	29.9%
4. 您能很自然地与孩子谈论"性"，开展家庭性教育	31.4%	30.9%	31.2%
5. 您鼓励孩子与您分享他们对"性"相关问题的思考和感受	54.0%	53.7%	53.9%
6. 您与家人讨论如何开展孩子的性教育工作	47.1%	50.3%***	48.6%
7. 您会与孩子一起阅读性教育方面的书籍	61.7%	64.4%***	63.0%
8. 您会合理利用网络资源对孩子进行性教育	68.1%	70.5%***	69.2%
9. 您会为孩子购买具有性教育内容的材料和手册	49.9%	52.0%***	50.9%
10. 您能够从社区或街道委员会获得开展儿童性教育的相关材料	38.1%	30.0%	37.6%

** 表示 $P<0.01$；*** 表示 $P<0.001$。

北京、天津和河北家长性健康教育实践总分平均值分别为 4.86（$SD=3.10$）、4.76（$SD=3.12$）和 4.61（$SD=3.04$）。方差分析结果表明，北京、天津和河北家长性健康教育实践差异显著（F=14.50，$P<0.001$）。LSD检验表明，北京和天津教育实践总分显著高于河北（$P<0.05$），北京和天津家长无显著差异（$P>0.05$）。京津冀三地在条目1、条目2、条目3、条目4、条目5、条目7和条目10上差异显著。事后检验发现，条目1、条目2、条目3、条目4和条目5北京和天津显著高于河北（$P<0.01$）；条目7北京和河北显著高于天津（$P<0.05$）；条目10北京显著高于天津与河北（$P<0.01$）。

最后，家长童年期接受性健康教育的统计结果表明，约有44%的家长在其儿童时期接受过家庭性教育，其中约有40%的家长回答虽然接受过教育，但其接受的家庭性教育较少。调研发现，约有50%的家长在童年期接受过学校的性教育，但仍有40%的家长回答虽然接受过性教育，但教育内容很少。进一步分析发现，有36%的家长接受的性教育来源于媒体（如收音机、电视等），还有约30%的家长接受的性教育来源于专业的宣传手册。

（二）小学家长对家校合作开展儿童性健康教育内容的需求

1. 小学家长对学校性健康教育内容的需求

家长对学校性健康教育内容的需求共10个条目，每个条目0~2分，非常需要=2，需要=1，不需要=0；总分为0~20分，分数越高，需求越强。小学家长对学校性健康教育内容需求平均分为15.32（SD=4.39）。需求较为强烈的条目分别为条目6（99.2%）、条目5（98.9%）、条目7（98.9%）、条目9（98.4%）和条目10（98.4%）；需求最低的是条目2（90.0%）。

男孩家长和女孩家长具有同等对于学校教育内容的需求，总分差异不显著（$P>0.05$）。然而，某些具体条目上男孩家长与女孩家长的需求存在显著差异，条目2（$P<0.001$）和条目8（$P<0.05$）男孩家长显著高于女孩家长；条目9（$P<0.001$）和条目10（$P<0.001$）女孩显著高于男孩家长，具体如表3-4所示。

表3-4 小学家长对学校性健康教育的需求内容（N=21 402）

条目	回答"是"的百分比		
	男孩	女孩	汇总
1.人体、生殖、怀孕和出生方面的知识	92.6%	92.8%	92.6%

续表

条目	回答"是"的百分比		
	男孩	女孩	汇总
2. 儿童生殖器官科学准确的名称和功能	91.1%	88.9%	90.0%
3. 儿童青春期发育的身体变化	97.1%	97.5%	97.3%
4. 探讨性别角色和性别差异	92.3%	92.1%	92.2%
5. 儿童青春期心理健康教育	98.8%	99.0%	98.9%
6. 鼓励儿童喜欢自己,有自尊	99.1%	99.3%	99.2%
7. 与他人健康交往,建立积极人际关系	99.0%	98.7%	98.9%
8. 儿童生殖器官的保健(如日常保护、疾病的预防)	98.4%	98.1%	98.2%
9. 预防儿童性侵犯知识(如隐私部位的位置、身体安全规则等)	98.2%	98.7%	98.4%
10. 预防儿童性侵犯技能(如拒绝不安全接触、寻求帮助等)	98.2%	98.6%	98.4%

以年级作为自变量进行方差分析发现,教育内容需求的总分年级差异显著($F=3.64$,$P<0.01$)。一年级家长需求最为强烈,之后是二年级、五年级、三年级、四年级,六年级家长需求相对较弱。不同年级家长对各个条目的需求水平不同,条目1、条目4、条目6、条目7、条目8、条目9和条目10年级差异显著,一年级家长各项需求几乎都显著高于其他年级($P<0.01$),六年级家长各项需求显著低于其他年级($P<0.01$)。

北京、天津和河北家长对学校性健康教育内容需求平均分分别是15.83($SD=4.34$)、15.37($SD=4.51$)和15.07($SD=4.36$)。方差分析结果表明,北京、天津和河北差异显著($F=61.14$,$P<0.001$),LSD检验表明,河北显著低于天津和北京($P<0.001$),天津显著低于北京($P<0.01$)。京津冀三地在各个需求条目上差异均显著($P<0.001$),且北京对学校教育需求在各个条目上的得分均为最高,其次是天津,最后是河北。

2. 小学家长对基于家庭开展儿童性健康教育内容的需求

小学家长对家庭性健康教育内容的需求共10个条目,每个条目0~3

分,非常需要=3,需要=2,一般=1,不需要=0;总分为0~30分,分数越高,需求越强。小学生家长对家庭性健康教育内容需求平均分为23.24(SD=6.17)。家长需求最强烈的内容是条目6(99.0%),其后是条目7(98.9%)、条目3(98.5%)、条目4(98.5%)和条目8(98.5%)。

男孩家长与女孩家长对家庭教育的需求总分差异显著,女孩家长需求显著高于男孩家长(女孩:M=23.45,SD=6.08;男孩:M=23.04,SD=6.25;F=23.52,$P<0.001$),具体如表3-5所示。

表3-5 小学家长基于家庭的儿童性健康教育需求内容(N=21 402)

条目	回答"是"的百分比		
	男孩	女孩	汇总
1. 如何克服沟通壁垒,有效地与儿童沟通有关"性"的内容	96.9%	97.1%	97.0%
2. 知道开展儿童性教育科学准确的专业术语	96.2%	95.8%	96.0%
3. 了解儿童不同年龄阶段可能遇到的性发展方面的问题	98.5%	98.5%	98.5%
4. 如何与儿童交流生殖器官的日常保健	98.5%	98.4%	98.5%
5. 了解媒体和网络信息可能对儿童性发展产生哪些影响	97.8%	97.6%	97.7%
6. 如何与孩子交流青春期的身心变化	99.0%	99.1%	99.0%
7. 教授孩子预防儿童性侵犯的知识和技能	98.8%	98.9%	98.9%
8. 如何辨别潜在的儿童性侵犯者	98.5%	98.6%	98.5%
9. 如何识别发生在儿童身上的性侵犯	98.1%	98.2%	98.1%
10. 如果发现孩子遭受性侵犯,如何处理	97.3%	97.2%	97.2%

以年级作为自变量进行方差分析发现,家长的教育内容需求总分年级差异显著(F=4.27,$P<0.01$)。一年级家长需求最为强烈,其后是二年级、五年级、三年级、四年级,六年级家长需求相对较弱。不同年级家长对各个条目的需求水平不同,条目1、条目3、条目7、条目8、条目9和条目10年级差异显著。总之,一年级家长的各项需求几乎都显著高于其他年级($P<0.01$),六年级

家长的各项需求显著低于其他年级（$P < 0.01$）。

北京、天津和河北家长对家庭性健康教育内容需求平均分分别为23.97（$SD=5.97$）、23.18（$SD=6.58$）和22.90（$SD=6.14$）。方差分析结果表明，北京、天津和河北差异显著（$F=61.58$，$P < 0.001$），LSD检验表明，北京显著高于河北和天津（$P < 0.001$），天津与河北差异不显著。京津冀三地在各个需求条目上差异均显著（$P < 0.001$），且北京对家庭教育需求在各个条目上得分均为最高，天津仅在条目3、条目7、条目8、条目9和条目10上显著高于河北（$P < 0.01$），在其他条目上天津、河北的家长差异不显著。

（三）小学家长的儿童性健康教育实践的相关因素

研究以小学家长性健康教育实践行为为因变量，以家长性别、地区、教育文化程度、童年期接受过家庭性健康教育、童年期接受过校园性健康教育，以及孩子性别、年级、是否独生子女为自变量，采用多因素线性回归分析，探索小学家长的儿童性健康教育实践的相关因素。研究结果显示，除了家长所在地区（北京、天津和河北）和孩子性别（男、女）外，其他因素均显著。小学家长性健康教育实践行为的相关因素包括家长性别（$B = 0.13$，$SE\ B = 0.04$，$P < 0.001$）、父亲教育文化程度（$B = 0.18$，$SE\ B = 0.02$，$P < 0.001$）、母亲教育文化程度（$B = 0.23$，$SE\ B = 0.02$，$P < 0.001$）、童年期接受过家庭性健康教育（$B = 0.88$，$SE\ B = 0.06$，$P < 0.001$）、童年期接受过校园性健康教育（$B = 1.48$，$SE\ B = 0.07$，$P < 0.001$）、孩子的年级（$B = 0.03$，$SE\ B = 0.01$，$P < 0.001$）和是否独生子女（$B = 0.08$，$SE\ B = 0.03$，$P < 0.05$）。这些相关因素加起来能够解释回归方程9%的变异（$F = 210.41$，$P < 0.001$，$R^2 = 0.09$）。

进一步分析可以发现，虽然男女孩家长在某些条目的教育实践上存在显著差异，但是总体来看，无论对男孩还是女孩的性健康教育行为都是不足的，而且回归分析没有发现家长对男女孩的教育上存在性别差异。另外，虽然小学父母开展性健康教育的行为都比较少，但是与母亲相比，父亲更倾向于开展具体的性健康教育实践，父亲教育实践的平均分显著高于母亲（父亲：3.52±2.38；母亲：3.36±2.23；$F = 17.98$，$P < 0.001$）。父母的教育文化程度也显著影响其儿童性健康教育的实践得分，研究发现，无论父亲还是

母亲，随着家长教育程度的提升，其开展小学性健康教育的平均分由低到高依次为初中及以下、高中、大专、本科及以上，差异显著（父亲：$F=7.41$，$P<0.001$；母亲：$F=14.38$，$P<0.001$）。虽然本次调研大部分家长童年期没有接受过性健康教育，仅有1300人接受过童年期家庭性健康教育，2035人接受过童年期学校性健康教育，但是，研究发现，与没有接受过性健康教育的家长相比，有过此经历的家长更倾向于在家庭开展性健康教育实践，差异显著（童年期家庭性教育：$F=394.37$，$P<0.001$；童年期学校性教育：$F=121.36$，$P<0.001$）。研究还发现，独生子女的家长家庭性健康教育实践的得分显著高于非独生子女的家长（独生子女：3.56 ± 2.27；非独生子女：3.25 ± 2.25；$F=94.25$，$P<0.001$）。

（四）小学家长的儿童性健康教育需求评价结论

1. 小学家长对开展儿童性健康教育的态度非常积极，但知识水平有限

本研究发现，小学一至六年级几乎100%的家长都认为儿童性健康教育工作非常重要。与国外近年来的研究结果相似，接近90%的家长都赞成开展家庭性教育或家校合作的性教育。

研究发现，85%的家长赞成从幼儿园和小学就开始进行儿童性健康教育工作，且有3/4的家长能够主动学习性健康教育的知识。但是，家长的性健康教育知识水平有限，仅有2.3%的家长知识满分，且家长得分最低的两项知识条目分别是"儿童不同年龄阶段可能遇到的性相关问题"和"预防儿童性侵犯知识和技能"。本研究中家长对儿童性教育支持的态度远远高于十几年前刘文利等在北京、上海和西安对家长的研究（86%的家长支持学校性教育）及吴建忠在深圳的研究（60%的家长支持在小学开展性教育），且本研究与我国近年来在武汉、扬州、成都和抚顺进行的小样本调查结果相似，可见近年来，随着社会的发展，家长对儿童性健康教育的态度越来越积极，需求也越来越强烈。

2. 小学家长很少开展基于家庭的性健康教育，教育实践水平低，但家长愿意借助媒介（网络和书籍等）开展教育

虽然家长开展儿童性教育态度积极，但是本研究发现，家长在家庭开展教育实践的行为很少。本研究结果与国内外近10年的研究结果相似，仅有不

足 50% 的家长在家庭开展了性教育。虽然家长都认为儿童性教育十分重要，但是，很少有家长与他们的孩子认真地讨论和交流有关"性"的发展。研究者认为，可能的原因如下：家长缺少信心和有关的性知识；家长与儿童讨论"性"相关的内容比较尴尬；害怕告诉儿童有关"性"的内容，担心破坏孩子的纯洁性；缺少有效的沟通技能；对自己的性别不舒服等。按条目分析，研究发现，仅有约 30% 的家长"使用生殖器官的专业术语开展性教育"和"很自然地与孩子谈论'性'"。可见若要提高家长的教育信心，可以从向家长传授正确的生殖器官名称开始，告知家长如何利用科学名称开展教育。

研究也发现，有接近 70% 的家长"会合理利用网络资源对孩子进行性教育"，有超过 2/3 的家长"会与孩子一起阅读性教育方面的书籍"。这一发现与奥尔德雷德等关于家庭性教育的研究结论一致，奥尔德雷德等开展家长访谈，家长经常报告书籍能更好地帮助他们与孩子进行性健康方面的沟通。国内外结果提示我们，家长愿意在媒介的帮助下进行儿童性健康教育，如网络资源或书籍等。未来的干预研究中，研究者可考虑借助书籍、画册、课程等多种媒介的力量，辅助家长开展性教育。

3. 小学家长对学校与家庭性健康教育内容的需求强烈，非常关注对预防儿童性侵犯知识和技能的教育

本研究发现，无论是男孩家长还是女孩家长，对学校和家庭的性教育需求都很强烈，特别是对家庭性教育的需求内容更为强烈，超过 95% 的家长表示需要几乎所有的家庭性教育内容培训。在学校性教育需求内容中，需求最低的条目是教授孩子"生殖器官的科学名称"，有 90% 的家长有此需求；但是，在家庭教育中约有 96% 的家长需求"教授孩子生殖器官的科学名称"。"教授科学的名称"是性教育的基础，可以促进孩子学习性生理、性保健和性保护的知识和技能，是儿童性教育中重要的一环。研究结果提示我们，小学家长可能更愿意在家庭环境中教授孩子科学的名称，但也需要鼓励学校进行适当的"科学名称"教育。

研究发现，除了青春期发育相关的知识之外，家长对于学校和家庭教育最为关注的就是预防儿童性侵犯的教育，即性保护的教育。这与罗宾逊等的研究结果一致，也与胡家心在江西抚顺的小样本调查结果一致，即小学家长在教育内容中更加关注对于儿童性保护的知识和技能的传授。已有研究提示，

7~13岁的儿童更容易遭受性侵犯，特别是近年来，我国媒体频繁爆出严重的儿童性侵犯事件，因此家长更加注重性保护的教育。这些研究结果提示我们，对于小学生性健康教育，除了关注小学高年级的青春期身心发育知识之外，更要从性保护的角度切入，注意让家长和儿童学习预防性侵犯的知识和技能，不仅能够有利于儿童的自我保护，而且家长和学校的加入更有利于构建儿童整体健康快乐成长的环境，从而从环境层面减少儿童性侵犯的发生。

4. 女孩家长开展性教育态度更为积极，知识水平相对较高，且家庭教育需求更为强烈

本研究与国内外的研究结果相似，大部分家长都认为自己缺少儿童性健康教育知识，但男孩家长的知识水平更显著低于女孩家长。同样地，虽然男女孩家长都赞成开展儿童性健康教育工作，但几乎在所有态度条目上，女孩家长的态度积极性都显著高于男孩家长，即女孩家长更愿意开展性健康教育。

男女孩家长对学校儿童性教育的需求同等强烈，但是对于家庭性教育的需求，女孩家长在所有条目上都显著高于男孩家长。原因可能是：其一，小学女孩在青春期变化比较大，需要特别关注；其二，在遭受儿童性侵犯的事件中，女孩比例较高，以及面对少女怀孕等问题，因此女孩家长更关注性健康教育。然而，男孩也有青春期的变化，同时，研究发现男孩也可能遭受性侵犯，并且中国的研究发现，男女孩遭受性侵犯的比例无差异，因此，研究者在进行性教育工作时，需提醒家长不要忽视对男孩的性教育。

5. 小学高年级家长性教育知识水平相对较高，教育实践行为较多，但小学一、二和五年级家长教育需求最为强烈

本研究发现，五、六年级的家长教育实践显著高于三、四年级，三、四年级显著高于一、二年级。这可能是由于小学高年级孩子开始进入青春期，很多家长面对孩子的实际情况不得不进行教育，因此，他们教育实践行为较多。本研究也发现，随着年级的增加，家长性教育的知识水平也在增加。综合分析可能是由于小学高年级的家长有更多知识，会促进家长的教育实践。这些结果进一步提示我们，若要促进家长开展家庭性教育，需要鼓励家长具备科学的性教育知识和技能，让家长有信心开展教育实践。国内外的研究也发现，若家长具备更多性保护的知识和技能，则更倾向于在家庭开展性保护教育实践。

最后，教育需求内容结果显示，小学一、二年级和五年级的家长需求最为强烈，六年级家长需求最弱，原因可能是一、二年级家长的孩子刚入学不久，对孩子各方面的教育都非常关注，而五年级正是孩子青春期身心发生巨大变化的年龄阶段，因此，这3个年级都有现实的需求，家长的教育需求更为强烈。这些结果提示我们，如果开展家校合作，可以优先从一、二和五年级开始，逐渐过渡到三、四和六年级。

6. 京津冀三地家长性健康教育意识和需求差异显著，北京家长态度、知识和教育实践得分最高，各个条目的教育需求最为强烈

虽然京津冀三地家长对儿童性教育工作都持积极支持的态度，但是几乎在各个条目上都发现，北京家长支持态度最为积极，其次是天津家长，最后是河北家长，教育态度地区差异明显。同样地，京津冀三地的家长中，北京和天津家长的知识水平相对较高，河北家长的知识水平最低。北京和天津教育实践的水平显著高于河北，但北京和天津相差不大。参考前文，北京和天津家长在知识水平上也无差异，但都显著高于河北。这也从侧面反映出家长知识水平的增加可提高家长开展家庭性教育的信心，促进家长性教育实践的发生。京津冀三地家长虽然都有强烈的家庭和学校教育的需求，但地区差异性十分显著，其中，北京地区家长的家庭和学校教育需求水平均为最高。在学校教育需求中天津和北京差异不显著，河北显著低于这两个地区；但是，在家庭教育需求中，北京显著高于天津，天津与河北差异不显著。这些结果提示我们，若要进行家长性教育培训，需要更加关注经济发展水平相对不高和教育资源相对不丰富的地区，结合不同地区的特点制订相应的家长教育培训计划。

二、小学教师儿童性健康教育需求评价

（一）小学教师的儿童性健康教育的知识、态度和行为情况

1. 小学教师的儿童性健康教育知识

调查问卷从儿童性健康教育科学用语、日常卫生保健信息、儿童性生理和心理发展，以及儿童性保护的角度描述小学教师的性健康教育知识水平。总体来看，小学教师性健康知识水平有限，总分5分，平均分仅为2.95分，未达到合格标准。研究发现，15%的教师儿童性健康知识得分为0分，54%

的教师得分在 3 分及以下，小学教师性健康教育的知识水平整体较低，具体如表 3-6 所示。

表 3-6　小学教师儿童性健康教育的知识（$N=1216$）

条目	知道	不确定	不知道
1. 人体生殖器官科学准确的术语	75.7%	22.7%	1.6%
2. 儿童生殖器官日常保健知识和方法	60.2%	36.8%	3.0%
3. 儿童不同年龄阶段"性"发展的特点	54.4%	41.4%	4.3%
4. 儿童不同年龄阶段可能遇到的"性"相关问题	49.4%	45.6%	4.9%
5. 预防儿童性侵犯的知识和技能	55.3%	41.4%	3.4%

调查结果显示，仅有 3/4 的教师知道人体生殖器官的科学名称，有接近 25% 的教师不知道或不确定人体生殖器官的科学名称。同样地，有接近 40% 的小学教师不知道或不确定儿童生殖器官的日常保健知识和方法，接近一半的教师不确定或不清楚儿童不同年龄阶段"性"发展的特点，更有超过 50% 的教师不知道或不确定儿童不同年龄阶段可能遭遇的"性"相关问题。另外，约 45% 的教师不知道或不确定预防儿童性侵犯的知识和技能。

2. 小学教师的儿童性健康教育态度

对京津冀三地教师的调查发现，小学教师对于性健康教育的态度积极，接近 95% 的教师认为应该在小学和幼儿园时期开展儿童性健康教育工作，有 70.6% 的教师甚至认为应该从幼儿园及其之前就开始儿童性健康教育工作，仅有 5.4% 的教师认为儿童性健康教育工作应该在初中才开始。几乎全部教师（98%）都认为儿童性健康教育工作很重要，且有 70.1% 的教师赞成在学校由教师开展儿童性健康教育工作，接近 90% 的教师赞成家校合作开展儿童性健康教育，3/4（74.9%）的教师赞成利用校园网络/互联网技术开展儿童性健康教育工作，具体如表 3-7 所示。

但是调研也发现，小学教师对于学校开展儿童性健康教育的信心不足，仅有 39.1% 的人有信心，而且小学教师对于开展儿童性健康教育工作存在一定的担忧，超过一半（57.2%）的教师担心学校性健康教育会对孩子产生不良的影响。进一步调研发现：仅有1/4（25.2%）的教师认为学校开展儿童性教育工作会有相应的师资力量。调研结果还显示，有65%的教师认为家长会支持学校开展儿童性健康教育工作，超过30%的教师不清楚家长是否支持学校的性健康教育工作。

表3-7 小学教师儿童性健康教育的态度（N=1216）

条目	同意	不同意	不确定
1. 赞成在学校由教师开展儿童性健康教育工作	70.1%	11.6%	18.3%
2. 赞成家庭和学校一起开展儿童性健康教育	89.3%	2.6%	8.1%
3. 赞成利用学校网络/互联网技术开展儿童性健康教育	74.9%	9.7%	15.2%
4. 担心性健康教育对儿童产生不好的影响	57.2%	35.3%	7.5%
5. 对学校性健康教育工作有信心	39.1%	14.4%	46.5%

3. 小学教师的儿童性健康教育实践

调研结果发现，仅有18.8%的教师认为学校已经开展了儿童性健康教育工作，如青春期教育、儿童心理课程等。总体来说，超过80%的教师否认学校有开展性健康教育工作，有17.7%的教师明确报告学校为学生购买了儿童性健康教育材料，51.5%的教师不清楚学校进行了哪些儿童性健康教育工作。而且，仅有30%的教师认为自己能够使用科学术语开展儿童性健康教育，超过30%的教师明确回答自己不能开展科学的儿童性健康教育，40%的教师不确定自己是否能够开展科学的儿童性健康教育。总体来看，小学教师性健康教育的实践非常少，学校也很少进行相关教育。

但是，小学教师对儿童性健康教育工作有较好的期待，超过70%的教师愿意接受儿童性健康教育方面的培训，有90%的教师认为学校的心理课程能够专门用来开展学生性健康教育，另外还可以开设性健康教育的课程包括德育课（27.1%）、道德与法治课（27.5%）、班会课（21.8%）。调查结果发现，超过98%的教师认为儿童性健康教育应该包括青春期身心发展教育、儿童自尊自信、积极人际关系的教育内容；超过97%的教师认为应该包括预防儿童性侵犯知识和技能的教育内容；超过96%的教师认为应该包括日常卫生保健、疾病防护的教育内容；超过93%的教师认为应该包括生命诞生相关的教育内容；仅有87%的教师认为需要包括生殖器官科学名称和功能的教育内容。

教师对儿童性健康教育的接受度和期待度良好，但是也提到了学校开展儿童性健康教育可能遇到的困难：83.1%的教师认为遇到的最大困难是教师教育时如何把握儿童性健康教育的尺度，其后依次为：72.8%的教师认为自己缺少儿童性健康教育的知识和方法，69.2%的教师害怕家长不理解学校开展的性健康教育，40%的教师反映学校没有专门的儿童性健康教育课程安排，36.8%的教师害怕没有相应的课例教案协助开展儿童性健康教育。

（二）小学教师儿童性健康教育的知识、态度和实践的相关因素

1. 小学教师儿童性健康教育知识的相关因素

多元方差分析发现，小学教师儿童性健康教育知识的相关因素包括教师教龄、年龄和职称3个因素。总体来看，教师教龄越长，年龄越大，职称越高，其儿童性健康教育的知识水平也相对越高，详细结果分析如下。

（1）地区差异不显著

无论是北京，还是天津、河北，小学教师性健康教育的知识总分及各个条目的得分均差异不显著。

（2）教师性别差异不显著

虽然女教师的儿童性健康教育知识水平稍高于男教师，但不存在显著的性别差异（女：2.96 ± 1.89，男：2.79 ± 1.99；$F=1.07$，$P > 0.05$）。

（3）教师学历差异不显著

小学教师性健康教育的知识水平也不存在教育文化背景差异，即无论是大学本科及以上学历的教师，还是大专及以下学历的教师，其性健康教育知识水平都较低。

（4）教师教龄差异显著

小学教师性健康教育的知识水平在教龄这个变量上存在显著差异，教龄21年及以上的教师显著高于教龄20年及以下的教师（教龄21年及以上：3.16 ± 1.88，20年及以下：2.78 ± 1.90；$F=11.95$，$P < 0.01$）。进一步分条目分析，除了条目"预防儿童性侵犯的知识和技能"的水平不存在显著差异外，在其他4个知识条目上均存在显著的教龄差异，均为教龄21年及以上的教师显著高于教龄20年及以下的教师（$P < 0.01$）。

（5）教师职称差异显著

方差分析同样发现，教师的职称与其性健康教育知识水平之间存在显著相关，职称越高，小学教师性健康教育知识水平也越高，差异显著（高级：$3.06±1.87$，一级：$3.06±1.89$，二级：$2.89±1.90$，三级：$2.59±1.94$；$F=2.96$，$P<0.05$）。进一步分条目分析，教师职称差异主要体现在条目1"人体生殖器官科学准确的术语"（$F=2.85$，$P<0.05$）、条目2"儿童生殖器官日常保健知识和方法"（$F=7.51$，$P<0.001$）、条目3"儿童不同年龄阶段'性'发展的特点"（$F=3.51$，$P<0.05$），即小学二级及以下职称的教师显著低于小学一级及以上职称的教师。

（6）教师年龄差异显著

教师平均年龄为38周岁，因此以38周岁为界，将教师分为低年龄组（37周岁及以下）和高年龄组（38周岁及以上）。方差分析发现，小学教师性健康教育知识水平在教师年龄上存在显著差异，高年龄组教师显著高于低年龄组教师（38周岁及以上：$3.11±1.89$，37周岁及以下：$2.73±1.90$；$F=11.78$，$P<0.01$）。进一步分条目分析，除了条目5"预防儿童性侵犯的知识和技能"外，其他4个条目年龄差异均为显著（$P<0.05$）。

2. 小学教师儿童性健康教育态度的相关因素

方差分析显示，小学教师性健康教育态度的相关因素包括地区、教师学历、年龄、教龄、职称5个因素。总体来看，教师学历越高，教龄时间越短，职称越低，年龄低于38周岁，其儿童性健康教育态度更加积极，具体分析如下。

（1）地区差异显著

京津冀三地教师性健康教育的态度差异显著，河北小学教师态度总分显著高于北京和天津（河北：$4.50±1.17$，北京：$4.27±1.25$，天津：$4.24±1.27$；$F=5.70$，$P<0.01$）。进一步分条目分析，地区差异主要体现在条目3"赞成利用学校网络/互联网技术开展儿童性健康教育"（河北：$0.80±0.40$，北京：$0.72±0.45$，天津：$0.71±0.45$；$F=5.43$，$P<0.01$）和条目5"对学校性健康教育工作有信心"（河北：$0.43±0.50$，北京：$0.37±0.48$，天津：$0.34±0.47$；$F=3.71$，$P<0.05$）。可见，河北地区教师更加赞成基于互联网的小学性健康教育，而且对小学开展性健康教育工作更有信心，其次是北京地区的教师，最后是天津地区的教师。

（2）教师学历差异显著

与知识相关因素不同，小学教师性健康教育态度总分在教师学历变量上差异显著（大专及以下：4.15±1.26，大学本科及以上：4.40±1.22；$F=6.55$，$P<0.05$）。进一步分条目分析，学历的差异主要体现在条目1"赞成在学校由教师开展儿童性健康教育工作"（大专及以下：0.64±0.48，大学本科及以上：0.71±0.45；$F=3.87$，$P<0.05$）和条目5"对学校性健康教育工作有信心"（大专及以下：0.27±0.44，大学本科及以上：0.41±0.49；$F=13.79$，$P<0.001$）。可以说，大学本科及以上学历的教师更赞成由教师承担儿童性健康教育工作，而且对学校性健康教育工作更有信心。

（3）教师教龄差异显著

小学教师性健康教育态度在教龄上存在显著差异，教龄在21年及以上的教师态度得分显著低于教龄在20年及以下的教师（教龄21年及以上：4.24±1.25，20年及以下：4.47±1.20；$F=10.67$，$P<0.01$）。进一步分析各个条目，教龄的差异主要体现在条目3"赞成利用学校网络/互联网技术开展性健康教育"和条目5"对学校性健康教育工作有信心"，即教龄在20年及以下的教师对于基于互联网技术的性教育更加赞成（教龄21年及以上：0.72±0.45，20年及以下：0.78±0.42；$F=6.09$，$P<0.05$），而且对于开展小学性健康教育更有信心（教龄21年及以上：0.35±0.48，20年及以下：0.43±0.49；$F=7.82$，$P<0.01$）。

（4）教师职称差异显著

小学教师性健康教育态度在教师职称上差异显著，体现在条目5"对学校性健康教育工作有信心"，职称二级和三级及以下的教师态度得分显著高于职称一级和高级的教师（高级：0.40±0.49，一级：0.34±0.47，二级：0.43±0.50，三级：0.49±0.50；$F=5.22$，$P<0.01$）。研究提示，教师职称越高，对于学校性健康教育工作的信心反而有所降低。

（5）教师年龄差异显著

高年龄组（38周岁及以上）教师性健康教育的态度得分显著低于低年龄组（37周岁及以下）教师（38周岁及以上：4.26±1.24，37周岁及以下：4.50±1.19；$F=10.84$，$P<0.01$）。进一步分条目分析，教师年龄差异主要体现在条目2"赞成家庭和学校一起开展儿童性健康教育"（38周岁及以上：

0.88±0.33，37周岁及以下：0.91±0.28；$F=3.72$，$P=0.05$）和条目5"对学校性健康教育工作有信心"（38周岁及以上：0.35±0.48，37周岁及以下：0.44±0.50；$F=10.41$，$P<0.01$），年龄37周岁及以下的教师更加赞成家校合作开展儿童性健康教育，而且对学校性健康教育工作更加有信心。

（6）教师性别差异不显著

研究发现，小学教师性健康教育态度总分及各个条目分在性别变量上差异均不显著（$P>0.05$）。

3. 小学教师儿童性健康教育实践的相关因素

统计检验发现，小学教师性健康教育实践行为在地区、教师学历、教师职称和教师年龄变量上差异显著，具体分析如下。

（1）地区差异显著

小学教师性健康教育实践地区差异显著。教师能够采用科学术语开展性健康教育，河北地区显著高于天津和北京地区（河北：0.34±0.48，北京：0.26±0.44，天津：0.28±0.45；$F=4.02$，$P<0.05$）；河北地区有更多教师认为本校有专门的教师来进行性健康教育工作（河北：0.30±0.46，北京：0.21±0.41，天津：0.23±0.42；$F=5.76$，$P<0.01$）；与天津相比，北京和河北地区的教师更多报告为学生购买过教育材料（河北：0.18±0.39，北京：0.20±0.40，天津：0.11±0.31；$F=4.27$，$P<0.05$），因此总体来看，河北地区的教师和学校有更多的教育实践行为，其次是北京地区，最后是天津地区（$F=5.63$，$P<0.01$）。

（2）教师学历差异显著

小学教师的儿童性健康教育实践行为在教师学历变量上差异显著。大学本科及以上学历的教师能够科学开展性健康教育的比例显著高于大专及以下学历的教师（大专及以下：0.23±0.42，大学本科及以上：0.31±0.46；$F=5.13$，$P<0.05$）；与大专及以下学历的教师相比，大学本科及以上学历的教师更多报告为学生购买儿童性健康教育的材料（大专及以下：0.13±0.33，大学本科及以上：0.19±0.39；$F=3.88$，$P<0.05$）。

（3）教师职称差异显著

小学教师报告学校有专门教师开展儿童性健康教育存在教师职称上的差异，职称一级和二级教师报告的比例显著低于职称三级及以下和高级教师（高级：0.34 ± 0.47，一级：0.21 ± 0.40，二级：0.26 ± 0.44，三级：0.33 ± 0.47；$F = 6.17$，$P < 0.001$），其他两个方面教育实践不存在显著的教师职称差异。

(4) 教师年龄差异显著

方差分析发现，与38周岁及以上的教师相比，37周岁及以下的教师更多认为学校有专门的教师可以开展儿童性健康教育工作（38周岁及以上：0.23 ± 0.42，37周岁及以下：0.29 ± 0.45；$F = 5.46$，$P < 0.05$）。其他教育实践行为不存在教师年龄差异。

(5) 教师教龄差异不显著

研究发现，小学教师性健康教育实践3个方面总分和各个条目分在教师教龄变量上差异均不显著。

(6) 性别差异不显著

调查研究发现，小学教师性健康教育实践总分及各个条目分在性别变量上差异均不显著（$P > 0.05$）。

(三) 小学教师的儿童性健康教育培训需求评价

调查结果显示，小学教师曾经接受过儿童性健康教育培训的比例极低，仅为4.9%；但是教师期望能够接受相关培训，有超过70%的教师愿意或非常愿意接受培训，仅有6.4%的教师明确表示不愿意接受儿童性健康教育的培训。同样，考虑到互联网的应用，研究发现，约有2/3的教师愿意或非常愿意接受学校基于互联网/微信的儿童性教育培训，有7.4%的教师明确表示不愿意接受基于网络的培训。

1. 小学教师的儿童性健康教育培训形式的需求评价

研究进一步分析小学教师期望的儿童性健康教育的培训方式，最期望的培训方式是"系列专家讲座"，为69.2%；38.7%的教师期望的培训方式是"示范课引领"；35.7%的教师期望能够采用"课例交流"的方式进行培训。研究还发现，仅有约1/4的教师期望采用"网络慕课"和基于网络的"一对一教师辅导"的方式进行培训。

2. 小学教师的儿童性健康教育培训内容的需求评价

研究采用频率统计发现，问卷列出的8项培训内容，每项都有超过80%的教师表示需要相关的培训，其中，小学教师需要的培训内容前3项分别是：

"教师如何应对儿童性侵犯",比例为86.8%;"儿童性健康生理发展特点",比例为86.7%;"教授儿童预防性侵犯的知识和技能",比例为86.1%。另外,还有85%的教师需求"青春期儿童身心变化"的培训,84.8%的教师需求"如何应对孩子提出的与'性'的发展相关的问题"的培训,84.6%的教师需求"互联网对孩子'性'的发展有哪些影响"的培训,83.7%的教师需求"如何教授儿童传染病和艾滋病等性传播疾病的防治"的培训,81.5%的教师需求"如何与儿童交流生殖器官的日常保健知识"的培训。

3. 小学教师的儿童性健康教育培训需求内容的相关因素

小学教师的儿童性健康教育培训需求内容的相关因素包括地区、教师教龄、学历、年龄和职称5个因素,具体分析如下。

(1)地区差异显著

多因素方差分析发现,小学教师的儿童性健康教育培训需求内容在所有条目都有显著的地区差异,均为河北地区需求最为强烈,其次是北京地区,最后是天津地区,具体如表3-8所示。

表3-8 小学教师的儿童性健康教育培训内容需求的地区差异($N=1216$)

条目	河北	北京	天津	F	P
1. 儿童性健康生理发展特点	0.91 ± 0.29	0.86 ± 0.35	0.79 ± 0.41	10.28	0.000
2. 如何应对孩子提出的与"性"的发展相关的问题	0.88 ± 0.33	0.84 ± 0.36	0.78 ± 0.41	5.69	0.003
3. 如何与儿童交流生殖器官的日常保健知识	0.86 ± 0.35	0.81 ± 0.39	0.73 ± 0.45	8.20	0.000
4 如何教授儿童传染病和艾滋病等性传播疾病的防治	0.88 ± 0.32	0.83 ± 0.37	0.76 ± 0.43	7.30	0.000
5. 互联网对孩子"性"的发展有哪些影响	0.88 ± 0.32	0.83 ± 0.37	0.79 ± 0.42	6.01	0.003
6. 青春期儿童身心变化	0.89 ± 0.31	0.84 ± 0.36	0.77 ± 0.42	9.00	0.000
7. 教授儿童预防性侵犯的知识和技能	0.89 ± 0.31	0.86 ± 0.34	0.77 ± 0.42	9.33	0.000
8. 教师如何应对儿童性侵犯	0.90 ± 0.30	0.87 ± 0.33	0.78 ± 0.42	10.39	0.000

(2)教龄差异显著

小学教师的儿童性健康教育培训需求内容在教龄变量上差异显著,除了条目 5 "互联网对孩子'性'的发展有哪些影响"边缘显著外,其他条目都有显著差异,均表现为教龄 20 年及以下的教师需求得分显著高于教龄 21 年及以上的教师,具体如表 3-9 所示。

表 3-9 小学教师的儿童性健康教育培训内容需求的教龄差异($N=1216$)

条目	20 年及以下	21 年及以上	F	P
1. 儿童性健康生理发展特点	0.90 ± 0.30	0.83 ± 0.38	13.36	0.000
2. 如何应对孩子提出的与"性"的发展相关的问题	0.88 ± 0.32	0.81 ± 0.39	12.58	0.000
3. 如何与儿童交流生殖器官的日常保健知识	0.85 ± 0.36	0.77 ± 0.42	12.64	0.000
4. 如何教授儿童传染病和艾滋病等性传播疾病的防治	0.86 ± 0.35	0.81 ± 0.39	6.35	0.012
5. 互联网对孩子"性"的发展有哪些影响	0.86 ± 0.34	0.82 ± 0.38	3.75	0.053
6. 青春期儿童身心变化	0.88 ± 0.32	0.81 ± 0.39	11.45	0.001
7. 教授儿童预防性侵犯的知识和技能	0.89 ± 0.31	0.82 ± 0.38	12.07	0.001
8. 教师如何应对儿童性侵犯	0.90 ± 0.30	0.83 ± 0.38	13.38	0.000

(3)学历差异显著

小学教师的儿童性健康教育培训需求内容在教师学历变量上差异显著,所有条目都显示出大学本科及以上学历的教师需求内容得分显著高于大专及以下学历的教师,具体如表 3-10 所示。

表 3-10 小学教师的儿童性健康教育培训内容需求的学历差异($N=1216$)

条目	大专及以下	本科及以上	F	P
1. 儿童性健康生理发展特点	0.80 ± 0.40	0.88 ± 0.33	7.56	0.006
2. 如何应对孩子提出的与"性"的发展相关的问题	0.77 ± 0.42	0.86 ± 0.35	10.06	0.002
3. 如何与儿童交流生殖器官的日常保健知识	0.73 ± 0.45	0.83 ± 0.38	11.20	0.001
4. 如何教授儿童传染病和艾滋病等性传播疾病的防治	0.77 ± 0.43	0.85 ± 0.36	8.27	0.004

续表

条目	大专及以下	本科及以上	F	P
5. 互联网对孩子"性"的发展有哪些影响	0.79±0.41	0.86±0.35	5.85	0.016
6. 青春期儿童身心变化	0.76±0.43	0.87±0.34	13.76	0.000
7. 教授儿童预防性侵犯的知识和技能	0.78±0.42	0.88±0.33	12.83	0.000
8. 教师如何应对儿童性侵犯	0.79±0.41	0.88±0.32	12.64	0.000

（4）年龄差异显著

多元方差分析发现，小学教师的儿童性健康教育内容需求在教师年龄变量上差异显著，年龄在37周岁及以下的教师每个条目的需求得分均显著高于年龄在38周岁及以上的教师，具体如表3-11所示。

表3-11 小学教师的儿童性健康教育培训内容需求的年龄差异（N=1216）

条目	37周岁及以下	38周岁及以上	F	P
1. 儿童性健康生理发展特点	0.90±0.30	0.84±0.37	9.37	0.002
2. 如何应对孩子提出的与"性"的发展相关的问题	0.89±0.32	0.82±0.38	10.15	0.001
3. 如何与儿童交流生殖器官的日常保健知识	0.86±0.35	0.78±0.41	12.60	0.000
4. 如何教授儿童传染病和艾滋病等性传播疾病的防治	0.86±0.34	0.82±0.39	4.98	0.026
5. 互联网对孩子"性"的发展有哪些影响	0.88±0.33	0.82±0.38	7.07	0.008
6. 青春期儿童身心变化	0.90±0.31	0.83±0.37	15.08	0.000
7. 教授儿童预防性侵犯的知识和技能	0.90±0.30	0.83±0.37	11.60	0.001
8. 教师如何应对儿童性侵犯	0.91±0.28	0.84±0.37	15.79	0.000

（5）职称差异显著

多元方差分析发现，教师职称差异仅体现在培训内容条目3"如何与儿童交流生殖器官的日常保健知识"的需求上，即职称三级及以下和二级的教师显著高于职称一级和高级的教师（高级：0.79±0.41，一级：0.79±0.41，二级：0.84 ± 0.37，三级：0.89 ± 0.32；$F=3.30$，$P<0.05$），其他儿童性健康教育内容培训条目上职称差异均不显著（$P>0.05$）。

（6）性别差异不显著

小学教师的儿童性健康教育培训需求内容在给出的 8 个条目中均不存在显著的性别差异（$P>0.05$）。

4. 小学教师的儿童性健康教育培训需求形式的相关因素

调查主要分析了小学教师的儿童性健康教育培训需求的 3 种形式：系统专家讲座、示范课引领和课例交流的相关因素。

小学教师的儿童性健康教育的"系统专家讲座"形式的培训需求存在显著的地区和教师职称的差异，其他如教师性别、学历、教龄和年龄方面的差异不显著；"示范课引领"形式的培训需求在地区、教龄、学历、年龄和职称 5 个因素均存在显著的差异，在教师性别变量上差异不显著；"课例交流"的培训形式需求在教师教龄、学历和年龄 3 个因素上存在显著的差异。具体数据分析如下。

（1）地区差异显著

小学教师的儿童性健康教育培训需求的"课例交流"形式在京津冀三地不存在显著的地区差异（$P>0.05$），但是在"系列专家讲座"（河北：0.74 ± 0.44，北京：0.65 ± 0.48，天津：0.69 ± 0.47；$F=4.67$，$P<0.05$）和"示范课引领"（河北：0.44 ± 0.50，北京：0.38 ± 0.49，天津：0.28 ± 0.45；$F=7.86$，$P<0.001$）的形式上存在显著的地区差异，且在以上两种形式的需求上，河北地区教师的得分均显著高于北京和天津地区的教师。

（2）教龄差异显著

小学教师的儿童性健康教育培训需求的"系列专家讲座"形式在教师教龄变量上不存在显著的差异，但是在"示范课引领"（教龄 21 年及以上：0.34 ± 0.47，20 年及以下：0.42 ± 0.50；$F=9.057$，$P<0.01$）和"课例交流"（教龄 21 年及以上：0.32 ± 0.47，20 年及以下：0.39 ± 0.49；$F=7.61$，$P<0.01$）培训形式上的需求存在显著的教龄差异，教龄在 20 年及以下的教师在以上两种培训方式的需求上的得分显著高于教龄在 21 年及以上的教师。

（3）学历差异显著

方差分析发现，小学教师的儿童性健康教育培训需求在"系列专家讲座"形式上不存在显著的学历差异（$P > 0.05$）。但是与大专及以下学历的教师相比，具有大学本科及以上学历的教师在"示范课引领"（大专及以下：0.30 ± 0.46，大学本科及以上：0.40 ± 0.49；$F=7.63$，$P < 0.01$）和"课例交流"（大专及以下：0.28 ± 0.45，大学本科及以上：0.37 ± 0.48；$F=5.20$，$P < 0.05$）形式上得分更高，且有显著差异。

（4）年龄差异显著

与学历和教龄因素相似，小学教师的儿童性健康教育培训需求的"系列专家讲座"形式也不存在显著的年龄差异。但是在"示范课引领"（38周岁及以上：0.35 ± 0.48，37周岁及以下：0.44 ± 0.50；$F=10.55$，$P < 0.01$）和"课例交流"（38周岁及以上：0.32 ± 0.47，37周岁及以下：0.41 ± 0.49；$F=8.92$，$P < 0.01$）形式上存在显著的年龄差异，年龄在37周岁及以下的教师需求形式得分显著高于38周岁及以上的教师。

（5）职称差异显著

与地区差异的调查结果相似，小学教师的儿童性健康教育培训的"课例交流"需求形式在教师职称变量上不存在显著差异（$P > 0.05$）。但是，在"系列专家讲座"（高级：0.74 ± 0.44，一级：0.66 ± 0.48，二级：0.69 ± 0.46，三级及以下：0.79 ± 0.41；$F=4.39$，$P < 0.01$）和"示范课引领"（高级：0.33 ± 0.47，一级：0.35 ± 0.48，二级：0.42 ± 0.50，三级及以下：0.50 ± 0.50；$F=5.32$，$P < 0.01$）形式上存在显著的职称差异。职称三级及以下和高级教师表示最需要"系列专家讲座"的形式进行培训，之后是职称一级和二级的教师；另外，仅有职称三级及以下的教师需要"示范课引领"的形式培训，其次是职称二级的教师；职称高级和一级的教师需求"示范课引领"的形式培训得分较低。

（6）性别差异不显著

多元方差分析发现，小学教师的儿童性健康教育培训需求的"系列专家讲座""示范课引领""课例交流"3种形式上均不存在显著的性别差异（$P > 0.05$）。

（四）小学教师的儿童性健康教育需求评价的结论

1. 小学教师对儿童性健康教育的态度积极，肯定了"互联网"在性健康教育中的重要作用

与十几年前的教师研究相比，本研究调查显示，教师对儿童性健康教育

的态度非常积极，大部分教师（95%）都认为应该在小学甚至幼儿园阶段就开展儿童性健康教育工作。小学教师对于性健康教育的积极态度符合联合国教科文组织的教育建议，即性教育工作应该从儿童早期开始。但是，教师认为在学校有教师承担儿童性健康教育的比例仅为70%，有接近90%的教师赞成家校合作开展性健康教育。研究结果表明，教师愿意承担性健康教育的工作，但是更希望采用家校合作的方式，家庭性健康教育是儿童性教育不可或缺的重要部分，国内外的研究也表明，有家长参与的学校性健康教育效果更好。随着网络技术的发展，互联网技术已经渗透到教育生活的方方面面，因此，我们的调查也发现，约有75%的教师认为在儿童性健康教育工作中可以借助互联网的力量。一项基于中国儿童青少年性健康教育的干预研究结果也表明，基于网络的教育能够帮助青少年更好地掌握性健康教育的知识，如预防疾病和性保护的知识等。

2. 小学教师的儿童性健康教育知识水平较低，家校合作信心不足

小学教师虽然支持开展基于学校的儿童性健康教育，但是教师的知识水平较低，大约一半的教师对"儿童期'性'发展的特点""可能遇到的问题"等知识不知晓，也严重缺少预防儿童性侵犯的知识。由于教师的知识水平较低，他们对学校开展儿童性健康教育的信心不足，存在一定的担忧。例如：有超过80%的教师认为教师教育中遇到的困难是不知道如何把握儿童性健康教育的尺度；超过70%的教师认为自己缺少开展儿童性健康教育的知识和方法；接近60%的教师担心性健康教育会对儿童产生不良影响。但是，相关性健康教育或预防儿童性侵犯教育却发现，即使幼儿学习相关的性知识，只要方法得当，教育效果都良好，也没有给儿童带来负面的影响。研究还发现，3/4的教师认为"学校没有可以开展性健康教育的教师"，接近1/3的教师不知道"家长是否支持学校的性教育工作"，超过2/3的教师"害怕家长不理解学校的性健康教育工作"。正如以往研究也发现的，教师或家长的担忧很可能由于他们本身缺少儿童性健康教育的知识，没有机会系统地学习和了解儿童性健康教育的过程和方法，因而对基于学校的儿童性健康教育担忧过多，教育信心不足。

本研究发现，家长十分支持基于学校的儿童性健康教育工作，但是教师由于缺少这部分知识，不了解家长的态度，对家长的态度有误判。正如很多

儿童性健康教育的研究所建议的，在开始学校性健康教育之前，对高校师范生和在职教师进行这方面的培训是很有必要的。对师范生和在职教师的教育与培训，一方面提高他们开展儿童性健康教育的意识（如儿童性生理、性发展、性保健和性保护）；另一方面让其了解最新的研究结果（如家长的态度、知识和实践行为），从而消除其在家校合作的儿童性健康教育中的顾虑，同时，教师教育或培训也提升他们自身开展教育的信心。

3. 小学教师儿童性健康教育的实践行为少，教师学历、年龄、教龄、职称及地区之间的差异显著

研究发现，几乎超过 4/5 的教师报告他们所在的学校没有开展过任何形式的儿童性健康教育；超过 70% 的教师认为他们不能采用准确的科学术语开展儿童性健康教育工作。目前，小学开展儿童性健康教育的实践很少，大部分教师自己也不能有效地开展儿童性健康教育工作。研究发现，学历水平在大学本科及以上的教师有更高比例可以科学开展儿童性健康教育工作（大专及以下：23%，大学本科及以上：31%）。虽然京津冀三地教师的儿童性健康教育实践行为都很少，但是与天津相比，河北和北京的教师有更高比例报告为学生购买过儿童性健康教育的材料（天津：11%，河北：18%，北京：20%）。这些结果提示我们，基于小学校园的儿童性健康教育实践在我国还很少见，而且存在较为显著的地区差异，教师本身的学历背景也影响具体的儿童性教育实践工作，因此研究建议，未来需要基于教师所在地区的特点、教师个人的学历差异等开展有针对性的培训。

4. 小学教师接受儿童性健康教育的培训比例极低，接受过性健康教育培训的教师教育意识较高，教育行为频率高

统计数据发现，仅有 5% 的小学教师曾经参加过针对儿童性健康教育方面的培训或相关培训。正如研究者古德曼所说，缺少教师培训会影响其开展儿童性健康教育的意识和信心。如前所述，本研究发现，我国小学教师缺少儿童性健康教育的知识和实践，这一结果很可能与他们很少接受培训有关。本研究进一步以是否接受培训为因变量进行分析，发现与没有接受儿童性健康教育培训的教师相比，接受培训的教师有更高的比例认为自己能够科学开展儿童性健康教育（有培训：47%，无培训：29%；$\chi^2=8.98$，$P < 0.01$）和为学生购买教育材料（有培训：54%，无培训：16%；$\chi^2=56.93$，$P < 0.001$），

即有培训经历的教师具有更多更积极的儿童性健康教育行为，接受教育培训的态度得分（有培训：3.95±1.51，无培训：2.90±1.91；$F=17.34, P<0.001$）和知识总分（有培训：0.84±0.37，无培训：0.84±0.37；$F=16.14, P<0.001$）也更高。尽管本研究仅有不足5%，即59名教师接受过儿童性健康教育的培训，但是也发现了是否培训显著的主效应。本研究基于数据，从横断面的角度证实了培训对于改善教师儿童性健康教育的意识和行为的积极作用。这一结果提示研究者，为了更好地开展基于校园的儿童性健康教育，需要做好教师的职前和在职培训工作。

5. 小学教师接受儿童性健康教育培训需求较强，且存在地区、学历、教龄等方面的差异

研究发现，超过70%的小学教师愿意或非常愿意接受儿童性健康教育的培训，且有超过65%的教师愿意接受基于互联网的培训。教师接受培训的愿望较为强烈，虽然教师不排斥网络的培训，但是在调查中发现，接近70%的教师希望培训是"系列专家讲座"的形式，而且接受系统的课程培训。可见教师已经意识到，儿童性健康教育培训不仅是单一课程的、一次性的培训，更重要的是有系统持久的专业教育。由于我国教师的儿童性健康教育培训较少，很少能够接受较为系统而全面的培训，因此，教师最希望能够有这方面的专家给予系统而全面的培训。这一研究结果与日本、澳大利亚和英国的教师研究相似，即教师期待得到儿童性健康教育专业的学者和研究者的帮助，系统地掌握这一领域的知识和教学方法。研究还发现，进行教师培训需要考虑地区差异，河北教师需要"系列专家讲座"培训形式的需求显著高于北京和天津地区，这可能是与当地经济教育文化背景有关。这些结果提示我们，儿童性健康教育教师培训可能需要考虑当地经济教育文化背景差异，越是经济相对不发达的地区，可能越需要"系列专家讲座"的形式，而且研究发现，对于互联网培训形式的需求也存在类似的结果，即河北教师（75.2%）需要基于网络培训的百分比显著高于北京（60.2%）和天津（54.6%）。教师学历和教龄的因素也是小学教师儿童性健康教育培训需求方式的相关因素，学历大专及以下和教龄20年及以下的教师更倾向于"师范课引领"和"课例培训"。同样，教师的教龄、学历也应是教师培训应该考虑的可能影响因素。

6. 小学教师培训需求的内容首先是如何应对和预防儿童性侵犯的知识和技能，其次是儿童青春期等"性"发展相关的生理和心理内容培训

　　本研究一个重要的发现是，小学教师急需预防和应对儿童性侵犯的知识和技能的培训，这一发现与对家长的研究发现一致，也与我国和其他国家的研究结果相似，即在小学，教师和家长都更倾向于从性保护教育的角度开展性健康教育。一方面，由于近年来我国曝光严重的儿童性侵犯事件，教师和家长都十分关注；另一方面，预防和保护儿童免遭受性侵犯也是国家教育部门明确提出，需要家校合作、共同支持的教育活动。由于孩子在小学的 6 年中身心发育急剧变化，特别是从 9 岁开始，女孩和男孩陆续进入青春期的发育，故儿童在小学阶段，亟须来自教师的儿童性健康教育，帮助孩子了解他们身体变化的原因、变化的过程及为青春期的到来做好准备，因此，排在第 2 位的需求培训内容是与儿童青春期"性"发展的生理和心理的知识和教育方法。

　　自 2008 年《中小学心理健康纲要》出台以来，很多学校在小学高年级（五、六年级）安排了青春期教育的课程，因此，教师通过其他的培训能够学习相关的内容，所以对这方面的需求不如应对和预防儿童性侵犯方面，但是需求比例也很高，要引起我们的重视。这些结果提示，小学教师最为需求的培训内容很可能是教师通识培训中缺少而在实际教学中有需要的内容，有必要考虑将这些培训内容单独系统地列专题为教师开展培训，从而提升小学教师的儿童性健康教育的知识素养和教学方法。

第四章
"互联网+"家校合作小学生性健康教育的效果

第一节 "互联网+"家校合作性健康教育的设计与实施

研究团队基于家校调研结果,参考国内外小学生性健康教育干预研究,研发了学校教育的26节课程和家庭教育的一本亲子画册。无论是学校的性教育课程,还是家长的家庭教育手册,其教育目标是一致的,即教授小学生基本的性教育知识,如知道身体器官(生殖器官)的名称和机构,知道描述身体器官对人的作用,为青春期的到来做好准备;对性的态度客观而科学,能够自信地谈论、倾听和思考关于性、情感和人际关系的发展问题;学会生殖器官的保健和保护技能(预防性侵犯)。家校合作的性健康教育课程材料包括生理发展、心理健康、日常保健和自我保护四大主题。课程材料围绕主题教学,以年级为单位,开发主题课程,每个年级开发4~6节课程。

在北京两所小学一至六年级1069名学生中开展了基于班级微信群沟通的家校合作性健康教育。研究采用质性分析(教师和家长访谈)和量化设计(学生准实验干预设计)相结合的方式,全面评价基于"互联网+"家校共育材料对小学生性健康知识、态度和技能水平的影响。

一、实验研究的设计

(一)准实验研究

本研究用自然实验法进行研究,采用准实验设计,有前测和后测,有教育组和对照组。本研究以小学生为中心进行家校协同教育研究,采用准实验随机对照法,具体如表4-1所示。

表4-1 小学生教育干预研究设计

组别	教育前一周前测	教育	教育后一周后测	教育后3个月追踪	教育
教育组	√	√	√	√	
对照组	√		√	√	√

教育干预研究具体实施步骤：①小学生进行教育干预前的基线前测测评。②将参与研究的小学生以班级为单位随机分为教育组和对照组，其中教育组528人，对照组541人。教育组小学生进行教育，对照组暂不教育。教育时间约为1个月，每周1~2节课，每年级4~6节课。教育方式为家校同步教育，网络沟通监测。教师接受培训后，在学校基于网络性健康教育材料设计课程教学；同一个月，家长进行基于网络材料的家庭教育。其间，教师或研究者与家长进行网络沟通，为家长提供教育材料和亲子交流的方法。③教育完成后一周，对全体小学生进行后测，评价教育效果。④教育后3个月对所有小学生进行追踪测试，评价教育效果保持水平。⑤对照组小学生接受教育。正式研究虽然设计了追踪测试，但由于新冠肺炎疫情，没有获得最终的追踪数据，3~5个月后，对照组由以教师或家长教育的形式补偿接受性健康教育。

（二）研究学校的选取

在北京市丰台区教育科学研究院和朝阳区教育科学研究所的协助下，各邀请2所本区的小学参与研究，但最终丰台区和朝阳区各仅有1所小学同意参与教育实验研究。其中，丰台区的小学为本研究的预研究学校，朝阳区的小学为正式教育研究的学校。

（三）研究工具

1. 学生问卷

参考前期教师和家长的需求评价，家长和教师性教育需求最为强烈的内容为学生性保护教育，因此，本次学生问卷重点评估学生性保护的知识和技能在教育前后的变化。参考国内外性保护知识和技能的问卷，研究团队设计和修订了本次小学生问卷，共包括两个维度，即性保护知识和性保护技能。由于互联网已经渗透到学生学习和生活的各个方面，本研究的学生问卷与时俱进，加入了网络性教育保护的条目。问卷性教育知识和态度10个条目，每个条目回答正确计1分，回答错误或不知道计0分，总分0~10分；知识和态度的内部一致性系数为$a=0.82$。儿童性健康教育的保护技能从拒绝、离开和报告危险事件3个维度进行评估，共有5个情境条目，每个条目的技能得分最低分 0 分，最高分 4 分，总分 0～20 分；儿童性保护技能维度的一致性系数为 a=0.88。

本研究还采用了过程性评价，在教育的过程中，对学生的性知识、性态度和性保护技能的学习过程进行了教师访谈、家长反馈调研、学生过程性评价。学生过程性评价采用问卷调查形式，共 18 个条目，每个条目回答正确计 1 分，回答错误或不知道计 0 分，总分 0～18 分，内部一致性系数为 a=0.93。

2. 家长和教师访谈提纲

学生问卷仅重点评估了其性保护的知识和技能的情况，为了更好地评估学生整体性健康教育的效果，研究团队进行了家长和教师的访谈。每所学校的教育组家长和班主任参与了访谈，访谈提纲的内容包括评估学生性健康教育的知识、态度和技能 3 个方面：第一，学生性健康教育的知识是否有提高（如知道生殖器官的科学名称、基本的日常生活保健知识、月经和遗精、疾病预防的知识等）；第二，学生是否形成积极正向的"性"态度（如是否喜欢自己的身体、自尊和自重等）；第三，学生是否掌握了性保护的技能（知道什么是儿童性侵犯、辨别潜在的危险情境、能够及时离开并寻求帮助等）。

（四）教育研究的干预材料

本实验使用的教育材料分为教师教育课程材料和家长教育手册。教师教育课程材料内容与家庭教育手册的主要内容一致。

1. 教师教育课程材料

研究团队依据国内外已有的教育干预研究及本研究的目的，研发用于教学的学校和家庭课程教育材料。学校课程教育材料在教育部 2008 年《中小学健康教育指导纲要》、2013 年《关于做好预防少年儿童遭受性侵工作的意见》和 2018 年《进一步加强中小学（幼儿园）预防性侵犯学生工作的通知》等相关文件的指导下，参考联合国教科文组织（UNESCO）的《国际性教育纲要》中关于儿童性健康教育的阐述，以及美国、英国、新加坡和日本等国家小学性健康教育的内容。依据学生身心发展阶段的不同，每个年级教育教学的侧重点稍有不同。学校与家长的课程设计纲要如表 4-2 所示。

表 4-2 小学生性健康教育课程设计纲要

年级	专题	课程名称	课程目标	课程内容介绍
一年级	性生理	我是身体小主人	认识身体各部分名称，引入男女生殖器官名称	利用身体简笔画图，学生学会描述身体名称；认识男女生殖器官的名称与不同。形成生殖器官很重要的意识，一定要保护好生殖器官，接受自己尴尬的情绪
		我长大了	简要了解生命诞生和发展的过程	通过比较婴幼儿和小学生身体的不同（学生不同阶段的照片图集），体验身体的变化
	性心理	男孩女孩	简单说出男孩女孩的性别特点（身体和个性）；认识男女不同，但平等	请学生想一想男孩女孩的性别特点，并请学生讲一讲他们眼中的男孩和女孩。说一说自己的好朋友（男孩和女孩均可），认识性别不同，但平等
		我爱我家	引发孩子体验家庭归属感，爱父母、爱家庭，为发展积极的社会关系做好准备	让学生准备自己和父母的照片，或请学生动手画一画家庭树，请学生讲一讲家庭的关爱故事
	性保健	我爱清洁	学习日常个人身体护理的卫生知识和技能，以及生殖器官的卫生保护知识和技能；养成好习惯一生受益	情景图片配合，请同学想一想、讲一讲个人清洁的方法，教师最后总结补充。饭前洗手，饭后漱口。（家校合作）如何正确刷牙。个人按时洗澡，更换衣物（内衣内裤等）；定期到医院检查身体（眼睛、牙齿、生殖器官）；个人如厕卫生技能；提高预防生殖器官受伤的意识（避免身体冲撞、外物碰撞、手触摸等），重点讲与生殖器官的保护
	性保护	认识与保护隐私部位	①认识男孩女孩的隐私部位；②了解隐私部位保护规则，知道保护隐私部位的3项技能：说"不"、快跑、告诉信任大人（寻求帮助）。知道保护隐私部位，如果遭受不安全的接触，小孩没有错	情景图片配合：①认识隐私部位，泳衣、泳裤遮盖的部位；②教师教授学生隐私部位保护规则：任何人不能随便看或接触小孩的隐私部位，小孩也不能随便看或接触任何人的隐私部位。教师交替呈现安全接触情景和潜在性侵犯情景，教授和请学生练习保护隐私部位的3项技能。学生绘制寻求帮助人的"五指山图"

续表

年级	专题	课程名称	课程目标	课程内容介绍
二年级	性生理	我是身体小主人	认识身体各部分名称，引入男女生殖器官名称	利用身体简笔画图，学生描述身体名称
		我长大了	简要了解生命诞生和发展的过程	通过比较婴幼儿和小学生身体的不同（学生不同阶段的照片图集），体验身体的变化
	性心理	男孩女孩	简单说出男孩女孩的性别特点（身体和个性）；认识男女不同，但平等	请学生想一想男孩女孩的性别特点，并请学生讲一讲他们眼中的男孩和女孩。说一说自己的好朋友（男孩和女孩均可），认识性别不同，但平等
		我爱我家	引发孩子体验家庭归属感，爱父母、爱家庭，为发展积极的社会关系做好准备	让学生准备自己和父母的照片，或请学生动手画一画家庭树，请学生讲一讲家庭的关爱故事
	性保健	我爱清洁	学习日常个人身体护理的卫生知识和技能，以及生殖器官的卫生保护知识和技能	情景图片配合，请同学想一想、讲一讲个人清洁的方法，教师最后总结补充。饭前洗手，饭后漱口。（家校合作）如何正确刷牙。个人按时洗澡，更换衣物（内衣内裤等）；定期到医院检查身体（眼睛、牙齿、生殖器官）；个人如厕卫生技能；提高预防生殖器官受伤的意识（避免身体冲撞、外物碰撞、手触摸等），重点讲与生殖器官的保护
	性保护	保护隐私部位	认识人体的隐私部位，学会隐私部位保护规则，知道保护隐私部位的3项技能：说"不"、快跑、告诉信任大人（寻求帮助）。知道保护隐私部位，如果遭受不安全的接触，小孩没有错	情景图片配合，教师教授学生认识隐私部位与保护规则：任何人不能随便看或接触小孩的隐私部位，小孩也不能随便看或接触任何人的隐私部位。教师交替呈现安全接触情景和潜在性侵犯情景，教授和请学生练习保护隐私部位的3项技能。学生绘制寻求帮助人的"五指山图"
		多彩的电视节目与大千网络	提高学生辨别电视信息与安全使用网络的意识和技能	提供情景图片，描述可能遇到的网络安全问题，如电视中的不真实广告、电脑网络的黑客、电脑网络中不安全的图片和视频、手机网络中的不良信息等，请学生练习辨别各种不良信息

续表

年级	专题	课程名称	课程目标	课程内容介绍
三年级	性生理	生命的奇迹	①认识生殖器官的组成、名称和作用；②知道男性睾丸产生精子，女性卵巢产生卵细胞；③精卵结合创造了生命；④了解怀孕和生产的过程	教师安排活动，头脑风暴请学生说说"我是从哪里来的"？微动画片播放，了解精卵结合、胚胎的发育、婴幼儿成长过程。（图片的绘画）教师总结：生命的奇迹出现，每个人都是父母爱的结晶
	性心理	男孩女孩	简单说出男孩女孩的性别特点（身体和个性）；认识男女不同，但平等	请学生想一想男孩女孩的性别特点，并请学生讲一讲他们眼中的男孩和女孩。说一说自己的好朋友（男孩和女孩均可），认识性别不同，但平等
		我爱我家	引发孩子体验家庭归属感，爱父母、爱家庭，为发展积极的社会关系做好准备	让学生准备自己和父母的照片，或请学生动手画一画家庭树，请学生讲一讲家庭的关爱故事
	性保健	我是卫生小达人	学习日常个人身体护理的卫生知识和技能，以及生殖器官的卫生保护知识和技能	头脑风暴：请学生一个接一个说说如何保持清洁。情景图片配合，请同学想一想、讲一讲个人清洁的方法，教师最后总结补充。个人按时洗澡，更换衣物（内衣内裤等）；定期到医院检查身体；个人如厕卫生技能；提高预防生殖器官受伤的意识（避免身体冲撞、外物碰撞、手触摸等）
	性保护	预防性侵犯	①违背我们的意愿，不合理地看、触摸隐私部位的人。潜在侵犯者；②学生能够运用安全保护规则保护隐私部位，特别是面对自己不熟悉的大人时坚决说"不"	情景故事法，教师采用图片辅助，讲述2~3个熟悉的人（比儿童年龄大）试图接触或看自己的隐私部位时，练习保护自己的技能。讨论：谁是有可能实施性侵犯的人；教师如何面对孩子的披露；青少年保护的电话
		多彩的电视节目与大千网络	提高学生辨别电视信息与安全使用网络的意识和技能	提供情景图片，描述可能遇到的网络安全问题，如电视中的不真实广告、电脑网络中的黑客、电脑网络中不安全的图片和视频、手机网络中的不良信息等，请学生练习辨别各种不良信息

续表

年级	专题	课程名称	课程目标	课程内容介绍
四年级	性生理	奇妙青春期	学生简单了解生殖器官的组成、作用和青春期的变化，为青春期的到来做好准备	呈现青春期身体发育变化图片、卫生保健（合理营养、体育锻炼）。请学生写下想要了解的青春期身体变化的困惑（分为男生组和女生组）
	性心理	学会倾听和表达	亲子交往的困惑。如何与父母更好地沟通的技巧	尊重、真诚、倾听，有效的表达，个人情绪控制等方法
		理解友谊和爱（重点）；了解异性交往	可以是同伴，可以是大朋友，在绘画和讲故事中学习和体验友爱，并懂得尊重朋友	理解友谊和爱（重点）；了解异性交往的原则
	性保健	我是卫生小达人	学习日常个人身体护理的卫生知识和技能，以及生殖器官的卫生保护知识和技能	情景图片配合，请同学想一想、讲一讲个人清洁的方法，教师最后总结补充。个人按时洗澡，更换衣物（内衣内裤等）；定期到医院检查身体；个人如厕卫生技能；提高预防生殖器官受伤的意识（避免身体冲撞、外物碰撞、手触摸等）
	性保护	预防儿童性侵犯	知道儿童性侵犯的形式，知道预防儿童性侵犯的知识和技能	情景图片配合，教师教授学生预防儿童性侵犯的技能，特别是3项保护技能，并且强调指出：儿童性侵犯的发生，儿童没有错。儿童如何获得帮助，帮助的途径和方法
		网络安全	学会网络安全，学会辨别网络信息；提高学生安全使用网络的意识和技能（性的信息，正确使用网络）	提供情景图片，描述可能遇到的网络安全问题，如电视中的不真实广告、电脑网络的黑客、电脑网络中不安全图片和视频、手机网络中的不良信息等，请学生练习辨别各种不良信息

续表

年级	专题	课程名称	课程目标	课程内容介绍
五、六年级	性生理	奇妙青春期	认识青春期身体发生的变化（阴茎发育、乳房发育）；生殖器官的组成、作用和青春期的变化，为青春期的到来做好准备	青春期身体发生的变化；身体外形变化；内脏技能的健全；生殖器官发育成熟（重点）；孕育生命，感恩父母，懂得养育责任（参见四年级性生理专题设计）
	性心理	异性交往	学习同伴交往的知识和技能；异性交往的原则和方法	学会同伴交往中如何倾听和表达；学习异性交往的原则：不提倡一对一交往，提倡小组交往
	性保健	青春期保健	知道青春期日常呵护皮肤、清洁体毛、爱护乳房、关爱生殖器官，重在日常护理；预防性传播疾病，知道疾病的危害和预防的方法	青春期日常护理的方法和注意事项。艾滋病（主要传播途径是性行为传播），没有可以治疗的方案；性疾病的危害和预防的方法
	性保护	学会说"不"；预防性侵犯	学生能够分辨性侵害，警惕可能实施的人，远离侵犯情境	了解什么是儿童性侵犯；辨析潜在的危险情境；学习自我保护的技能
		网络信息识别与诊断	学习安全上网的知识和技能，提高保护自己的意识	如何识别网络信息的真伪；网络交友要慎重

2. 家长教育手册

依据对教师和家长的前期调查发现，在家庭教育中家长认为教育的难点和重点是儿童保护，即预防儿童性侵犯教育。因此在家校合作教育中，除了有相似的家庭教育课程外，本研究还为家长准备了家庭教育手册。家庭教育手册的目标是协助家长教授孩子性保护知识和技能的课程。画册的内容包括生殖器官的名称、隐私部位的位置、预防儿童性侵犯的知识（辨别安全与不安全的身体接触，知道儿童性侵犯的发生儿童没有错等）、预防儿童性侵犯的技能（主动披露，寻求帮助，迅速离开等）。家长可以在家庭教育中使用本画册，还可以通过微信群参考学校教师教育课程的内容，一方面使自己学习和了解学校的儿童性健康教育知识和技能；另一方面可以在家庭生活中帮助孩子复习学校获得的知识和技能，巩固儿童的学习效果。

二、预研究的实施步骤

2019年3—9月，研究小组在丰台区的一所小学开展预研究工作。预研究工作分为3个部分：第一，教育前的培训和测评，包括教师点对点培训、家长培训、学生教育前的基线测评；第二，教育干预和教育过程性评价；第三，教育后的家长和教师访谈、学生的后测评价，以及5个月后的追踪评价。

（一）教育前的培训和测评

1. 教师点对点培训

实验小学校长支持研究工作，委派一名教师作为实验教师，实验教师有一定的卫生保健学知识，负责一至五年级的小学生性健康教育的学校课程教学。为了帮助教师更好地教授课程，我们全程进行教师点对点培训。在正式开始课程教学前2~3周，研究团队授课小组与此授课教师开展备课、示范课、网络沟通等课前培训。培训的主要内容是本次研究的目的、干预教育的课程内容与实施，以及本次研究的前测和后测的注意事项。开学前2~3周的培训大约培训3小时，每周1~2小时。整个教育干预过程中，研究团队委派研究人员与授课教师进行教育过程性培训，如在前测和后测的前1周会培训学生测试的内容和方法等，每上一节新课，都会在前1周进行新课的授课内容和授课方式的培训，根据实验年级的不同，还会适时进行不同年龄孩子特点的培训。整个过程性授课为教师点对点培训，提高了授课教师对于研究的认识，帮助授课教师熟悉了课程教育材料内容和教学方式，有利于实验学校更好地实施教育干预。

培训教师性健康教育课程的基本规则是能够帮助教师和学生建立一个安全的校园学习氛围，在这种氛围下，能够降低教师的焦虑和尴尬感，特别是教师在应对学生突然、意想不到的问题和评论时。例如，一些课堂的基本原则为：①没有人（无论是学生还是教师）需要回答私人问题；②没有人被强迫参与讨论；③在课堂上只运用科学准确的身体名称。教师教学采用的策略包括但不限于：①"距离"交谈，教师为了避免尴尬，同时保护学生的个人隐私，可以采用情景讨论法。例如，角色扮演能够帮助学生去个性化，仅把情景表演出来；进行"创作人物"的个性研究，采用合适的视频资料。②问题处理法，在班级里，授课教师应该建立清晰的规则参数，如哪些问题在课堂出现是合适的，哪些问题在课堂出现是不合适的。如果学生提出比较私人的问题，教师应该用基本规则提醒学生，请他转化问题；如果教师不知道如何回答学生的问题，教师首先要承认这点，然后建议学生或与学生一起晚些时间来研究这个问题；如果一个问题对于学生或整个班级来说明显超越学生的年龄，教师应该做出承诺，稍后与学生进行个人深入的交流。③小组讨论和项目学习，学生最喜欢的学习方法之一就是小组讨论和项目学习，这种方法能够帮助学生梳理以前的学习内容，深化理解。小组讨论的形式能够锻炼学生的社会沟通交流技能，能够在不同的情境帮助学生重新考虑自己的信念和态度，反思新学的内容，修订和计划未来的活动。在小学通过让学生进行小组讨论，能够让学生进行生动有效的再学习。④反思学习，反思对于学生巩固他们所学习的内容、建立新的理解是非常重要的。教师可以通过提问，帮助学生对他们所学习的知识和技能进行回顾。例如："今天小组讨论，你最喜欢干什么？"小组讨论汇总，"你从其他人那里学习到了什么？谁和你的观点最不同，谁和你的经历最不同呢？"小组讨论结束后，"你要做什么？除了小组讨论的内容，你还有其他需要补充吗？"；等等。

2. 家长培训

家长在儿童性健康教育的过程中扮演了重要的角色，整个研究在取得家长的知情同意后进行。家长培训包括两个环节：其一是教育干预研究前对家长面对面的培训；其二是基于网络微信群的实时课程培训。

在正式开始教育干预前，学校按年级召开了教育组学生的家长会。为了帮助家长更好地理解小学生性健康教育，在家长会上，研究人员对教育组家长开展了40分钟的家长培训。培训的主要内容包括本研究的目的、儿童性教育的概念、小学生性健康教育的内容和家长家庭教育的注意事项等。教育组家长会后，下发了家长教育画册，辅助其在家庭开展性健康教育。除此之外，在整个教育过程中，研究人员都会基于网络微信群实时与教育组家长沟通学校授课的内容，解答家长在教育过程中的困惑。实施培训有利于家长完成家校合作。对照组家长仅填写了知情同意书,没有进行家长培训。

3. 学生教育前的基线测评

全体自愿参与研究的学生在取得家长知情同意后进行了前测。小学一、二年级的学生由于年龄小,不方便进行团体测评,因此,由研究团队中接受过培训的研究人员进行一对一的访谈。访谈的问卷与其他年级团体测评所使用的问卷完全相同。实施儿童访谈的研究人员都是具有发展心理学和少儿卫生保健学背景的教师或研究生,共3人。三至五年级学生均为团体测试,在研究人员指导下完成。整个团体测试时间一般为15~25分钟,一对一测试时间一般为20~30分钟。

(二)教育干预和过程性评价

1. 教育干预

丰台实验学校的规模相对较小,一个年级仅有2~3个班,因此,研究人员在一至四年级各选取2个班参加研究,一个为教育组,一个为对照组。五年级有3个班,由于每个班仅有20多人,因此3个班均参与研究,一个为教育组,两个为对照组。丰台实验学校无六年级,因此预研究没有六年级的数据。最后,研究的教育组为168人,对照组为208人;其中一年级教育组39人,对照组39人;二年级教育组33人,对照组31人;三年级教育组38人,对照组39人;四年级教育组31人,对照组38人;五年级教育组27人,对照组61人。2019年3月15日前测后,所有教育班开展教育,每周一节课,共6节课,教育干预时间6周。

2. 教育过程性评价

教育干预过程中,一方面学生在学校接受性健康教育的课程;另一方面建立了家长交流群,研究人员将学生每周的课程进展、家庭作业,以及家长教育的注意事项实时分享在家长群中。学校授课4周左右,研究人员进行了教育干预过程的评价,以期了解学生学校和家庭教育的情况。过程性评价分为3个部分:第一个部分是学生的过程性学习问卷调查,包括学生对课程知识的掌握程度、学生对课程的态度等;第二个部分是教师访谈,询问授课教师上课的反馈、学生的接受情况等;第三个部分是家长的网络访谈,了解家长教育过程中的问题、学生家庭学习的情况及对家庭教育的意见和建议等。

（三）教育后的学生测评和家长与教师的访谈

1. 学生教育的后测与追踪测评

2019年5月22—26日，教育干预过程完成后一周，全部对照组和教育组的学生完成后测，评价其学习的效果。2019年9月，所有参与研究的学生都进行了追踪测试。研究中，一、二年级学生的教育后测和追踪测评均由研究人员通过一对一访谈完成；三至五年级则是在研究人员的指导下，通过团体测试完成。本次预研究工作于2019年10月全部完成，进行后期数据处理和分析，采用群体的均数比较，以评价学生的性健康教育效果。

2. 家长与教师的访谈

研究人员采用家长和教师的访谈提纲，通过面对面、网络和电话等形式对教育组的家长和教师进行了访谈，从他评的角度描述学生的学习效果。追踪测试后，对照组进行教育，经过与丰台实验学校协商，学校选择基于家庭教育的方式完成对照组的补偿教育。研究小组基于网络，完成了对照组的家长培训，并且下发了家长教育画册，协助对照组家长完成家庭性健康教育工作。

三、正式教育研究的步骤与实施

2019年10月至2020年1月，研究小组在朝阳区一所小学开展正式教育研究工作。研究工作分为3个部分：教师培训（团体、点对点、网络培训），家长"网络+"教育，家校合作教育干预。

（一）教师培训

正式教育干预研究的重点之一是教师培训。朝阳区实验小学参与教育班教学的教师为6人，每个年级1人。教师背景以数学和语文教师为主，仅有2名教师曾经接受过学生性心理教育的零星培训。虽然6名教师均为班主任，但是缺少专业而系统的性健康教育知识和教学方法的培训。因此，本研究为了更好地开展学校干预教育，研究团队采用了3种方式对授课教师进行系统而全面的培训。

1. 团体培训

朝阳区的实验小学对于本研究非常重视，由副校长牵头，积极与研究人员沟通，进行了6次团体培训，每次培训1小时左右。在正式开始前测之前，研究人员对参与研究的6名教师进行了第一次团体培训。培训内容包括小学性健康教育的概念、小学性健康教育的知识和教学方式、家长通知的内容、家校沟通的方式方法、前测和后测实施的注意事项等。第2～5次团体培训是前测后进行的，由于本次研究需要为学生提供6次学校教育干预课程，因此在每次实验课程之前，研究团队和教师共同备课，研究人员提供原始课程的教案和PPT，并说明课程的授课目标、重难点、注意事项等，学校教师反馈学生上课的表现、班级学生的基本情况，对已有课程展开修订等。团体培训使得学校教育干预课程对本次实验学校更有针对性，也为所有授课教师都能将课程中的重难点科学准确地传递给学生提供了有力的支持。

2. 点对点培训

朝阳区的实验小学一校三址，6个年级分布在3个校区，为更好地协助授课教师进行干预教育，研究人员对每个校区、每个年级的教师都进行了点对点培训。培训的方式是个别指导，包括课前辅导和听课指导，主要围绕6次课程的重难点进行培训。3个校区分别为低年级校区、中年级校区和高年级校区，由于3个校区学生的年龄不同，虽然课程的目标相似（如教授什么是生殖器官、如何保护生殖器官、异性交往和预防儿童性侵犯的知识和技能等），但是具体的课程难度及课程的授课方式依据不同年级学生的特点而稍有差异。研究人员均会依据不同校区的情况与授课教师进行点对点沟通，以便将课程修订和调整到最适合本校区本年龄阶段学生的教学。

3. 网络培训

教师网络培训是团体培训和点对点培训的有力补充。网络培训即时性强，有针对教师的个性化辅导，是本次教师培训的细节补充。授课教师在整个教育干预过程中遇到任何突发情况，均会第一时间与研究人员网络沟通，获得帮助。例如，本次研究中，一个五年级教师就发现一名学生对于性健康教育的知识和内容特别感兴趣，愿意和教师沟通，询问了很多有难度和深度的问题（下课打闹时触碰同学的隐私部位是否可以，如果喜欢班级里的异性学生怎么办等），教师及时与研究人员沟通，采用科学和客观的态度帮助孩子走出困惑，同时，教师个人也获得了成长。网络培训更多是针对教师的困惑进行的个性化、即时性培训。

（二）家长"网络+"教育

在家校合作中，家长的家庭教育是本次干预研究中重要的一环，因此，需要对家长进行培训。在家长培训之前，以年级为单位，研究人员向教育组和对照组的全体家长下发了知情同意书，在获得了家长知情同意的情况下，重点进行教育组的家长培训，对照组家长不参与培训。

朝阳的实验学校一校三址，教育干预班原计划组织分年级的家长会，但是由于学校的突发应急事件未能成功，因此，通过两种渠道开展了家长教育。首先是网络通信联络会，以班主任为主，研究人员为辅，基于网络召开了实验班级的家长教育会，一方面告知家长本研究的目的、意义和教学方法；另一方面征询家长的家庭教育意见。其次，在教育班班主任的协助下，下发了家长手册，在整个教育过程中，教育组以班级为单位建立了网络沟通群，协助家长利用教育画册完成家庭教育，并及时更新家长群中学校教育课程的内容供家长参考。最后，以教育组授课教师为辅助，以教师和网络群为媒介，研究人员与家长实时沟通家庭教育的注意事项，解答家长教育中的困惑。家长培训既有网络集体培训，也有基于互联网的个体培训，为家校合作教育干预过程的顺利开展提供了有力的保障。

（三）家校合作教育干预

朝阳区实验学校的一至六年级学生参与了家校合作的全程教育干预过程。每个年级均有2个班是教育组，2个班是对照组（四年级为一个对照组），教育组358人，对照组333人。

2019年10月15日前测结束后，教育组的班级开始进行家校合作教育，每周一节课，连续干预6周，共6节课。接受培训的教师在学校教授学生性健康教育课，同时，家长在家庭基于家长手册开展性健康教育。家校合作教育期间，教师和家长有任何建议、意见和疑问均可以与研究人员在教师群、家长群进行沟通，同时，为了更好地保护家长的隐私，有疑问或特殊需要的家长都可以通过授课教师与研究人员进行沟通。教育干预过程中，研究人员通过家长访谈和教师访谈了解学生学校和家庭教育的进展情况，对家校合作教育效果进行过程性评价。2019年12月底，家校合作完成一周后，全部对照组和教育组的学生在学校完成后测，评价整个6节性健康教育课程的效果。研究团队原计划于2020年3—5月进行追踪测试，但是由于突发公共卫生事件（新冠肺炎疫情），学校暂停线下教学，因此追踪测试未能完成，仅对教师和家长进行了追踪的网络访谈。2020年6月，在与实验学校充分沟通后，学校选择基于校园的互联网课程教育方式完成对照组的补充教育，同时给对照组家长下发了画册，协助对照组家长完成家庭性健康教育。

本次干预研究对学生的效果评价主要是通过纸质问卷调查完成的。小学一、二年级学生年龄较小，识字量有限，因此，低年级的前测和后测均由研究团队通过一对一访谈完成，前测在10天内完成，后测在7天内完成。三至六年级学生的前后测评价均为团体测试，由经过培训的实验教师在研究人员的指导下完成。一对一访谈每个儿童15~25分钟，团体测试时间一般也为15~25分钟。本次正式研究吸取预研究中的教训，对每位学生进行了一对一的编码，可以对个体学生进行追踪，研究数据在排除了时间因素之后，分析教育干预对学生性健康教育知识、态度和技能的影响。

第二节 "互联网+"家校合作性健康教育的预研究效果

研究团队在获得学校和家长的知情同意后，请丰台实验小学的学生自愿匿名参与了本次教育干预研究。该小学的5个年级学生参与此研究（六年级由于是毕业年级，根据学校安排未参与），共有378名小学生完成了前测，其中男生209名，女生169名；一年级学生78名，二年级学生64名，三年级学生77名，四年级学生71名，五年级学生88名；教育组学生170名，对照组学生208名，具体年级分组情况如表4-3所示。学生的年龄最小6周岁，最大13周岁，平均年龄9.03岁（$SD=1.72$）。

表4-3 丰台预研究小学学生分组情况

单位：人

组别	年级					总计
	一	二	三	四	五	
教育组	39	33	38	33	27	170
对照组	39	31	39	38	61	208
总计	78	64	77	71	88	378

一、教育前的基线评价

前测的基线评价采用问卷调查法，重点评估小学生性保护知识和技能的基本情况。结果发现，小学生自我保护知识和技能水平有限，存在显著的年级差异，部分知识条目上还存在显著的性别差异（$P<0.05$）。但是问卷调查研究发现，在知识和技能上，小学生教育组和对照组不存在组间差异，即两组学生教育前基线水平无统计学差异，具体数据分析如下。

（一）小学生的知识和技能基线基本情况

1. 小学生的知识水平

小学生性保护知识包含9个条目，分别从辨别危险和安全情境、披露侵犯事件、应对网络侵犯事件和个人性健康态度几个方面进行评估。总体来看，儿童性保护的知识水平有限，最低分为0分，最高分为9分，平均分5.68（$SD=1.89$），各个条目的正确率上存在显著差异。教育组和对照组小学生性保护知识总分差异不显著（教育组：5.83 ± 1.87，对照组：5.55 ± 1.91；$F=2.11$，$P>0.05$）。

首先，小学生性健康态度得分较低，仅有31.1%的小学生明确回答"喜欢自己的隐私部位"，即接近70%的小学生不喜欢自己的隐私部位，存在较为负面的性健康态度。其次，小学生对于辨别潜在性保护情境的知识有限，约有50%的小学生认为"如果小孩的隐私部位受伤了，医生可以看看或接触小孩的隐私部位"，即还有一半的小学生认为这种情境不安全。最后，在假设潜在的儿童性侵犯情境中，约有50%的小学生会选择不披露，保守秘密。相对而言，小学生网络安全预防的意识和知识较好，有接近 80% 的小学生认为应该拒绝"网络的朋友发的一些露着隐私部位的人体图片"，超过 3/4 的小学生认为不应该与网络聊天的朋友相约网下见面（表 4-4）。

表 4-4 丰台预研究小学学生性保护知识正确率（N=376）*

条目	人数	百分比
1. 如果一个大人摸了小孩的隐私部位，并且告诉这个小孩要保守秘密，小孩还告诉其他人这件事情吗？	195	51.9%
2. 如果大人私下里给小孩看一些露着隐私部位的人体图片，小孩可以拒绝吗？	291	77.0%
3. 如果父母帮 3 岁的小孩清洗隐私部位，父母可以接触小孩的隐私部位吗？	240	63.8%
4. 如果小孩的隐私部位受伤了，父母可以看看小孩的隐私部位吗？	260	69.1%
5. 如果小孩的隐私部位受伤了，医生可以看看或接触小孩的隐私部位吗？	189	50.3%
6. 如果你在洗澡，可以摸自己的隐私部位吗？	256	68.1%
7. 你喜欢自己的隐私部位吗？	117	31.1%
8. 如果有网络的朋友给你看一些露着隐私部位的人体图片，你应该看吗？	299	79.5%
9. 小孩可以与网络聊天的朋友相约网下见面吗？	287	76.3%

*调查中有 2 人没有完全回答所有条目，故在计算有效百分比时，以 376 人为基数。

2. 小学生的技能水平

小学生自我保护的技能包括两个维度：一个是在潜在性侵犯情境下，行为拒绝和言语拒绝的技能，包括大声说"不"、迅速离开（跑）；另一个是若侵害事件发生后，儿童寻求帮助告知他人的披露技能，包括可以告诉信任的大人、直到有人相信为止。本研究参考国内外已有的儿童自我保护的问卷，设计了 5 个假设危险情境，描述小学生自我保护的技能水平。拒绝技能是 0~2 分：不会使用技能计 0 分，会使用一种拒绝技能计 1 分，使用两种及以上技能计 2 分；披露技能是 0~2 分：不会使用技能计 0 分，能够告知一名信任的大人计 1 分，能够告知两名及以上的大人计 2 分。共有 5 个假设危险情境，因此，拒绝技能总分 0~10 分，披露技能总分也是 0~10 分。

调查发现，小学生具有一定的拒绝技能，最低分为 0 分，最高分为 9 分，其中 43.6% 的小学生获得 9 分，小学生拒绝技能的平均分为 7.44（$SD=2.11$）。小学生披露技能水平非常有限，最低分为 0 分，最高分为 10 分，仅有 9% 的小学生获得 9 分或 10 分，小学生披露技能的平均分仅为 5.30（$SD=3.03$）。教育组和对照组学生在拒绝技能（教育组：7.61±1.87，对照组：7.30±2.28；$F=2.01$，$P>0.05$）和披露技能总分（教育组：5.15±3.00，对照组：5.41±3.04；$F=0.69$，$P>0.05$）上的差异均不显著，两组小学生技能基线水平无统计学差异。

研究还发现，如果儿童告知第一个信任的大人儿童性侵犯事件，大人不相信，儿童选择再次告知其他信任大人的比例不高，特别是告知除了亲人以外的人，如警察和教师。本调查研究结果显示，仅有约 60% 的小学生会在第一次大人不相信的基础上，再次告知其他人；仅有 15% 的小学生会选择告诉除了亲人以外的人，如朋友、警察和教师等。

儿童性侵犯的发生，儿童常常会认为是自己的错，本研究也采用假设危险情境的题目进行了此方面的调查。首先是对陌生人做出侵犯行为时儿童反应的调查。假设侵犯情境"3 个小孩在公园里玩，一个叔叔向他们走来，在小孩面前脱下裤子，露出隐私部位"，在此情境下，有 21% 的学生回答会"离开"，有 75.3% 的学生回答不仅会离开还会"告诉信任的大人"，仅有 3.7% 的学生回答"不管他，接着玩"或"不知道"。而且，此危险情境下，有 87.8% 的学生认为"发生这件事情"是叔叔的错。但是，对于熟悉的人的虚拟侵犯情境的调查却发现，无论是采用保护技能，还是"回答是谁的错"的问题，正确率都显著低于对陌生人侵犯情境的调查。在"假如一个熟悉的阿姨摸了小乐的隐私部位，小乐把这件事告诉妈妈，但是妈妈不相信，小乐还告诉其他人吗？"的假设侵犯情境下，仅有 65.2% 的学生认为应该继续告诉其他人；同样地，在"一个熟悉的叔叔摸了小明的隐私部位，小明犯了错误吗？"的虚拟情境下，认为小明有错的比例接近 30%，认为仅是"叔叔"的错的比例为 64.4%。可见，对于熟悉的大人，儿童似乎更少使用自我保护技能，而且若儿童性侵犯发生，儿童更可能将错误归咎于其本人，研究还发现，其他儿童也可能认为"受害儿童"有错。

（二）小学生的知识和技能水平的相关因素分析

1. 学生性别

研究以小学生知识总分和各个条目分为因变量，以性别为自变量，进行多元方差分析。统计结果显示，小学生知识总分性别差异不显著（$F=0.42$，$P>0.05$），进一步分条目分析，发现在条目4"如果小孩的隐私部位受伤了，父母可以看看小孩的隐私部位吗？"（男：0.75±0.43，女：0.62±0.49；$F=7.58$，$P<0.01$）、条目5"如果小孩的隐私部位受伤了，医生可以看看或接触小孩的隐私部位吗？"（男：0.56±0.50，女：0.43±0.50；$F=6.75$，$P<0.05$）、条目7"你喜欢自己的隐私部位吗？"（男：0.36±0.48，女：0.25±0.43；$F=5.35$，$P<0.05$）上存在显著的性别差异。在两个安全情境下，女孩得分显著低于男孩。另外，虽然男女孩在"喜欢自己隐私部位"上的得分都较低，但是与男孩相比，女孩更低。其他7个条目上，均不存在显著的性别差异。

以小学生拒绝技能和披露技能总分为因变量，以性别为自变量进行多元方差分析发现，小学生在拒绝技能上不存在显著的性别差异（男：7.25±2.28，女：7.67±1.86；$F=3.67$，$P>0.05$），但是在披露技能上存在显著的性别差异（男：4.98±3.21，女：5.68±2.74；$F=5.01$，$P<0.05$），男生的披露技能水平显著低于女生。

2. 学生年级

小学生自我保护知识总分年级差异显著（$F=6.84$，$P<0.001$），小学一、二年级的得分显著低于三、四和五年级的得分。

虽然小学生知识总分年级差异显著，但是进一步按条目分析发现，在条目6"如果你在洗澡，可以摸自己的隐私部位吗？"上无年级差异，即无论哪个年级，都有接近30%的小学生认为，如果洗澡，自己不可以摸自己的隐私部位（一年级：32.1%，二年级：32.8%，三年级：31.2%，四年级：30.4%，五年级：33%；$\chi^2=0.16$，$P>0.05$）。但是，正确的回答应该是："如果在洗澡，自己可以摸或清洗自己的隐私部位。"

同样地，以小学生拒绝技能和披露技能总分为因变量，以年级为自变量，进行多元方差分析发现，小学生的拒绝技能（$F=29.46$，$P<0.001$）和披露技能（$F=21.30$，$P<0.001$）随年级的增长而提高。其中，一年级学生的拒绝和披露技能总分最低，五年级学生的拒绝和披露总分最高。

二、小学生教育干预的过程评价

为了更好地进行教育干预过程的质量监测，及时发现教育干预中的潜在问题，研究团队在教育干预3节课后对教育组170名学生进行了过程的质量评价，包括学生对性健康教育课程的态度、知识学习的效果、家校合作的情况等。

第一，小学生性健康教育的态度积极。描述统计发现，超过98%的小学生认为性健康教育课很有趣，超过96%的小学生表示喜欢上性健康教育课。研究还发现，接近95%的小学生认为"性健康教育课让我更爱自己的身体"，接近94%的小学生认为"性健康教育课让我更喜欢自己"。整体来看，小学生对待开设的性健康教育课态度积极，但由于研究的课程涉及的毕竟是"性"相关的知识和内容，如科学的生殖器官名称，以及生殖器官的清洁和保护等内容，加之性健康教育教师也是第一次参与研究教授此类相关课程，难免本身存在一定的适应性，所以调查发现，仍有接近44%的小学生回答"性健康教育课有时会让我感到不好意思"。

小学生性健康教育态度总体积极，不存在性别差异，即无论男孩还是女孩，都非常喜欢性健康教育课。相似地，无论什么年级都认为健康教育课很有趣，喜欢性健康教育课，不存在显著的年级差异。但是在"性健康教育课有时会让我感到不好意思"的回答上存在显著的年级差异（一年级：57.9%，二年级：38.7%，三年级：36.1%，四年级：20.0%，五年级：67.9%；$\chi^2=26.73$，$P<0.01$），小学五年级的学生感到"不好意思"的比例最高，其次是一年级学生，二、三、四年级的比例较小。但是，性健康教育课让学生更喜欢自己身体的年级也是五年级，100%的五年级学生都认为"性健康教育课让我更爱自己的身体。"

第二，小学生自我报告学习效果优良。统计分析发现，接近99%的小学生报告"性健康教育课教会我很多身体健康知识"，超过95%的小学生认为"性健康教育课教会我身体器官的科学名称"，超过98%的小学生认为"性健康教育课教会我更好地保护生殖器官"，超过94%的小学生回答"通过性健康教育课我学会大小便后都要清洗双手"，接近90%的小学生知道"男孩女孩虽有不同，但平等"。

小学生自我报告的学习效果性别差异不显著,即无论男孩还是女孩,都从儿童性健康教育课的学习过程中获得了知识,效果优良。但是卡方检验显示,在"性健康教育课教会我身体器官的科学名称"上存在年级差异(一年级:84.2%,二年级:93.5%,三年级:100%,四年级:100%,五年级:100%;$\chi^2=15.61$,$P<0.05$),小学三至五年级的学习效果显著高于一、二年级。同样,在"男孩和女孩虽有不同,但平等"的回答上年级差异显著(一年级:75.7%,二年级:83.3%,三年级:94.7%,四年级:97.1%,五年级:100%;$\chi^2=21.89$,$P<0.01$),在男女性别平等的意识上,随着年级的增长,小学生学习效果也不断提高。

第三,互联网+家校合作的情况有待加强。研究采用的教育干预方式是互联网+家校合作,因此,本研究从学生角度侧面了解了家庭性健康教育的情况,但是结果发现,仅有不足60%的小学生会和父母沟通性健康教育课程的内容,不存在性别差异,存在年级差异(一年级:76.3%,二年级:77.4%,三年级:55.3%,四年级:45.7%,五年级:35.7%;$\chi^2=21.89$,$P<0.01$)。年级差异表明,随着学生年级的升高,与家长沟通性健康教育课程内容的比例逐渐降低。一、二年级是家校沟通最好的年级,有接近80%的一、二年级学生会与家长沟通学校的学习,五年级最差,家校沟通的比例仅为36%。这些结果提示我们,家校沟通在低年级更容易实现,随着孩子年龄的增加,特别是接近青春期的孩子,其与家长沟通学校学习内容的意愿降低,比例也在降低。

第四,班主任和家长的访谈支持小学性健康教育。研究过程性评价中除了学生问卷,还访谈了3位班主任教师和15名教育组的家长,每个年级3名家长。班主任教师一致认为,学生在学习了儿童性健康教育课后,懂得了一些基本的知识,特别是自我保护的知识。其中一位五年级班主任教师访谈时说道,"儿童性健康教育课程教会孩子一些青春期的知识,特别好,我都不知道怎么教,有些知识我都不知道。但是这些知识在这个年龄来说,对孩子又非常重要,如一些女孩来月经,如何处理?怎么注意卫生保健?看了儿童性健康教育下发的教育材料,我也学习了,我相信孩子们也增长了知识。"另有一位二年级班主任教师反馈,"学生学习了科学生殖器官的名称,这些科学名称我都有些不清楚,孩子们都知道了。孩子们学习能力很强啊，一些自我保护的技能，如课下注意隐私部位的保护，以前学生总爱课下打闹，但是自从学习了儿童性健康教育课，孩子们之间注意保护自己和对方的隐私了。"

15名家长也积极参与访谈，也是100%支持学校开展儿童性健康教育课程。家长们普遍反映，下发的家庭教育手册非常实用，通过和孩子一起阅读，收获很大。其中一名一年级家长反馈，"现在预防儿童性侵犯非常重要，可是我们也没有什么好的教育材料，您下发的家长手册真是太好了，孩子和我都很喜欢看，就是里面的图画是彩色的或者再大一点就更好了，孩子就看得更清楚了。"另外一名四年级的家长反馈，"家长手册我先学习了，然后让孩子学习，我们一起讨论了里面的内容，对于四年级的孩子来说，有些内容有点简单，如在危险的情境下如何拒绝侵犯，这些内容孩子们基本都会了。不过有些内容非常必要，我也是第一次知道，如4岁左右要自己洗澡啊、尊重孩子的隐私、儿童的权利等，这些内容我这个大人也很受教育。"总之，家长和教师对儿童性健康教育都给予了高度评价，并且对相关的教育活动提出了自己的建议。

整合家长与教师的建议如下：家校合作，教师能够把课件和上课的内容仔细地与家长沟通。基于高年级和低年级学生的学习效果，学习需要的时间可能有差异，要考虑在设置课程的过程中符合不同年级孩子的特点。希望有些知识再讲得详细些，特别是青春期身心发展的知识，如果课时不够，可以给孩子们再补发一些课外阅读材料。因此，在家长和教师的要求下，研究团队为五年级的孩子们补充了一些青春期健康教育，如月经和遗精方面的自学阅读材料，材料内容主要包括月经的由来和保健、什么是遗精、男生的卫生保健等，具体内容参见附件。

三、小学生教育的后测效果评价

预研究小学每个年级进行了6节课的儿童性健康教育，每周1节课，家长与教师及研究人员在微信群中沟通，家长依托儿童教育手册，在一个月内参考学校的教育内容在家庭中也开展内容相同的性健康教育，帮助学生进一步复习和掌握学校课程的教育内容。整个干预研究结束后的一个星期内，研究人员对教育组和对照组的学生又进行了后测；同时进行了家庭教育的访谈，以评价小学生教育后的效果。研究结果显示，教育组小学生后测的知识和技能水平显著高于前测和对照组后测。但是由于教育的溢出效应，对照组小学生在知识和技能方面后测成绩也有所提高，某些知识和技能水平显著提升。家校合作效果良好，家长支持家校合作并给出相关的合作和教育建议。

（一）小学生知识教育后测效果

教育组小学生在接受教育后，知识总分显著高于对照组小学生（教育组：8.00 ± 1.34，对照组：6.26 ± 1.85；$F = 105.60$，$P < 0.001$），且不存在性别和年级差异（$P > 0.05$），即无论哪个年级，教育组小学生经过教育后知识总分均显著高于对照组小学生，如图 4-1 所示。

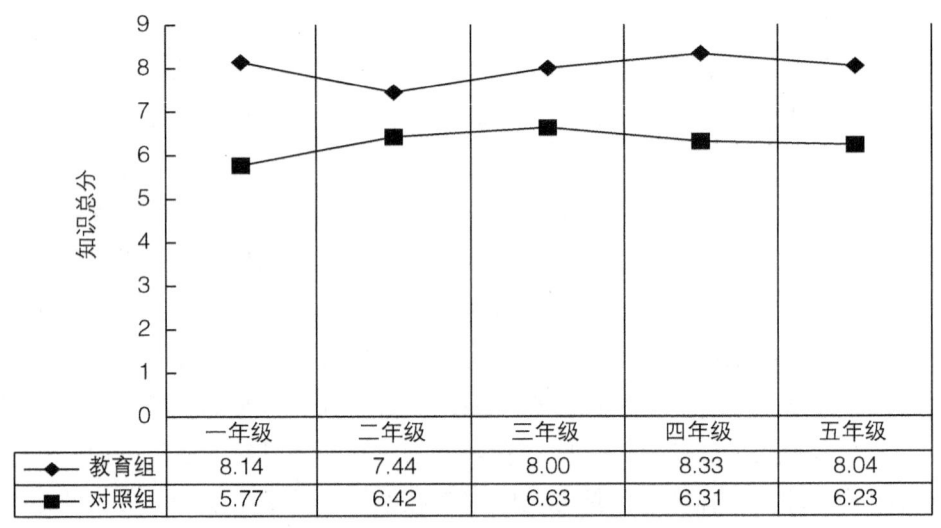

图 4-1 小学生教育后测的知识总分比较

进一步分条目比较教育组和对照组教育后的正确率情况，研究发现，在 9 个条目上，教育组学生后测的正确率均显著高于对照组，如表 4-5 所示。进一步分析教育组学生前后测的知识总分发现，教育组学生后测的得分显著高于前测（教育组前测：5.83 ± 1.87，教育组后测：8.00 ± 1.34；$F = 150.54$，$P < 0.001$），且每一个条目后测的得分都显著高于前测。儿童性健康教育促进学生建立了积极正向的"性"态度。教育组学生接受教育后，对于儿童性

续表

教育的态度更加积极，教育前教育组仅有31.0%的学生"喜欢自己的隐私部位"，教育后有超过70%的学生"喜欢自己的隐私部位"；教育前教育组仅有不足3/4的学生表达"自己洗澡时可以摸自己的隐私部位"，教育后接近95%的学生认为"自己洗澡时可以摸自己的隐私部位"。

表4-5 教育组和对照组学生知识的正确率前/后测差异比较（N=378）

条目	教育组（N=170）			对照组（N=208）		
	前测	后测	χ^2	前测	后测	χ^2
1. 如果一个大人摸了小孩的隐私部位，并且告诉这个小孩要保守秘密，小孩还告诉其他人这件事情吗？	55.4%	90.6%	53.31***	49.0%	69.0%	17.38**
2. 如果大人私下里给小孩看一些露着隐私部位的人体图片，小孩可以拒绝吗？	76.2%	92.9%	18.21***	78.4%	89.2%	9.13**
3. 如果父母帮3岁的小孩清洗隐私部位，父母可以接触小孩的隐私部位吗？	66.7%	91.2%	30.59***	61.5%	61.5%	0
4. 如果小孩的隐私部位受伤了，父母可以看看小孩的隐私部位吗？	71.4%	90.0%	18.76***	67.3%	71.8%	1.02
5. 如果小孩的隐私部位受伤了，医生可以看看或接触小孩的隐私部位吗？	55.4%	86.5%	39.73***	46.2%	54.0%	2.59
6. 如果你在洗澡，可以摸自己的隐私部位吗？	73.8%	94.1%	25.96***	63.5%	76.1%	7.92**
7. 你喜欢自己的隐私部位吗？	31.0%	71.8%	56.35***	31.3%	44.1%	7.43**
8. 如果有网络的朋友给你看一些露着隐私部位的人体图片，你可以看吗？	81.0%	93.5%	12.04**	78.4%	84.0%	2.22
9. 小孩可以与网络聊天的朋友相约网下见面吗？	72.6%	89.4%	15.52***	79.3%	76.5%	0.48

*** 表示 $P<0.001$；** 表示 $P<0.01$，后同。

另一方面，比较对照组学生前后测的总分也发现，对照组学生后测得分显著高于前测（对照组前测：5.55±1.91，对照组后测：6.26±1.85；F=15.20，$P<0.001$），可见对照组学生虽然没有接受教育，但是也因为参与

研究而在性健康教育知识方面获益。进一步分条目分析对照组学生获益的知识点，研究发现，对照组学生在条目1"如果一个大人摸了小孩的隐私部位，并且告诉这个小孩要保守秘密，小孩还告诉其他人这件事情吗？"、条目2"如果大人私下里给小孩看一些露着隐私部位的人体图片，小孩可以拒绝吗？"、条目6"如果你在洗澡，可以摸自己的隐私部位吗？"、条目7"你喜欢自己的隐私部位吗？"4个条目上正确率显著提高，但是在其他5个条目上不存在显著差异。由此可见，在小学开展儿童性健康教育的项目，无论是对照组还是教育组的学生，由于参与了本研究，他们对"性"的态度更加积极，而且自我保护的意识也显著提高。

（二）小学生教育后，提高了性健康的技能水平

1. 教育组学生的后测技能水平显著高于对照组

多元方差分析发现，教育后教育组小学生的拒绝技能（教育组：8.54 ± 1.29，对照组：7.77 ± 2.02；$F=32.78$，$P<0.001$）和披露技能（教育组：6.55 ± 2.47，对照组：5.91 ± 2.85；$F=14.36$，$P<0.001$）的得分显著高于对照组，性别差异不显著；但是在拒绝（$F=23.70$，$P<0.001$）和披露技能（$F=27.23$，$P<0.001$）方面年级差异主效应显著，不同年级学生的拒绝技能在教育组和对照组之间存在显著差异，即组间和年级间交互作用显著（$F=6.30$，$P<0.001$）。进一步按照年级分析发现，一年级学生教育组的得分在拒绝技能（教育组：7.95 ± 1.70，对照组：5.54 ± 2.55；$F=23.16$，$P<0.001$）和披露技能（教育组：5.14 ± 2.34，对照组：4.00 ± 2.00；$F=4.76$，$P<0.05$）上均显著高于对照组；二年级学生教育组仅在披露技能（教育组：5.44 ± 1.68，对照组：4.29 ± 2.61；$F=4.33$，$P<0.05$）总分上显著高于对照组；四年级学生教育组拒绝技能显著高于对照组（教育组：8.97 ± 0.17，对照组：8.69 ± 0.56；$F=8.38$，$P<0.05$），而披露技能两组差异不显著；三、五年级学生教育组的拒绝和披露技能得分虽高于对照组，但是差异均不显著（$P>0.05$）。

2. 教育组后测技能水平显著高于其前测水平

教育组前后测方差分析发现，教育组后测的拒绝技能（教育组前测：7.61 ± 1.87，教育组后测：8.55 ± 1.29；$F=22.10$，$P<0.001$）和披露技能（教育组前测：5.15 ± 3.00，教育组后测：6.55 ± 2.47；$F=28.53$，$P<0.001$）得

分显著高于前测,差异显著。教育组男生和女生学习效果无性别差异,但存在显著的年级主效应。进一步分年级分析发现:一年级教育组学生教育后拒绝技能(教育组前测:6.51 ± 2.35,教育组后测:7.95 ± 1.70;$F=4.00$,$P<0.05$)和披露技能(教育组前测:4.00 ± 2.60,教育组后测:5.14 ± 2.34;$F=9.20$,$P<0.01$)的得分显著高于教育前;二年级教育组学生教育前后的拒绝和披露技能差异不显著($P>0.05$);三年级教育组前后测差异显著,拒绝技能(教育组前测:7.26 ± 1.86,教育组后测:8.55 ± 1.18;$F=13.08$,$P<0.01$)和披露技能得分(教育组前测:4.95 ± 3.63,教育组后测:6.58 ± 2.66;$F=5.00$,$P<0.05$)较教育前均显著提高;四年级教育组前后测差异显著,学生后测拒绝技能(教育组前测:8.06 ± 1.46,教育组后测:8.97 ± 0.17;$F=13.76$,$P<0.001$)和披露技能得分(教育组前测:5.77 ± 3.12,教育组后测:7.78 ± 2.29;$F=9.14$,$P<0.01$)显著高于前测;五年级教育组学生前后测差异显著,学生后测拒绝技能(教育组前测:8.59 ± 0.75,教育组后测:8.96 ± 0.19;$F=6.22$,$P<0.05$)和披露技能(教育组前测:7.15 ± 2.11,教育组后测:8.15 ± 1.54;$F=3.97$,$P=0.05$)得分显著高于前测。

3. 教育组学生的"有错感"显著降低,能够持续寻求帮助的比例显著升高

如果发生性侵犯,教育组学生认为受害儿童自己有错的比例显著低于对照组,特别是如果熟悉的人实施性侵犯,教育组后测接近92%的学生认为儿童没有错(教育组前测比例为65.5%),是施虐者的错误;但是,对照组后测仅有62.4%的学生认为儿童没有错(对照组前测比例为63.5%),有接近40%的学生表示"不知道谁的错"或"儿童有错"。可见,经过教育,教育组小学生的"有错感"降低,能够正确认识儿童性侵犯的行为,如果发生性侵犯事件,很可能不会因为自我有错感从而产生长期的心理问题。

另外,研究发现,教育组学生在"如果一个你喜欢的叔叔摸了你的隐私部位,你把这件事情告诉了妈妈,但妈妈不相信"条目上能够持续寻求帮助的比例显著高于对照组(教育组后测:95.9%,对照组后测:66.7%;$\chi^2=49.76$,$P<0.001$),也显著高于教育前测(63.7%;$\chi^2=49.76$,$P<0.001$);而对照组学生前后测差异不显著($P>0.05$)。研究还发现,教育组学生教育后有更高比例会寻求家人以外的可以信任的大人的帮助(教育组前测:

13.7%，教育组后测：34.7%；$\chi^2=20.54$，$P<0.001$），寻求帮助的人包括警察、教师和朋友等，这一比例也显著高于对照组后测（21.6%；$\chi^2=9.35$，$P<0.01$）；但是对照组学生前后测差异不显著（对照组前测：15.8%；$\chi^2=3.02$，$P>0.05$）。

4. 对照组学生技能水平后测也有所提高

对照组拒绝技能后测显著高于前测（对照组前测：7.30 ± 2.28，对照组后测：7.77 ± 2.02；$F=5.06$，$P<0.05$），但是披露技能前后测差异不显著。对照组前后测年级主效应均显著。分年级分析发现，一至五年级对照组学生前后测的拒绝和披露技能差异均不显著。总体来看，对照组学生在研究中也有所获益。

5. 家长访谈的学生家校合作效果

研究人员随机访谈教育组家长30名，访谈形式是电话和微信访谈。结果发现，100%的家长都在家庭中开展了儿童性健康教育，且使用了研究提供的家长教育手册；但是仅有80%的家长在家庭教育中结合了校园的课程教育内容，仅有60%的家长与授课教师或班主任进行了沟通。100%的家长认为家庭教育手册对于其开展儿童性健康教育有帮助，并且在一个星期内完成了家庭的教育工作。家长也为家校合作儿童性健康教育提供以下建议：①家庭教育手册的内容可以更加丰富一些，特别是高年级的家长认为，家庭教育手册中可以加入儿童心理健康和青春期健康教育的内容，方便家长和学生查阅。②高年级家长认为孩子能够主动学习，应该让孩子在学校仔细学习家长手册的内容，然后再与家长一起学习。③虽然有家长群能够及时询问教育的困惑内容，但仍认为不如面对面指导更好，建议能够开展系统的家长培训，如定期发送儿童性健康教育的内容。④家长手册对于阅读能力强的家长没有问题，但是有的家长更愿意通过视频或音频学习，如果能够配合家长手册，有视频、音频的内容，对于阅读困难或没时间阅读的家长更方便，视频或音频学习资料控制在 8~12 分钟，开展家校合作的微课学习。

四、学生教育后的追踪效果评价

研究团队进行追踪测评，即5个月后，教育组和对照组的小学生又参加了追踪效果的评估。由于升学和转学等因素，仅有166名教育组学生和193名对照组学生参与追踪测试。追踪结果发现，在排除了年级和性别的效应后，教育组学生追踪测试的知识和技能水平显著高于对照组，也显著高于其前测水平。

（一）小学生知识水平追踪测试的效果

追踪测试的结果显示，小学生教育组学生知识总分显著高于对照组（教育组追踪：7.58 ± 1.50，对照组追踪：6.38 ± 1.92；$F=41.85$，$P<0.001$），且年级和性别差异不显著，即无论哪个年级，无论是男孩还是女孩，教育组追踪测试的知识总分均显著高于对照组，如图4-2所示。教育组学生前测、后测和追踪测试的知识总分差异检验发现，虽然追踪测试得分低于后测得分，但是两者得分均显著高于前测（$F=88.66$，$P<0.001$）。对照组学生的追踪测试知识总分虽然显著低于教育组，但很可能由于研究的溢出效应，其追踪测试和后测的得分也显著高于前测（$F=11.64$，$P<0.001$），而且对照组后测和追踪测试的知识总分差异不显著（$P>0.05$），因此，研究中对照组学生的知识总分也有所增加，而且知识总分的提高没有随着时间的延长而显著降低，学生的知识在5个月后也保持了较高水平。

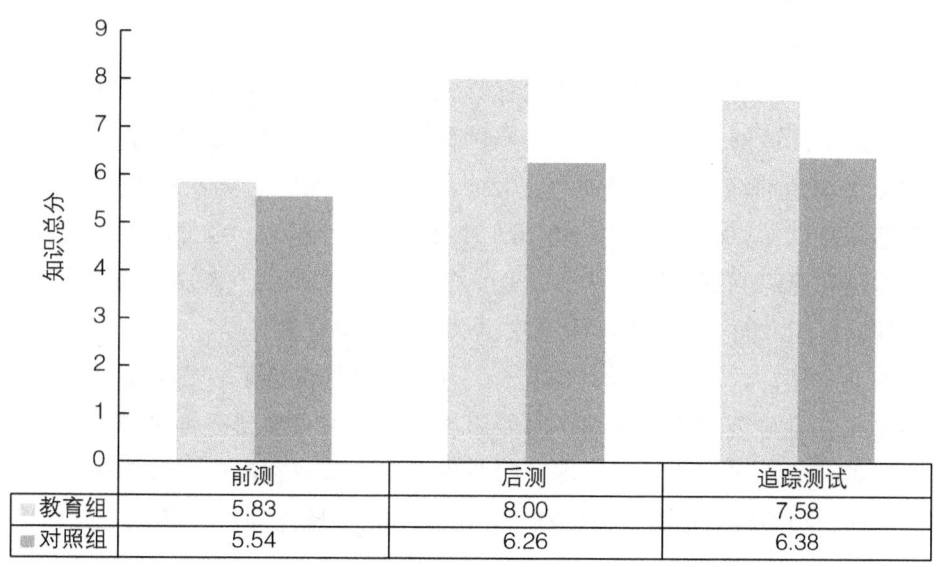

图4-2 小学生教育前后及追踪测试的知识总分比较

（二）小学生技能水平追踪测试的效果

以年级和性别为协变量，对照组和教育组的分组为自变量，小学生的拒绝技能和披露技能追踪总分为因变量，进行多元协方差分析，结果发现：教育组追踪测试的拒绝技能（教育组追踪测试：8.49 ± 1.30，对照组追踪测试：8.06 ± 1.87；$F=10.54$，$P<0.001$）和披露技能（教育组追踪测试：6.38 ± 2.47，对照组追踪测试：5.80 ± 2.83；$F=11.02$，$P<0.001$）总分均显著高于对照组。追踪测试研究还发现，如果有潜在的性侵犯发生，教育组学生有超过 90% 认为"小孩没有错"，但是对照组学生仅有 60% 认为"小孩没有错"，教育组学生的正确回答率显著高于对照组学生（$\chi^2=37.57$，$P<0.01$）。

进一步分别分析教育组前测、后测和追踪测试的拒绝技能总分，发现教育组学生前测、后测和追踪测试差异显著，虽然教育组追踪测试得分低于后测得分，但是两者得分均显著高于其前测（教育组前测：7.61 ± 1.87，教育组后测：8.55 ± 1.29，教育组追踪测试：8.49 ± 1.31；$F=21.12$，$P<0.001$）。教育组学生披露技能后测和追踪测试得分也显著高于前测（教育组前测：5.15 ± 3.00，教育组后测：6.55 ± 2.47，教育组追踪测试：6.28 ± 2.47；$F=15.59$，$P<0.001$）。

对照组学生的拒绝技能得分也有所提高，方差分析发现，对照组前测、后测和追踪测试的拒绝技能总分差异显著，学生教育的追踪测试和后测的得分均显著高于前测（对照组前测：7.30 ± 2.28，对照组后测：7.77 ± 2.02，对照组追踪测试：8.06 ± 1.87；$F=8.76$，$P<0.001$）。但是，对照组披露技能前测、后测和追踪测试结果差异不显著（$P>0.05$），即在"告知信任大人"的寻求帮助技能方面，对照组学生 3 次测试的成绩没有显著变化。

综上所述，教育组小学生经过 5 个月后，仍然保持了较高的披露和拒绝技能水平，且显著高于对照组。对照组小学生虽然没有接受性健康教育，但是由于参与了本研究的 3 次测评，对照组小学生可能在测试过程中也有所学习，因此，拒绝技能也有显著提高，但是仍然低于教育组。

五、预研究的注意事项

在预研究的过程中，研究团队也发现了一些问题，如研究过程中教师培训需要更加充足，需要学生的个体编码，以控制被试内的差异。由于丰台实验学校没有小学六年级的学生，缺少六年级学生的数据，家校互联网合作方式仅基于微信圈交流，非常有限，家长主动与学校沟通的意识较为薄弱，因此，下一步的研究中有以下几点注意事项。

1. 学生个体编码

在预研究的整个过程中，我们都采用整体比较，即教育组和对照组的整体比较，而没有按照每个学生的前测、后测和追踪测试进行个体匹配的比较。在预研究过程中，没有采用个体编码的形式，很难记录到个体重复测量的差异，学生样本仅作为整体进行了组间比较。因此，正式研究中将孩子进行个体编码，基于个体的前测、后测和追踪测试的数据进行重复测量方差分析比较。

2. 授课教师多元化

预研究中，由于学校的条件限制，仅由一位教师参与了一至五年级的教学，但是由于参与研究的教师比较年轻，缺乏教学经验，很多教学的效果很难保证，正式研究中需要更多教师参与，团体备课，提高教育的效果。

3. 注意增加六年级教育

预研究的学校六年级只有一个班，而且考虑到他们即将离开学校，没有办法进行追踪测试，故学校没有邀请六年级学生参与。正式研究中要注重对六年级学生的教育评价工作。

4. 班主任激发家长家校合作的意识

预研究过程中，虽然得到了学校校长和相关教学教研主任的支持，但是班主任动员不足，家长与授课教师及研究人员的沟通仅停留在表面，形式较为单一，仅有微信群的简单沟通。正式研究中需要动员教育组的班主任积极投入课题研究中来，拓宽家校沟通的方式，提高家校互联网＋沟通的效率，促进家校合作。

第三节　"互联网＋"家校合作性健康教育的正式研究效果

依据前期预研究的实施和效果评价，研究团队进一步改进教育干预的过程，在朝阳一所小学一至六年级开展教育干预的正式研究工作。正式研究较预研究的改进方面如下：其一，每个学生都进行了编码跟踪，后期的数据处理不仅能够群体分析，也能够减少被试内重复测量的误差；其二，增加了参与研究的学生人数和年级，正式研究每个年级均有两个班为教育组，两个班为对照组，且有六年级学生参与教育活动；其三，更多班主任教师参与到课堂教学中，每个年级有两名班主任教师参与到教育实验过程中，且班主任担任本班级的授课工作，提高了家校沟通的频率和效果；其四，家校沟通的形式多样，不仅有微信圈沟通，还有教师与家长的面对面沟通，以及电话沟通形式；其五，正式研究中授课教师的培训方式多样，不仅有点对点的个体授课和听评课指导，还有定期的教师团体培训和集体备课，以及基于互联网的教研沟通交流。

一、教育前的基线评价

朝阳区的实验学校一校三址，学校的每个年级有 6～10 个教学班，因此，正式研究参与的学生和教师人数都高于预研究。每个年级有两个班是教育组，除了四年级以外，其他年级都有两个对照组。教育干预之前共邀请 734 名学生参与研究，但是由于学校活动、学生请假等因素，仅有 720 名学生完成了前测，且数据有效。正式研究的教育组有 375 人，对照组有 345 人；男生 358 人，比例 49.7%，女生 362 人，比例 50.3%；学生年龄最小 6 周岁，最大 13 周岁，平均年龄 8.61 岁（$SD=1.81$）。各年级学生情况如表 4-6 所示。

表 4-6　朝阳区实验学校学生分组情况

单位：人

组别	年级						总计
	一	二	三	四	五	六	
教育组	67	65	76	56	56	55	375
对照组	68	62	73	28	49	65	345
总计	135	127	149	84	105	120	720

（一）教育前学生的知识水平

正式研究中的知识条目较预研究稍做调整，增加了一个条目，因此总分为 0~10 分。朝阳区的实验小学学生教育前的性健康知识水平有限，总分最高分为 10 分，最低分为 1 分，平均分为 6.75 分（$SD=1.98$）。研究进一步分条目分析发现，在各个条目上，学生知识的正确率存在较大差异（表 4-7）。结果显示，有接近 90% 的学生知道"如果大人私下里给小孩看一些露着隐私部位的人体图片，小孩可以拒绝"，也有接近 80% 的学生知道"如果洗澡，小孩自己可以接触自己的隐私部位"，但是，在某些条目上学生的回答正确率不高，如有接近 60% 的学生表示不喜欢自己的隐私部位，有超过 40% 的学生表示"如果一个大人摸了小孩的隐私部位且让小孩保密，小孩就不告诉其他人"，以及有超过 40% 的学生认为"如果熟悉的大人摸了小孩的隐私部位，小孩有错"。另外，还有接近 40% 的小孩认为"自己的隐私部位受伤了，医生不能看或接触自己的隐私部位"。

表 4-7 朝阳区的实验小学学生知识条目正确率（$N=720$）

条目	人数	百分比
1. 如果一个大人摸了小孩的隐私部位，并且告诉这个小孩要保守秘密，小孩还告诉其他人这件事情吗？	404	56.1%
2. 如果大人私下里给小孩看一些露着隐私部位的人体图片，小孩可以拒绝吗？	633	87.9%
3. 如果父母帮 3 岁的小孩清洗隐私部位，父母可以接触小孩的隐私部位吗？	494	68.6%
4. 如果小孩的隐私部位受伤了，父母可以看看小孩的隐私部位吗？	534	74.2%
5. 如果小孩的隐私部位受伤了，医生可以看看或接触小孩的隐私部位吗？	454	63.1%
6. 如果你在洗澡，可以摸自己的隐私部位吗？	572	79.4%
7. 你喜欢自己的隐私部位吗？	308	42.8%
8. 如果有网络的朋友给你看一些露着隐私部位的人体图片，你应该看吗？	549	76.3%
9. 小孩可以与网络聊天的朋友相约网下见面吗？	484	67.2%
10. 一个熟悉的大人摸了小孩的隐私部位，小孩有错吗？	428	59.4%

1. 性别差异

研究采用单因素方差分析,以知识总分为因变量、性别为自变量,结果发现,男女生在性健康知识总分上不存在显著的性别差异。但是,进一步分条目的卡方检验发现,在某些条目上,存在显著的性别差异。条目1"如果一个大人摸了小孩的隐私部位,并且告诉这个小孩要保守秘密,小孩还告诉其他人这件事情吗?"的正确回答率女生显著高于男生(男:48.9%,女:63.3%;$\chi^2=15.11$,$P<0.001$),条目5"如果小孩的隐私部位受伤了,医生可以看看或接触小孩的隐私部位吗?"的正确回答率男生显著高于女生(男:70.1%,女:56.1%;$\chi^2=15.22$,$P<0.001$)。两个条目中,女生较男生更愿意披露性侵犯事件,而且女生保护自己的意识很强,即使正常的医生身体检查等都会拒绝。相较于女生,男生则更可能拒绝披露性侵犯事件,自我保护意识相对较弱。

2. 年级差异

小学生性健康知识总分的年级差异非常显著($F=48.96$,$P<0.001$),进一步分条目分析,在所有10个知识条目上都存在显著的年级差异。知识总分水平最低的年级是一年级,总分显著低于其他各个年级($P<0.05$);最高的年级不是六年级,而是二年级,LSD事后检验发现,除三年级外,二年级知识总分显著高于其他年级。三年级与六年级知识水平差异不显著,但均显著高于四年级。

3. 组间差异

以年级和性别为协变量、教育组和对照组的组别为自变量、学生性健康知识为因变量的多因素方差分析发现,教育组和对照组学生教育前知识总分差异不显著(教育组:6.87±1.90,对照组:6.62±2.07;$F=2.72$,$P>0.05$)。因此,教育组和对照组具有同等水平的知识总分基线。

(二)教育前学生的技能水平

学生性健康教育技能重点考查学生预防儿童性侵犯的技能。预防儿童性侵犯技能又分为披露技能和拒绝技能。采用调查问卷评估学生的技能水平变化,拒绝技能总分0~10分,学生最高分为9分,最低分为0分,平均分为7.82($SD=1.67$);披露技能总分为0~10分,学生最高分为10分,最低分为0分，平均分为5.72（$SD=3.17$）。相较于披露技能，学生在假设情境下的拒绝技能得分相对较高，可能小学儿童在自然学习过程中获得了更多的拒绝技能。学生所表现的披露技能在各个情境下得分不同，其中得分最低的情境是"如果告知的大人不相信自己遭遇了性侵犯，是否会继续披露直到获得帮助"，在此情境中约有接近40%的学生选择不再告知他人；而且除了家人之外，超过80%的学生都报告没有其他求助对象，有14.6%的学生有且只有一个求助对象，仅有不足5%的学生能够告知两个以上信任的大人，如警察、教师和朋友等。研究结果提示，小学生所知道的求助对象主要是家人，从侧面反映出如果发生儿童性侵犯事件，儿童的求助对象较为单一，且范围较小。

1. 性别差异

研究结果发现，儿童预防性侵犯的拒绝技能和披露技能存在显著的性别差异，无论是拒绝技能还是披露技能，小学女生的得分均显著高于男生（拒绝技能：男 7.66 ± 1.76，女 7.97 ± 1.55；$F=6.28$，$P<0.05$；披露技能：男 5.37 ± 3.30，女 6.07 ± 3.00；$F=8.74$，$P<0.01$）。

2. 年级差异

研究发现，预防儿童性侵犯的拒绝技能和披露技能年级差异均显著，随着小学生年级的升高，其拒绝技能和披露技能都显著提高，一至六年级逐年提高，差异显著（拒绝技能：一年级 7.76 ± 1.44，二年级 7.54 ± 1.96，三年级 7.55 ± 1.82，四年级 7.63 ± 1.83，五年级 8.18 ± 1.40，六年级 8.33 ± 1.29，$F=5.05$，$P<0.001$；披露技能：一年级 4.17 ± 3.65，二年级 5.67 ± 2.70，三年级 5.86 ± 2.97，四年级 5.99 ± 2.91，五年级 6.21 ± 3.18，六年级 6.73 ± 2.87，$F=10.20$，$P<0.001$）。

3. 组间差异

多元方差分析结果表明，在控制了学生性别和年级之后，教育组与对照组在拒绝技能上不存在显著的差异（教育组：7.72 ± 1.70，对照组：7.92 ± 1.62；$F=2.48$，$P>0.05$）；但是在披露技能上教育组和对照组存在显著差异（教育组：5.48 ± 3.16，对照组：5.98 ± 3.17；$F=4.26$，$P<0.05$），对照组平均分显著高于教育组。

二、正式教育干预的过程评价

为了更好地控制教育干预的质量，研究采用了教育干预的过程评估，评估的方式是团体和个体访谈，访谈的对象包括教育组家长、教师和学生。访谈内容主要是家长的性健康教育知识、性健康教育实践和效果（互联网+家校合作方式）、家长对家校合作的性健康教育态度；教师的儿童性健康教育的课程教授与效果、教师的儿童性健康教育态度（互联网+家校合作的态度）、教师的性健康教育知识；学生性健康教育的知识和技能水平（包括保健和人际交往）、学生的性健康教育态度。

（一）家长访谈

采用基于网络的家长访谈，分为低年级（一、二、三年级）家长访谈和高年级（四、五、六年级）家长访谈，各访谈15名家长，共30名家长。访谈时间控制在20~40分钟。

访谈结果分析发现，无论是低年级家长还是高年级家长，都非常支持本校开展儿童性健康教育，对于学校的课程表示认可，家长性健康教育态度积极。无论高年级家长还是低年级家长，都十分关注预防儿童性侵犯教育，但是对于教育的具体内容方面，低年级家长更关注儿童保护/保健技能的教育，如关注学生如何自我保护及保健技能，还比较关注同伴交往、亲子关系等内容。高年级家长更关注青春期健康教育知识，如儿童性生理知识的教育，特别是女生的家长，更关注月经期的保健、保护等。对于课程中生殖器官的名称教育，超过90%的家长认为有必要，但是在访谈过程中，却只有不足5%的家长能够正确掌握内外生殖器官的科学名称。在教育学生的过程中，100%的家长都认为自己学习了生殖器官的科学名称，认为自己在教育孩子的过程中也学习到了有益的性健康知识，有一部分家长还主动寻找材料，补充家庭手册的教育内容。

访谈发现，家长认为学校教育课程合理，家庭教育的画册对于自己开展教育非常有帮助，高年级的家长提到，孩子可以自己学习，并主动和家长交流学习的内容；低年级的家长认为，儿童画册可以促进他们与孩子的交流。家长对于课程的建议是期待增加更多的课程，仅6节课有些少，害怕孩子学习的知识和能力有限。另外，家长对于家庭画册的建议包括：①情境故事对于高年级孩子来说有点简单，需要更加复杂的情节，而且希望画册中有更多关于青春期身体变化的内容，即性健康保健的知识和案例。②家庭教育画册如果是彩色的则更容易吸引孩子，纸张需要再厚和硬一些。有的家长认为，如果能够制作一些8～10分钟的微课程，家长更方便学习，这些微课程最好适合家长和孩子一起看或听，视听结合效果更好。

整体来说，100%的家长支持开展本次"互联网＋"家校合作儿童性健康教育课程，态度积极；超过90%的家长能够在一个月内完成家庭教育画册的亲子阅读，而且超过90%的家长认为，参与本次家校合作教育，其自身的性健康教育知识和技能得到了提高。

（二）教师访谈

在教师培训和集体备课后，进行了授课教师的团体访谈。共有15名教师参加了教师访谈，10名授课教师，5名教育班的班主任。访谈时间为20～40分钟，访谈地点为朝阳实验学校会议室。

首先，授课教师认为本次提供的儿童性健康教育材料内容全面，配套的PPT也很清晰，非常方便教学。其次，教师都非常支持开展儿童性健康教育。几乎所有的教师（100%）都认为现在的孩子太需要儿童性健康教育课程了，特别是适合孩子年龄发展的性健康教育课。低年级有超过80%的孩子、高年级几乎100%的孩子都有上网的经历，网络上充斥着各种不健康，甚至错误的性健康教育价值观，会直接影响孩子的健康发展，因此，特别需要学校和家庭开展儿童性健康教育。教育干预负责授课的3位教师还举例，本班有学生咨询有关性健康教育的内容，但是由于教师本身知识的缺乏，没能及时给予回答，反而增加了学生的不信任感。再次，教师支持家校合作的性健康教育。有的教师认为，现在很多家长都认为教育是学校的事情，其实教育是家庭和学校共有的责任，特别是家庭的指导更为重要。家校合作特别有必要，尤其是对于儿童性健康教育这么敏感的话题，如果得不到家长的支持，教师也不敢轻易开展教育。而且教师反映，有的家长疑心重，如果不让家长知道孩子都学习了哪些知识和能力，家长自己也很担忧和焦虑，从而增加了教师开展儿童性健康教育的压力。基于互联网＋家校合作，不仅能够面对面与家长沟通儿童性健康教育的内容，更重要的是，教师对家长通过网络进行教育指导，不仅方便快捷，更提高了学生学习的效果。最后，访谈发现，教师通过开展学校的儿童性健康教育工作，自身的知识和教学技巧都得到了提高，100%的访谈教师都认为通过培训和自己授课，在儿童的性健康教育方面获益。访谈结果发现，经过培训，100%的教师都知道生殖器官的正确名称，了解什么是儿童性侵犯及儿童性保健的知识和技能，95%的教师认为自己能够科学地回答儿童有关"性"发展的问题，能够在日常教育中关注儿童性健康发展。

教育干预实施顺利，100%的授课教师都能够按计划在一个半月完成全部的教学任务。其间，有教师反映，家长积极在班级微信圈发布孩子家庭教育的微视频、图片，以及家庭教育的各种感想。家校合作微信圈的交流，一方面帮助教师更好地了解学生家庭教育的情况；另一方面促进不同家长之间的探讨。互联网+家校合作，既有教师和家长一起交流，特别是网上能够不受时空限制、充分地交流，又有家庭教育画册相配合，效果良好。最后，家长支持学校的教育，给了教师更多的信心。

在整个教育干预过程中，授课教师扮演了重要的角色，他们也反映了教育过程中的一些问题。第一，教育材料还需要更加丰富。低年级的教师普遍认为学生的课时较少，学习的东西有限；高年级的教师则希望获得更多关于学生性心理，如异性交往方面的材料。鉴于高年级的学生，特别是女生处于青春期前期，有些六年级的女生已经来月经，教师期待增加性生理和性保护相结合的课程，才能及时帮助学生面对自己身体发育带来的困惑。第二，性健康教育需要更多政策支持。教育干预的教师谈道，自己教授儿童性健康教育课遭到了来自同事的不理解，认为这个不是国家规定的课程，而且内容又这么敏感，是自讨苦吃。授课教师需要面对一定来自同事的压力，授课教师认为，这样的压力需要国家政策的支持，让更多教师了解什么是儿童性健康教育。如果国家政策支持更多教师具备这样的知识背景，那么就会有更多的孩子受益，更有利于全体学生的身心健康发展。

（三）学生访谈

学生的性健康教育知识、态度和技能的评估，一方面通过问卷调查的方式，主要调查学生性健康知识、预防儿童性侵犯的知识和技能；另一方面通过学生面对面团体访谈的方式，了解儿童性健康的态度、性保健和性身心发展的知识教育前后的变化。研究人员随机在每个年级抽取5名学生,共访谈了30名学生。访谈结果总结如下。

接近100%的学生都十分喜欢学校开设的性健康教育课,以及喜欢在家里学习家庭画册。低年级的学生认为性健康教育好,虽然稍微有点不好意思,但是喜欢课程;高年级的学生在上性健康教育课时,虽然认为知识重要,但是非常不好意思,觉得男女生一起上课很不方便,而且高年级学生更多都是自己学习家庭画册,认为内容简单易懂,不用家长教育。总之,100%的受访学生都喜欢单独或与家长一起阅读亲子画册。

接近90%的学生都认为家校合作的性健康教育提升了自己的知识和能力水平。但是在访谈中学生也反映了不同教育材料带来的问题。例如,低年级的学生普遍认为教授生殖器官的科学名称,自己有点混乱,这提示研究者在低年级简单教授即可,重点应放在学生能够习得的技能和行为上;高年级的学生认为课上预防儿童性侵犯的技能有些简单,希望再提供一些复杂的性健康知识,另外,高年级的学生希望能够多开展一些关于人际交往、身心发展的课程,而不仅是技能的学习,他们更希望能够获得较为丰富的性健康教育的知识。高年级和低年级学生在教育材料的使用和需求上有所不同,这提示在小学阶段更应该注重让教育材料符合孩子的认知年龄特点。

三、教育前后测的效果评价

家校合作教育干预6周,虽然有720名学生参与了前测,但是其中29名学生因为学校活动、家庭等原因没有完成后测。教育组和对照组共有691名学生完成了教育全课程及后测,其中教育组358人,对照组333人;男生339人(49.1%),女生352人(50.9%);一年级126人,二年级122人,三年级143人,四年级80人,五年级105人,六年级115人;学生年龄为6~13岁,平均年龄8.62岁($SD=1.81$)。

(一)教育前后测知识提高的效果

研究以教育前和教育后的知识总分为因变量,时间为被试内变量,分组为被试间变量,性别和年级为协变量,进行重复测量方差分析。检验结果表明,符合重复测量方差的球形检验。分析结果发现,教育前后测知识得分的时间差异显著（$F=22.05$，$P<0.001$）；组间变量差异显著（$F=93.15$，$P<0.001$），时间和组间交互作用显著（$F=127.50$，$P<0.001$）；教育组后测知识得分（9.22 ± 1.06）显著高于对照组后测知识得分（7.28 ± 1.98），但是教育组和对照组知识前测得分差异不显著（$P>0.05$）。教育组和对照组学生前后测知识总分比较如图4-3所示。

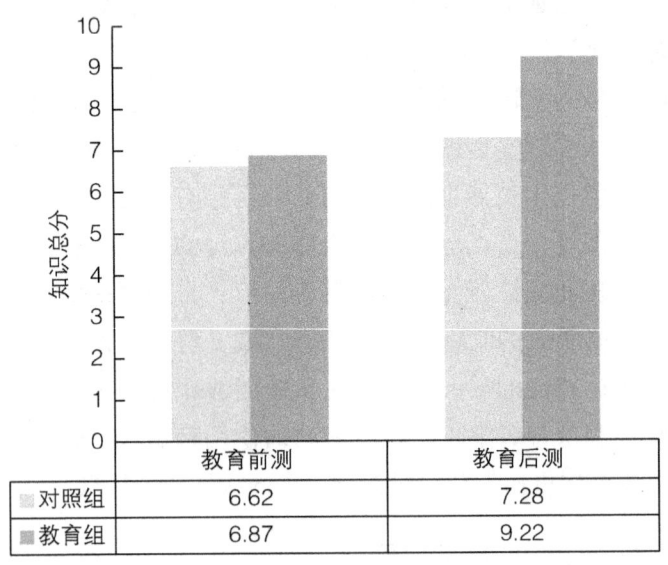

图4-3 教育组和对照组学生前后测知识总分比较

进一步分条目分析，教育组和对照组学生的教育干预收益情况如下：教育组学生在全部10个知识条目的正确回答率上均显著提高，而且教育组学生经过教育后，具有更加积极的性健康态度，如教育前仅有不足45%的学生报告"喜欢自己的隐私部位"，教育后有超过80%的学生报告"喜欢自己的隐私部位"；教育前教育组学生有超过40%认为"一个熟悉的大人摸了小孩的隐私部位，小孩有错"，经过教育后，仅有约10%的学生有这样错误的认识，接近90%的学生都知道"如果儿童性侵犯发生，儿童没有错"。研究结果还显示，教育组接受教育后，均有更高比例的学生能够正确辨别安全接触与不安全接触，具体如表4-8所示。

表 4-8　教育组和对照组学生前后测知识条目正确率（$N=691$）

条目	教育组（$N=358$）		对照组（$N=333$）	
	前测	后测	前测	后测
1. 如果一个大人摸了小孩的隐私部位，并且告诉这个小孩要保守秘密，小孩还告诉其他人这件事情吗？	53.6%	91.3%**	58.9%	76.6%**
2. 如果大人私下里给小孩看一些露着隐私部位的人体图片，小孩可以拒绝吗？	89.9%	97.8%**	86.2%	90.1%
3. 如果父母帮 3 岁的小孩清洗隐私部位，父母可以接触小孩的隐私部位吗？	70.7%	95.3%**	65.2%	70.9%*
4. 如果小孩的隐私部位受伤了，父母可以看看小孩的隐私部位吗？	72.9%	91.9%**	75.1%*	68.8%
5. 如果小孩的隐私部位受伤了，医生可以看看或接触小孩的隐私部位吗？	64.0%	95.0%**	61.3%	63.1%
6. 如果你在洗澡，可以摸自己的隐私部位吗？	83.8%	93.3%**	75.4%	82.6%**
7. 你喜欢自己的隐私部位吗？	44.1%	81.8%**	41.6%	49.2%
8. 如果有网络的朋友给你看一些露着隐私部位的人体图片，你应该看吗？	80.7%	92.7%**	73.3%	88.6%**
9. 小孩可以与网络聊天的朋友相约网下见面吗？	72.3%	93.0%**	63.7%	84.1%**
10. 一个熟悉的大人摸了小孩的隐私部位，小孩有错吗？	58.4%	89.4%**	59.2%	55.0%

虽然对照组学生没有接受教育干预，在大部分知识条目上没有显著的变化，但是在某些条目上回答正确率也显著增加。例如，条目 1 "如果一个大人摸了小孩的隐私部位，并且告诉这个小孩要保守秘密，小孩还告诉其他人这件事情吗"，后测有接近 80% 的对照组学生能够回答正确，但是前测仅有不足 60% 的学生能够回答正确；条目 9 "小孩可以与网络聊天的朋友相约网下见面吗"，后测有接近 85% 的对照组学生回答正确，但是前测仅有约 60% 的

学生回答正确。但是，由于对照组学生没有接受教育干预，在某些条目上后测回答正确率显著低于前测，如条目4"如果小孩的隐私部位受伤了，父母可以看看小孩的隐私部位吗"，后测仅有不足70%的学生回答正确，但是前测这一比例超过75%。总体来看，对照组学生的儿童性健康知识水平也有所提高，但是提高的程度远低于教育组的学生，甚至有些条目的正确率还存在下降的趋势。

（二）教育后学生的技能变化

学生预防儿童性侵犯的技能主要分为两类：其一是危险情境下的拒绝技能；其二是危险情境后的披露技能。拒绝技能包括口头拒绝和身体行为拒绝技能，在危险情境中使用一种拒绝技能记1分，使用两种拒绝技能计2分，不使用拒绝技能计0分。披露技能分为2个等级，能够将危险事件告知一名信任的大人计1分，告知两名及以上大人计2分，不告知任何人计0分。问卷共采用了5个假设的危险情境，每个假设的危险情境下拒绝技能的得分为0~2分，披露技能的得分也为0~2分，那么5个情境的总分：拒绝技能是0~10分，披露技能也是0~10分。

1. 拒绝技能的学习效果

研究以时间和组间为自变量，学生性别和年级为协变量，教育前后测拒绝技能的得分为因变量，进行重复测量方差分析。结果发现，学生前后测的时间差异不显著（$P > 0.05$），但是组间差异显著（$F=9.81$，$P < 0.01$），而且组间和时间的交互作用显著（$F=43.38$，$P < 0.001$）。进一步分析发现，教育前教育组和对照组学生拒绝得分无显著差异，但是教育组学生后测的拒绝得分显著高于对照组（教育组后测：8.73±0.81；对照组后测：8.00±1.86），同时，教育组学生后测的拒绝技能得分也显著高于其教育前测的得分（7.73±1.70；$F=14.33$，$P < 0.001$）。因此研究结果表明，通过家校合作的教育干预，与对照组相比，教育组学生的拒绝得分显著提高。对照组的结果也表明：学生自然成长不能显著提高其拒绝技能的水平，如图4-4所示。

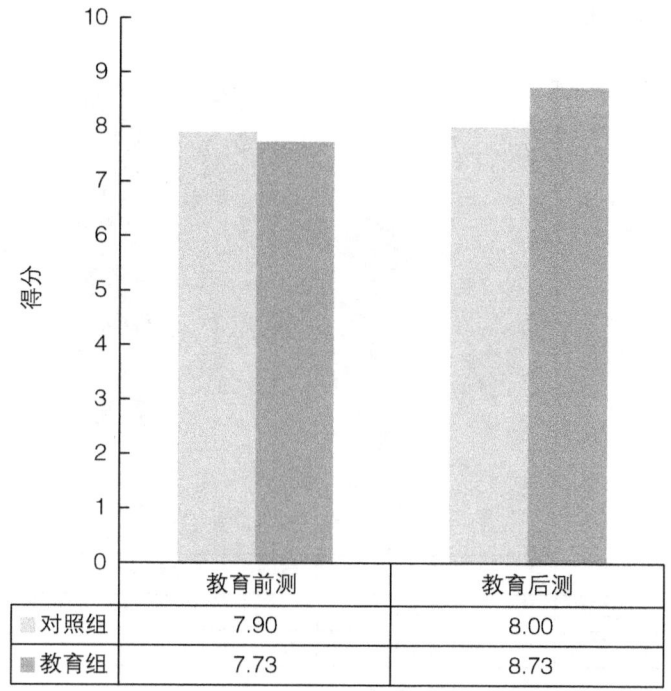

图 4-4 教育组和对照组学生拒绝技能前后测差异比较

（1）教育组低年级学生学习效果显著

进一步分析教育组学生年级学习效果，将一、二、三年级定义为低年级，四、五、六年级定义为高年级，进行重复测量方差分析。结果发现，教育组学生的拒绝技能学习高低年级具有显著差异（$F=7.43$，$P<0.01$），而且时间与高低年级变量之间存在显著的交互作用（$F=17.85$，$P<0.001$），即与高年级相比，教育组后测的结果显示，低年级学生拒绝技能的学校教育效果显著，具体如图 4-5 所示。

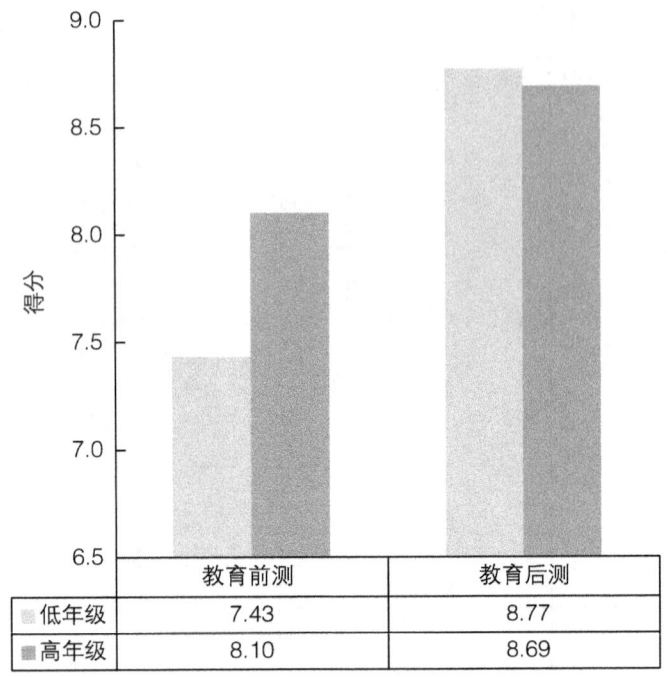

图 4-5 教育组高低年级学生拒绝技能前后测差异比较

（2）对照组的女生自然学习效果显著

进一步分析对照组学生自然学习的效果发现，与男生相比，女生自然学习的效果较为显著（$F=13.66$，$P<0.001$）。在前测时，对照组女生拒绝技能的得分（8.07 ± 1.36）就显著高于男生（7.71 ± 1.89）；后测则发现，经过一段时间，对照组女生虽然没有接受教育，但是其拒绝技能仍然得到了显著提高（8.35 ± 1.31），且显著高于后测对照组男生的得分（7.60 ± 2.28）。对照组的结果提示，女生在日常生活中很可能接受来自环境的教育，如家庭、同伴教育等，因此可能存在潜在的环境隐性学习，但是男生接受来自环境的、有关自我保护的隐性教育的可能性较小。

2. 披露技能的学习效果

以时间和组间为因变量，年级和性别为协变量，学生的披露技能总分为因变量，进行重复测量方差分析，结果发现，时间差异显著（$F=17.00$，$P<0.001$），组间差异显著（$F=6.82$，$P<0.01$），时间和组间的交互作用显著（$F=53.08$，$P<0.001$）。对照组与教育组学生相比，教育干预促进了学生

披露技能的提升效果,即教育组后测的披露技能得分(7.71±2.11)显著高于对照组后测的得分(6.41±2.83),也显著高于教育组前测的得分(5.52±3.16)。

(1)教育组的年级学习差异显著,低年级获益更大

进一步分析教育组年级获益情况,虽然经过教育干预,高年级和低年级组学生的披露技能都获得了显著提高,但是与高年级相比,低年级进步更为显著($F=13.45$,$P<0.001$)。对照组的分析发现,无论是低年级还是高年级,学生披露技能提升的水平均不显著,且不存在年级差异。

(2)教育干预提高了男生的披露技能学习效果

为了更好地考察男女生学习效果,进一步对教育组和对照组进行分别分析发现,在控制了年级变量以后,对照组男生披露技能前后测差异不显著($P>0.05$),对照组女生随着时间的增加,有一定的学习效果。教育组男生经过教育干预,其披露技能显著提高(教育前测:5.04±3.30;教育后测:7.47±2.33;$F=11.72$,$P<0.01$);虽然女生的披露技能也显著提高,但是提高的幅度稍低于男生,可见教育干预能够显著提高男生的披露技能水平。

(三)家长与教师教育后测的效果访谈

在家校合作40天后的一周内,研究团队分别对不同年级的授课教师和家长进行了访谈,以了解学生的性健康教育知识、态度和技能的改变情况。共有10名教师和18名家长参加了访谈,访谈的方式为网络和电话访谈。访谈结果显示,100%的教师和家长都认为学生通过家校合作的儿童性健康教育,其性健康知识(如内外生殖器官的名称)、自我保护的知识技能、日常的生活保健、学生人际交往和亲子关系等发生了显著、积极的变化。

无论是高年级还是低年级的家长和教师,对家校合作性健康教育都持积极的态度。有家长谈道"通过儿童性健康教育,家长很安心,认为孩子获益很多",还有家长谈道"家校合作方式非常好,孩子获益,内容非常实用,特别是家庭画册",也有家长反映"孩子懂得更多保护自己和日常保健的知识,甚至回来给自己讲课上的内容,家长感谢课题,认为健康教育不仅教会了孩子知识,更重要的是教会了孩子一些保护和保健技能"。教师访谈过程中也提到,教育组的孩子无论是知识还是技能都提高很快,有教师还写了课堂教育随笔。教师反馈:"不仅孩子们获益,我们教师也通过课题成长了。"

但教师也提出了自己的困惑，如低年级的教师普遍认为"教授孩子内外生殖器官的科学名称不合适"；实践过程中也发现，低年级学生虽然能够记住生殖器官的科学名称，但是对其具体的功能了解不多，反而更容易混淆性健康的知识概念，因此有的教师因材施教，更多使用"隐私部位"的名称来代替，反而提高了学生自我保护的意识。教师建议，未来低年级的学生重点应放在技能的学习上，科学名称的记忆可以退而求其次。低年级学生也应更关注形成良好的保健卫生习惯、自我保护意识，以及掌握自我保健和保护的技能。

四、研究的结论和局限性

（一）研究结论

教育干预的正式研究历时42天完成，依照计划开展了学生的前测和后测，以及教师、家长的过程性评估和效果评估。整体来看，"互联网+"背景下家校合作小学生性健康教育效果优良，与对照组相比，教育组学生无论是低年级还是高年级，无论是男生还是女生，其自我保护的知识和技能都有显著提高。来自家长和教师访谈的评估也发现，学生的自我保健知识、性生理和心理知识都有显著提高。以家校合作的方式开展儿童性健康教育，其后测效果评价优良。主要结论如下。

1. "互联网+"家校合作能够提高小学生性知识和自我保护技能，促进形成健康积极的性态度，低年级小学生更加受益

国内外以往的研究发现，基于校园的性教育能够提高小学生的性健康知识和技能。本研究第一次采用基于"互联网"，即微信平台的形式，家校合作开展性教育，效果良好。小学一至六年级教育组学生性知识平均分从5.87分提高到9.22分，几乎提高了接近80%；自我保护的拒绝技能和披露技能虽然不如知识总分提高得多，但也几乎提高了接近20%。特别是低年级（一、二年级）小学生技能和知识水平的提高程度最为明显。家长和教师的访谈也指出，低年级小学生的知识和技能提高显著。这可能是由于低年级的学生更适合家校合作性健康教育，而且低年级的学生不仅依赖学校的教育，更重要他们也依赖家庭的教育，相对于高年级（五、六年级）的学生家长，低年级的学生家长也更愿意进行亲子交流，特别是基于"互联网+"个性化沟通，低

年级的学生家长与教师沟通更频繁;在家庭教育手册的使用上,低年级的学生家长更愿意亲子共读,高年级的学生家长则更倾向于学生自读,共读时间有限。

2. 小学生性健康教育高低年级的教育重点和难点稍有差异,但都需重视儿童预防性侵犯的自我保护教育

小学一至六年级,学生身心发展发生了巨大的变化。研究结果发现,低年级的学生基于其认知和思维具体化的特点,更喜欢学习技能为主的课程,也喜欢看文字少、图片多的阅读材料,家长更关注儿童卫生保健和自我保护方面的行为技能的教育,而且教育效果也更好。但是,高年级的学生由于正处于青春期发育前期,甚至有些女生已经开始来月经,教师、家长和学生自己更关注性健康生理和心理方面的调节,但也表示自我保护技能的学习很重要。因此,高年级的教育材料更倾向于青春期健康教育,研究中为其提供的青春期健康教育的材料更受到学生和家长的欢迎。高年级和低年级学生都喜欢儿童自我保护、预防性侵犯知识和技能的教育,几乎100%的家长和教师都认为,无论哪个年级都需要这方面的教育课程和材料。

3. 实证数据支持"互联网+"平台能够更好地促进家庭和学校的合作共育,线上线下家校沟通很重要

互联网具有传输信息方便、快捷,信息更新速度快,信息交换不受空间限制,信息存储量大等特点,但是,小学生性健康教育仅依靠互联网是不够的。研究中发现,家长和教师的线下提前沟通也很重要,由于性健康教育在中国文化中是敏感的教育,需要家长和教师提前面对面交流沟通,才能更好地结合线上的教学。儿童性健康教育需要照顾每个孩子和每个家庭的个体差异性,如每个家庭的性教育观念有差异,开放程度有差异,并且每个儿童身心发展的程度存在差异等。"互联网+"线上线下结合的家校合作性健康教育能够兼顾个体家庭教育的差异性,在尊重家庭教育差异性的基础上开展适合每个孩子的性健康教育。本研究探索了"互联网+"背景下,家校合作教育路径的互联网技术与基础教育的融合,逐渐实现教育理念、教育方式和家校合作反馈方式上的深度融合。

4. "互联网+"平台提高了教师开展小学生性健康教育的信心

已有的教师调研发现,小学教师开展性健康教育信心不足,且担心家长

可能不理解学校开展的性健康教育。本研究发现,"互联网+"平台能够更好地连接家长和教师。家校教育的内容一致,针对孩子的性教育,家校及时的沟通和交流有利于产生良好的教育效果,避免误会。基于线上线下的教师培训也增强了教师开展性健康教育的信心,教师能够在遇到相关疑问时,及时得到专家的指导和研究团队的支持。

5."互联网+"平台更好地发挥了家长在小学生性健康教育中的一分力量

近年来,我国相关研究都发现,家长对小学生性健康教育的需求较为强烈,特别是不时有儿童性侵犯事件发生,家长亟须学校开展儿童自我保护的教育。但是,相关研究却发现,仅有不足15%的家长曾经开展过小学生性教育,大部分家长不知道如何开口,也缺少相关的知识。本研究通过"互联网+"的教育形式,不仅将家庭教育和学校教育连接,更重要的是,家长也通过这种教育形式获得了儿童性健康教育的知识和技能,充分发挥家长的优势,参与了小学生的性教育过程。基于互联网,家长和教师的沟通效率提高,照顾了每个学生、每个家庭的差异性,家长支持这种基于网络的合作教育方式。

(二)研究局限性

虽然"互联网+"家校合作开展小学生性健康教育研究取得了一些有益的结论,但是,该研究仍存在以下局限性。

1. 样本选取的偏态性

本研究在选取实验学校时存在一定的样本偏态性,一般是学校主动积极参与研究,能够提供一定的人力、物力条件,保证研究的进行,而且家校进行了充分沟通,这些都可能造成样本的偏态性。因此,研究结果很难外扩到其他没有参与研究的学校。另外,虽然本研究已有700多名学生样本,但是样本的数量还是有限,需要更多数量及异质的样本校参与研究,如乡村和郊区学校的研究。

2. 研究方法上的局限性

其一是调研方法的限制。受到学生和学校调研的一些限制,我们仅在前后测采用了问卷调查,调查的内容主要是学生性保护的知识和技能,其他儿童性健康教育的效果采用家长和教师访谈的形式进行补充。这在方法上存在一定的局限，需要进一步改进问卷，涉及更多儿童性健康的内容。另外，为了便于低年级和高年级的统一评价，问卷更倾向于低年级学生的背景水平，因此高年级在很多问卷题目中的回答出现了天花板效应。这提示研究者，对于小学的研究，还是需要区分高低年级，这样才能更加细致地订正问卷和提供教育材料。其二是评价方法上的局限性。本研究虽然安排了追踪测试，但是由于受2020年新冠肺炎疫情的影响，追踪的数据无法获得。因为本研究的对象都是小学生，需要采用纸质问卷测评，一、二年级则是需要通过面对面的儿童访谈来获得数据，但是新冠肺炎疫情期间学生以网络学习为主，所以研究并未获得学生的追踪测试数据，仅用简单的追踪网络访谈来收集部分家长和教师的数据。

3. 教育干预材料内容有限

鉴于小学一至六年级学生身心变化较大，研究团队提供的教育干预材料更适合一至四年级学生学习，五、六年级学生的认知能力显著提高，教育干预材料无法满足他们的需求，虽然在干预过程中研究人员增加了高年级学生使用的教育材料，包括青春期身心变化的一些教育材料，但是由于课时有限，很多内容的教授均以家庭教育为主，家校合作有限。因此，五、六年级的受益程度可能较其他年级低。

第五章
"互联网+"小学生性健康教育的对策与建议

"互联网+"背景下
家校合作小学生性健康教育的实证研究

第一节 "互联网+"小学生性健康教育的内容与方式

小学生性健康教育在我国还处于初始阶段,虽然父母和学校都意识到小学生性健康教育的重要性,但是,目前无论是在学校还是在家庭开展的小学生性健康教育都非常有限。对儿童进行早期的性健康教育非常重要,性的发展贯穿人的一生。有研究者提出,性健康教育应该在5岁前开展,瑞典、英国和美国等西方国家的儿童性健康教育也是从5~7岁开始。儿童在早期接受的有关"性"的教育无疑会影响儿童青少年一生中有关"性"的各个方面。青少年的性教育从儿童早期开始,从婴幼儿、童年一直到青少年,围绕着达到对"性别"的生物性和社会性认识。儿童青少年为了形成正确的性别角色,良好地适应青春期身心变化,应该接受符合其年龄阶段的性教育。

发展是儿童成长的永恒主题,对儿童进行性教育是保证儿童全面、持续发展的重要条件,学校和家庭在性教育上不能回避,而是要正面应对。无论家庭还是学校,都需要通过性教育消除儿童对"性"的神秘感、羞涩感、恐惧感,帮助孩子建立起科学的性观念、性道德和性价值观,掌握科学的性知识,这对儿童的健康成长及其未来的家庭和社会生活都具有极其重要的意义。儿童的性教育不再是传统上认为的在讲台上挂一张人体解剖图,单纯地讲解人体器官和生理卫生方面的知识,而是一种全面性教育,包含性别平等、尊重自己和他人、亲密关系的建立、遵守道德和法律规范,以及做出负责任的决定等综合内容。因此,儿童性健康教育是关于人生观和价值观建立的全面而综合的教育。

"互联网+"时代对儿童健康成长有深远而持久的影响。在信息化时代背景下,网络的信息铺天盖地。近年来关于儿童青少年的调查都显示,小学生上网的人数和频率都在增加,互联网平台也成为学生获得性相关知识和技能的主要来源之一。但是,小学生缺乏足够的判断力去分辨哪些信息是真的、正确的,哪些信息是假的、错误的。面对这种情况,小学生性健康教育的内容与传统教育内容既需要一致,又要考虑时代的特点;既要参考国内外关于小学生性健康教育的主要内容,又要符合我国文化及我国的社会制度对儿童

第五章
"互联网+"小学生性健康教育的对策与建议

青少年的培养需求。

一、"互联网+"时代小学生性健康教育的主要内容建议

"互联网+"时代小学生性健康教育的态度既要积极又要谨慎,还要考虑时代特点。余小鸣等分析近年来美国、加拿大、英国、芬兰、澳大利亚、新西兰、泰国、菲律宾和肯尼亚的学校性教育政策和课程标准,结果发现,尽管各个国家在具体性健康教育内容要求上存在差异,但多数国家均认同性教育绝不仅是生物学层面的教育,而是包括更为广泛的,涉及性别观念、性态度、性心理、性情感、人际关系、社会规范、伦理法律等多维度的教育。不同国家在涉及儿童性教育内容的规定上呈现明显的年龄适宜和文化相关的特点,强调以儿童的生长发育和认知水平为基础,同时尊重符合本国的社会文化。我国文化在近代关于"性"相关问题的讨论是保守和封闭的,儿童性健康教育也是教育领域中相对比较敏感的地带。已有关于不同国家的政策分析可以看出,对儿童性教育学习内容的要求需按照学校学生的学段/年龄划分为基础,而且对不同年龄的群体,学校所提供的知识信息、内容深度、侧重点均不同,但都遵循适时、适宜、适度的教育原则。因此,我国儿童青少年性健康教育要充分考虑已有国家的实施经验,同时参考我国的文化特点来全面开展。

在本研究实施之前,我国的一些学者牵头在北京、成都、上海等地的小学开始了性教育校本课程的探索,也开发和形成了一些小学性教育的材料。北京师范大学刘文利等从2007年开始在北京市大兴区行知学校开展流动儿童性健康教育的实践工作,并编写了《珍爱生命——小学生性健康教育读本》,目前已经出版一至六年级学生所用的读本12册。相关的教材和课程还有首都师范大学张玫玫团队的小学校本教材《成长的脚步》,上海教育出版社的小学性别教科书《小小男子汉》《花样女孩》,成都市人北实验小学开发课程"成长路上陪你走",以及广东省中小学的"性别平等"教育等。这些教育内容和教学材料有些是参考国际的教育经验,如《珍爱生命》系列读本;有些是基于本地区、本学校多年的实践经验,如《成长的脚步》《小小男子汉》《花样女孩》等。虽然教师访谈和学生访谈反映这些教育材料仍存在一些问题,但是总体上家庭和学校都是赞成开展小学生性健康教育的。但是这些材料也存

在很多不足，如《珍爱生命——小学生性健康教育读本》由于完全按照联合国教科文组织的纲要编写，忽视了我国儿童和家长的文化需求，以及我国特有的区域特点，在具体实施过程中遭遇了很多困难，被家长认为是"禁书"。又如，基于我国不同地区、不同学校的特点探索的《小小男子汉》《花样女孩》等教材，虽然学校能够运用，但是内容过于简单，缺少性健康的卫生保健等科学知识，重在青春期的健康教育，很少关注小学低年级学生的性保护及预防性侵的教育。近年来已有的研究发现，家长特别关注而且希望自己的孩子能够接受这些自我保护的性教育。另外，这些教育材料更多是在学校中实施，没有发动家长的力量。但是，家长是儿童，特别是小学生性教育中非常重要的一分力量，如何让家长参与到学校主导的儿童性健康教育中来，需要学校积极考虑。

目前，小学生性健康教育在中国推进的障碍仍在于操作层面。当前，（城市或农村）家长对儿童性健康教育顾虑的焦点不再围绕是否应当对孩子进行性教育，而是围绕一些具体的操作问题，如在学校或家庭内，孩子从几岁开始开展性健康教育较为合适；小学性教育在不同年龄段应该包括哪些内容，如何教育；等等。在对孩子进行性健康教育方面所顾虑的内容、出现的意见分歧，并不是中国家长和教师所独有的。在世界范围内，社会对不同年龄段孩子的性教育应当包含哪些内容亦存在不同意见。特别是在信息时代，小学生性健康教育的内容在不同的国家、不同的文化、不同的民族之间都存在不同的思考和期望。

我国幅员辽阔，有56个民族，各地文化特色不一。中国各地都有自己的亚文化特点，分别处在社会、文化及经济等发展的不同阶段，而且全国各地小学的教师素质和资源配置也各不相同。我国各地区的差异，包括文化差异、父母顾虑、当地教育的侧重点等，在开展小学生性健康教育时都需要考虑。本研究的小学性健康教育从设计到实施的过程中，考虑了我国信息时代发展的特点，家长、教师和学生参与都为我国进一步开展小学性健康教育提供了宝贵的经验。本研究所使用的性健康教育家校合作课程设计与实施，也回应了我国小学开展性健康教育的需求与挑战，依据本研究的结论和发现，我们针对小学生性健康教育的内容建议如下。

(一)立足本土,因地制宜

小学生性健康教育内容既要考虑儿童身心发展特点,也要符合我国文化,让家长和教师可以接受。我们依据小学生学习特点,将性健康教育内容分为性生理、性心理、性保健和性保护4个模块。前期的调研提醒我们,小学的教育材料要依据年级的不同,内容的多少和难度也要有所不同。例如,本研究教育材料为了便于低年级学生接受,对于内外生殖器官的命名,在符合科学的情况下,简单地称为内外生殖器官,没有详细解释各个生殖器官的具体构造和功能,仅简单介绍位置和名称。低年级学生的认知和思维能力具体形象化,研究中我们发现,如果给小学一、二年级学生解释内外生殖器官具体的构造和功能,会引起他们的记忆混乱,也不利于教学活动的开展,简单介绍反而有利于继续开展其他相关活动,而不是纠结在详细的功能和复杂的生理结构上。虽然国外的一些教育尺度较大,但是我国的性健康教育,特别是小学儿童的性健康教育,要考虑我们的文化接受程度,考虑到家长的接受程度,考虑到社会的接受程度,不能生搬硬套国际上特别是西方的一些教育内容。例如,我国有的教材内容包括对同性恋、异性恋的尊重等敏感内容,引起家长的反感。实际上,国际上的研究发现,这些教育内容即使在较为开放的西方国家,也不被父母接受,他们不希望自己的孩子在小学接受类似这方面的教育,相反家长更希望孩子接受一些自我保健和保护技能的教育。我国有些地方性的探索研究发现,如果课程中贯穿一些中国的神话传说,如"女娲造人""天仙配"等,可以让性健康教育的课程更好"落地",毕竟小学生更愿意听故事,甚至在听故事的过程中学习一些晦涩的知识。

我国地域广阔,东中西部的地区经济和风俗文化差异较为明显。当前,儿童性健康教育没有一个全国统一的课程标准和课程大纲。实际上,由于我国每个地区,甚至每个学校的具体情况都千差万别,也很难有统一的儿童性健康教育的课程大纲和标准。例如,在某些特大、超大城市,父母文化水平高,教育意识较强,从小对孩子在性教育方面言传身教;而在一些中小城市,受制于父母、当地教育水平等多方面因素,很多家长不好意思开展性教育,甚至有些农村学校还停留在仅让学生自己"看书"的阶段,教师都不愿意讲。我国多维度的地区、城市和学校的差异,在统筹安排儿童性健康教育内容的时候都需要认真考虑。又如，"互联网+"与教育逐渐融合，基于线上的教育内容虽然利于传播和共享，但是也要在了解各个地区具体差异的基础上进行，而不能仅本着传播"先进发达"地区的教育课程的刻板经验，直接向不同经济、文化水平的地区共享课程。因此，依据相关研究和调查建议，未来我国的性健康教育内容，一方面可以自上而下构建全国统一的儿童性教育推荐性内容纲要和标准；另一方面鼓励我国不同地区和不同学校自下而上开展基于校情、地区特点的性健康教育尝试。鼓励学校开展具有中国文化特点、符合地区情况、基于校情的特色儿童性健康教育系列课程，从而丰富全国的儿童性健康教育内容，让更多地区、更多民族的儿童在系列活动或课程教育中受益。

（二）早期实施，年龄有别

1. 早期实施性教育

儿童性的发展是一个连续的过程，从出生以后，在婴儿、幼儿、儿童期都在逐渐发展，直至青春期以后青年早期继续发展。儿童性健康教育的内容首先要符合人的身心发展规律。儿童"性"的发展伴随其一生，因此，伴随儿童2岁左右性别意识的建立，家长就可以开始简单的性别认知教育，特别是随着儿童进入幼儿园、小学阶段，教育内容要伴随孩子成长不断丰富。根据儿童的年龄阶段不同，设定不同的性教育内容，并做好各个年龄段的衔接。例如，幼儿阶段教师可以教授儿童一些基本的内外生殖器官的名称，让儿童在认识自己身体的同时，能够认识"隐私部位"，而且考虑到儿童年龄较小，很多性保健和保护的内容可以以规则的形式教授给幼儿。等到儿童进入小学，其认知和思维能力又有了较大的发展，在此基础上，还可以进一步教授儿童生殖器官的简单结构和功能，较为有效的卫生保健和自我保护的方法等，相关的内容可以和幼儿阶段有重复，但是更深入。这样内容的安排，既体现儿童性健康教育注重年龄发展的连续性，也体现教育的阶段性。因此，儿童关于性的发展问题就可以在合适的年龄阶段以一种积极、愉快的方式得到解答。连续、整体、全面的性教育不仅有助于儿童正确认识自己的身体、性别、性器官及其功能，树立正确的性别意识，也有助于预防儿童性侵犯，为儿童以后的教育和健康成长打下优良的基础。

第五章
"互联网+"小学生性健康教育的对策与建议

我国儿童性健康教育的内容不仅要符合我国多数小学生的身心发展特征，更要不断地更新知识，与小学生的身心发展速度相匹配，避免理论滞后，出现落后理论与实际情况相脱节的情况。本研究调研发现，大部分家长都希望能够从小学或者更小的年龄阶段开始性健康教育，但是部分教师却对此存在一定的担忧，担心家长不理解、不配合。实际上，早在2013年我国就有关于幼儿预防性侵犯、性保护教育效果的研究，发现即使3岁的儿童经过4节课的教育，也能掌握一些自我保护的知识和技能。这些研究都提示，如果教育的内容符合儿童身心发展的规律，即使幼儿也可以开展性健康教育。

2. 教育内容的年龄特点

儿童性健康教育的目标宏观上是通过向儿童传授性知识，以达到健全儿童人格、促进儿童身心健康发展的目的；微观上要与儿童的认知发展相匹配。性健康教育的目标与小学的素质教育目标一致。性生理教育旨在确保小学生身体健康，符合体育教育的目标；性心理教育旨在确保小学生心理健康，与心理健康教育目标相符；性道德教育旨在培养小学生良好的性道德，与德育目标相符合；性法制教育旨在让小学生懂法，避免性犯罪，用法律保护自己防性侵，与安全教育目标相符；性审美教育旨在让小学生发现人性美及异性的闪光点，与美育的目标相符合。因此，性教育的目标与小学的育人目标一致，与素质教育强调的德智体美劳及安全教育等紧密相连，是素质教育不可分割的一部分。例如，对于低年级的小学生，国内外的研究结果发现，早期的儿童性教育不是直接有关性的教育，而是教会学生认识自己的身体、男女身体的差异、男女平等、尊重自己、尊重他人与自己的不同、喜欢自己的身体等简单知识。依据儿童不同的认知发展阶段确定不同的教育目标，低年级的孩子学会正确认识自己、保护自己，为以后更进一步的性健康教育打下基础。

小学高年级的教学目标更多要考虑儿童处于青春期前期，要为青春期的到来做准备。小学高年级学生认知和思维能力都已获得较大程度的提高，能够理解相对复杂的内容，小学高年级的目标更多可能是定位在让学生了解青春期常见现象第二性征的出现、青春期逆反心理、异性交往有度等方面。例如，小学高年级女生可以了解月经与经期护理，男生了解遗精、男性生殖器官的保护与护理等。另外，小学高年级学生的社会化发展程度更高，同伴交往逐渐成为其主要的社会交往方式，因此，可以将性与人际交往的目标定位在教会学生如何与父母、教师、异性同学、同性同学交往等内容。综上所述，小学生性健康教育一定要考虑小学儿童的年龄发展特点，要注重在不同年龄阶段教育目标和内容上的差异。

立足于小学生身心发展特点的性健康教育目标，在教育内容的安排上可以选择与学生实际生活相关的故事案例，或者以当地发生过的案例为教学资源。同时针对不同年龄学生的学习需求与能力，教育内容编排要合理，如低年级的教育内容侧重于以图画形式直观地表达观点，高年级的教育内容更偏向以文字形式，并适当增加一些专业的理论知识。低年级小学生的性教育内容不宜专业化，而应更加生活化，如枯燥和复杂的性生理知识可以通过图书、漫画、视频等方式，向学生传递生命如何诞生、身体器官构成、男女性别差异、性保健，卫生清洁技能等。低年级性心理知识可以侧重于培养学生认识男女有别但平等；性心理（道德）知识可以侧重于培养学生相互尊重、相互帮助、预防校园欺凌等基本道德；性保护（法制）知识方面可以教给小学生认识儿童性侵犯，掌握自我保护的简单技能，如识别危险情境，大胆说"不"，不随便接触或看他人的隐私部位，也不随便让人看或接触自己身体的隐私部位，学会向他人求助，如何向信任的大人求助等。

高年级的小学生，特别是五、六年级学生进入青春期前期，身体发生了变化，第二性特征开始凸显。女孩可能会出现胸部隆起、首次月经等生理表征，男孩则有遗精等青春期特征。因此，高年级小学性教育的内容可以更多偏向青春期知识的传播，如何处理月经、保持个人卫生清洁等。高年级小学生性心理方面要引导学生正确认识生理变化、了解异性交往的基本原则等；在性心理（道德）方面可以培养学生的自控意识，遵守学校纪律，知道行为的底线、行为的规范。高年级的小学生在了解一些基本的性知识时，可以进一步让学生了解一些关于性犯罪、性侵的法律常识。这样一方面让学生学习自我保护、预防性侵犯的技能；另一方面也避免学生自己成为性犯罪的实施者，以及通过性教育帮助学生学习如何通过法律途径得到安全的救助等。

第五章 "互联网+"小学生性健康教育的对策与建议

（三）注重性保护，关注男孩

1. 家校均关注儿童性保护（预防性侵）的教育

儿童性健康教育是关注儿童发展与性有关的态度、技能和知识的全方位教育，但是基于前期大量家长和教师的调研发现，父母和教师在小学性健康教育中，无论是低年级还是高年级，都十分关注性保护教育即预防儿童性侵犯的教育。预防儿童性侵犯教育虽然仅是全面性健康教育的一部分，但是却是最为敏感的一部分。如何与儿童沟通这方面的预防知识和技能，教授什么是儿童性侵犯，作为学校和家庭如何保护儿童，儿童应该具备哪些自我保护的知识和技能，在本研究的前期访谈和调查中，这些是家长提出频次最多、最为急迫想得到帮助的教育内容。

家长如此关注儿童性侵犯与近年来频繁爆出的小学生性侵事件有关。我国《"女童保护"2020年性侵儿童案例统计及儿童防性侵教育调查报告》发现，受害儿童年龄为7～12岁小学生的占比接近50%。我国党和政府非常重视中小学开展预防性侵的工作，2013年和2018年先后出台《关于做好预防少年儿童遭受性侵工作的意见》和《关于进一步加强中小学（幼儿园）预防性侵害学生工作的通知》，强调要做好我国儿童青少年的科学预防性侵教育工作，并积极支持家长参与学校预防性侵的教育活动，提倡家校合作开展学生的预防性侵教育。2021年11月，教育部印发《生命安全与健康教育进中小学课程教材指南》，明确领域2"生长发育与青春期保健"的第4要点专门设为"性侵害预防"教育，小学阶段的一级目标是"学会自我保护，远离性侵害"。可见，为了更好地促进小学生身心健康发展，杜绝儿童性侵事件是家校共同关注的教育内容。

儿童性侵犯事件在全世界都有发生，我国也并非少见。国内有关大中小学生的儿童期性侵犯回顾性问卷调查数据显示，我国儿童期性侵犯发生率为10.5%～28.1%。不同国家、地区和国际组织的研究都发现，早期预防儿童性侵犯教育更多在校园进行（初中、小学和幼儿园）。这种预防教育的形式是以校园为基地、儿童为中心，由学校教师或研究者为教育者，对儿童开展预防教育。这些以校园为基础的研究教授儿童"什么是儿童性侵犯""如何避免遭受（或再次遭受）儿童性侵犯"等内容，力图通过学校教育教授儿童（或他们的家长）自我保护的知识和技能。这些知识和技能包括如何鉴别潜在的性侵犯施虐者，如何拒绝不合适的接触，当侵犯事件发生时如何获得帮助等，从而通过开展预防教育减少对儿童的伤害，达到保护儿童的目的。

我国很多关于儿童性健康教育研究的初衷也是要预防和应对儿童性侵犯的恶性事件。研究者对我国部分地区幼儿和小学生开展预防儿童性侵犯的教育，效果良好。国外持续的追踪研究还发现，参与预防教育的儿童遭受性侵犯事件的可能性降低；且如果发生性侵犯事件，有过预防教育的儿童有更少自卑感，更快地从伤害中恢复等。但是一系列教师和家长的调研却表明，我国的家长和教师非常缺乏预防儿童性侵犯方面的知识和技能。本次调研也发现，家长预防性侵犯知识水平是整个性健康教育知识水平中得分最低的一项，同样地，教师调研也有类似的发现。不过与以往研究相似，无论是家长还是教师，对于预防儿童性侵犯教育，即如何教授儿童性保护的知识和技能的需求却最强烈。因此，在未来的小学性教育内容中，需要加入更多的预防性侵、儿童保护方面的内容。

2. 小学男生的性健康教育需引起重视

本研究的结果及我国其他研究结果都发现，无论是家长还是教师，都特别重视小学女生的性健康教育，男生的性健康教育则处于被忽视的状态。家长和教师对男女生性健康教育的态度不同的原因可能是：其一，目前被披露出来的儿童性侵犯的对象更多是女生，男生较少；其二，女生的身体发育较男生提早2～3年，有不少女生在小学阶段已经有月经现象出现，但是男生的遗精和身体发育较为明显的变化则更多发生在初中阶段；其三，我国小学进行儿童性健康教育的教师通常女教师较多，能够方便对女生开展教育，但是对男生的性健康教育知识较少，不知道如何开展。甚至有些男生家长认为性健康教育是女生家长的事情，而男生在这方面"不吃亏"，这些传统而偏激错误的观点深深影响了对男生的性健康教育。

2018年的一项关于我国儿童性侵犯发生频率的研究发现，男女生不存在性别差异，女生发生率为8.9%（95% CI：7.4%～10.6%），男生发生率为9.1%（95% CI：7.4%～11.2%），即男生和女生遭受性侵犯的概率没有差异，男生同样也存在遭受性侵犯的可能性，因此，他们应该和女生一起接受预防性侵的教育。但是事实上，在我国很多学校，甚至在发达地区，很多学校如果开展预防性侵的教育,首先想到的也是对女生单独进行教育,常常忽视男生。另外,男生性侵犯事件披露率不高,并不代表这些性侵犯事件对男生的影响就小,无论男生还是女生,遭受性侵后都可能产生持久而深远的影响。因此,男生和女生一样,亟须开展性保护及预防性侵的教育。

除了性保护教育内容之外,男生青春期前期的准备性生理、心理和保健教育也尤为重要。大部分男生在12~15岁进入青春期,在进入青春期之前的3~5年开展性健康教育,能够更好地帮助他们应对青春期的身体变化。大部分男生进入青春期后,睾丸、阴茎进一步发育成熟,开始长腋毛、阴毛。青春期男生的声音变得更深沉,脸毛也开始长。男生平均在13岁开始第一次射精,也标志着男生的性成熟,开始有生育能力。伴随着身体的发育变化,男生也可能会对自身的身体发育很不确定,他们会怀疑"手淫正常吗""与同龄人相比,自己身体发育得是不是太慢了"等。与女生相似,男生同样会在青春期遇到身心发展的性健康问题,因此,男生提前获得一定的知识,掌握相关的性生理、心理和自我保健保护的技能非常有益。已有的研究与本研究都发现,男生家长相较于女生家长,在家庭中开展性健康教育的比例更少。综上所述,在小学开展男生的性健康教育不能忽视,而且更需要提醒男生的家长配合学校开展教育。为更好地开展针对男生的性健康教育,研究者也建议首先在小学增加更多的男教师,提高男教师的比例,特别是能够具备性健康知识和技能的男教师的比例;其次,提高男生家长开展性健康教育的积极性,关注男生家长,关注男生家庭性教育。

二、"互联网+"时代小学生性健康教育的方式方法建议

在教育信息化2.0时代,"互联网+"与教育教学领域不断融合,深刻影响着教育系统实践方式和途径的变化。在"互联网+"时代,小学生性健康教育的方式方法也随着数字化、网络化、智能化等信息技术的变化而带来了一些创新变革。除了传统的学习方式,学习者的学习方式要适应"互联网化",逐渐发展出了虚拟现实环境下的泛在学习、社会性学习、游戏化学习、探究式学习、远程实时协作学习等方式方法。作为"数字原住民"的中小学生自主获取知识的能力不断增强,教师更多地成为学生的伙伴,与学生一起进行探究式学习。"互联网+"是线上线下学习的融合,带来一种新的开放学习环

境。有互联网的地方就能够学习，学生的学习行为不再受时间、地点和空间的限制，学生的有效学习在真实和虚拟情境中交替发生。因此，在互联网时代，小学生性健康教育的方式既有传统教学方式的变革，又出现了基于信息时代新的方式方法，如跨校跨区的线上线下融合教育，学科综合性的线上教育，这些教育方式的改变都是基于"互联网"的渗透而逐渐发展的。

（一）线下多元教学方法相结合

小学生性健康教育的内容不同于中学生，自然教学方式也有所不同。小学性教育根据儿童不同的年龄、认知等特点，采用多种多样的教学方法。低年级的儿童更多使用直观的、游戏的方法，如更多采用图片和音视频教学。教师在课堂上以具体的性健康知识概念为切入点，重点教授低年级学生具体的技能与规范行为，如自我卫生保健技能、自我的性保护技能。中高年级的学生则更多采用合作、参与讨论、发表个人观点的方式进行培养。这些教学方法一方面促进中高年级的学生对性健康基本知识概念的理解；另一方面对学生的学习能力和思维品质有一定的培养。教师培训是线下教学的关键环节，在培训时要注意让授课教师采取体验法、游戏法、讨论法、探究活动调查法等多种方法开展教学活动。总之，小学性健康教育的方式方法均要适应儿童的身心发展。在小学阶段多采用小学儿童喜于参与、乐于配合的教学方法，解答他们成长的困惑。这些线下多元的教学方法能够起到让隐晦的内容显得生动活泼、明朗干净的作用。

由于儿童性健康教育并不是我国义务教育阶段的规定课程，因此，在实际的小学教学工作中，性健康教育的内容更多还是选取学科渗透的方式。本项目更多偏重教育实验，采用了专题课程的方式。研究人员考虑到项目的准实验设计的特点，将小学性健康教育课程的内容专门与学生的班会课相结合，每周一节，固定时间固定课时，效果优良。但是在未来，我们一方面建议学校能够以专题课的形式开展性教育，另一方面，以往的研究也发现，性教育在学校也可以与其他多门学科课程相结合。例如，在科学课中告诉学生生命的起源、人体器官（生殖器官）构成，使学生认识到生命的可贵，以及男女生的差异，促进学生形成珍爱生命、尊重异性的态度；在道德与法治课中告诉学生尊重同学、如何建立友谊等，培养学生正确的性审美与良好的性道德；在体育和健康课中，涉及学生隐私部位时要告诉学生如何保护自己的隐私部位及注意生理卫生，增强学生性保护意识等。学科渗透的方式可以让学生初步了解性教育的知识，逐渐构建性教育与其他学科知识框架体系的联系，从而培养学生知识的整体观和系统观。虽然2021年11月教育部已经印发《生命安全与健康教育进中小学课程教材指南》，其中有一些内容涉及儿童性健康教育，但是目前性健康教育还没有正式和全面纳入小学必修课程。因此，学科渗透的性教育方式是一种有益的尝试，为教师探索儿童性健康教育方法、家长转变性教育观念及学生接受科学的性教育提供了缓冲期。

除了直接介入学校的教育教学活动外，在师资力量非常薄弱的学校，还可以邀请校外专家开展儿童性健康教育的讲座和指导性阅读。邀请校外性教育专家不定期进校开展公益性的性健康教育讲座，向学生传递专业的性教育知识，也是一种有益的补充方式。指导阅读是在他人的推荐或者指导下阅读读物，具有一定的针对性。已有的研究发现，教师和家长目前非常缺少儿童性健康教育的知识，他们也不知道如何教育孩子，但是他们愿意通过媒介开展教育。如果有符合儿童身心特点的合适的性健康教育读物，以及校外专家的引领，这些能够提高家长和教师开展儿童性健康教育的信心和有效性。例如，学校可以根据小学性教育的教学需求设置与性教育相关的图书、漫画专栏，并分层放置不同年龄阶段的性教育读物，使学生按需选择自己所需要的读本，充实学生的性知识。或者由教师每周利用1~2节下午的自由阅读课时间，带领学生一起阅读性教育读本，对学生不懂的地方给予现场指导。随着信息技术的不断发展，网络上也有一些有关性教育的视频、音频等信息，教师也可借助手机微信、短信等向学生及家长推送与小学性教育相关的文章，使学生在教师及家长的共同指导下阅读正规的性教育读本。

（二）基于"互联网+"的教学

互联网的发展冲击着当今的学校和家庭教育，基于互联网思维构建儿童性健康教育的资源平台，能够为学生性知识和技能的学习资源提供全方位开放共享的技术保障。学校和社会可以利用移动网络、云计算技术等发展学习资源平台，形成具有性健康教育内容的台式电脑、平板电脑、手机等多终端一体化的资源平台，促进小学生跨时空学习性健康教育知识和技能。

在"互联网+"背景下，学生学习资源的价值和作用能够发挥到最大化。目前，我国儿童性健康教育还处于初级发展阶段，各个地区、各个学校的教育资源不平衡，甚至有些地区之间存在教育资源鸿沟。因此，"互联网"能够促进教育均衡，让优质儿童性健康教育的内容跨地区、跨学校流动与共享，从而缩小因地域、时空和师资力量造成的教育质量差异，使教育资源配置达到均衡化、最优化。互联网的共享特点，能够打破地区间教育资源不平衡的现象，促进全国儿童性健康教育的公平和高质量发展。

"互联网+"背景下的学习方式，更多是师生共同探索、个性化差异化的学习，如技术支持虚拟现实情境的创设及沉浸式情境学习，小学生性健康教育中的性保护教育就可以采用。网络教学中可以尝试采用虚拟危险的性侵情境，学生在虚拟情境中辨别危险，学习自我保护的技能。再如，利用学生学习的大数据，智能分析学生性健康知识和技能学习的过程，适时进行过程性评价和反馈，更好地促进有效学习的发生。由于互联网技术的跨空间性，学生的学习行为不仅发生在课堂上、校园中，而且可以延伸到课堂外、家庭中，从而融合正式学习和非正式学习。综上所述，互联网、大数据等技术有益于全面支持学生个性化的学习，而且支持学校进行过程性评价。线上线下的融合教育跨时空地连接了学校和家庭，共同促进了儿童性健康教育的效果。

（三）跨时空的家校合作

学校性健康教育的效果取决于家长的支持程度，家校合作开展儿童性健康教育效果更佳。爱普斯坦的交叠影响域理论认为，儿童是在家庭、学校和社区的共同环境中成长。该理论支持家校的跨界行动，且学校在跨界行动中最具有主动性。家校合作是以促进学生发展为共同目标，学校和家庭两种力量相互配合、支持与协调的教育互动活动；家庭承担着学生发展的支持者和帮助者的重要角色。交叠影响域理论指出，家校合作教育的目标和内容的一致性，能增强学生教育的效果。长期以来，国内外研究者及专家一直呼吁儿童性健康教育中应与父母建立"预防伙伴关系"。家庭与学校的伙伴关系越密切，两者跨界行动越频繁，越能改进学校性健康教育质量，提升父母家庭教育水平，更重要的是能够促进儿童的教育获得。因此，家校合作可能促进学生更好地掌握儿童性健康的知识，以及保健和保护技能。

第五章
"互联网+"小学生性健康教育的对策与建议

交叠影响域理论所阐述的家校合作表明,当学校主导时,家校合作的教育内容越一致,效果越好,而且贴近儿童个性化的教育更能增加家长的参与度,小学生儿童性健康教育正符合这一教育内容。已有研究表明,我国小学家长近年来特别关注小学性健康的知识和技能教育,教育需求强烈。本教育实验是学校主导,一方面,教师每周在学校教授全体学生基本的性健康知识与技能;另一方面,由于性教育的个性化需求,家长也有意愿每周在家教授儿童相同的内容,儿童能够在家庭教育中根据个人的学习特点及时复习课上所学的内容,微信支持模式能够及时连接家校的教育活动。

微信支持下的家校合作模式是以班级微信群为基本活动单位,授课教师、家长置于其中,教师通过微信群每周分享课程资料及学生课堂表现,家长通过微信群分享孩子在家学习的情况,教师与家长基于班级微信群跨越时空沟通,不仅能及时解答家长对儿童性教育的疑惑,也能激发教师对儿童性教育的深度思考,从而从学校和家庭两面增加对学生的双重影响。更为重要的是,教育实验也为家长提供了线下教育材料,即家庭教育画册。因此,家长除了有微信群的家校线上沟通,还有与学校教育目标和内容一致的线下教育材料。微信群的交流虽然及时、跨时空,但是仍然是片面的、点状的,家庭画册内容则是系统的、全面的,弥补了线上家校合作内容碎片化的不足。

信息时代的家校合作不仅需要注重线上的同步共育,更需要注重线下的合作和沟通。本研究对超过2万名家长进行调研发现,虽然超过90%小学生家长支持性健康教育,但是仍有接近一半的家长对于小学生性健康教育存在一定的担忧,如害怕孩子不能理解抽象的概念,害怕孩子过早接触与性有关的内容,从而伤害孩子的纯洁性等。因此,家校合作的儿童性健康教育首先需要家长和学校的提前沟通。本研究在充分尊重家长选择的前提下,在正式教育前,邀请教育组的家长来学校进行沟通,以家长会的形式,研究者、学校教师和学生家长一起交流和沟通。沟通交流的主要内容是关于学生学校主要教育的课程、采用的教育方式,以及家长在家庭中需要配合的教育内容和建议,并且指导家长如何更好地开展家庭教育,包括家庭教育的方式和方法、注意事项等。家长会的沟通不仅是家校交流,更是一次针对教育组家长的培训。在家长会上,家长能够了解儿童性健康教育的全部内容,以及明了自己在家庭教育的作用,为基于微信群的后续合作打下了良好的基础。基于微信群的家校沟通提高了教学信息的透明性，减少了教师与家长之间信息的不对称性，提高了家校合作的互信度，帮助家长深度思考。

虽然本研究是学校主导、家庭跟随的家校合作，但是家长从内心深处意识到自己对子女开展性健康教育的责任，只是苦于自己没有科学系统的知识和教育技能。研究为教育组的家长提供了线下教育材料——家庭教育画册，画册中有关儿童性健康教育的内容系统而清晰，家长不仅可以用来教育孩子，自己也可通过阅读画册，提升其性教育的知识和技能，从而更好地发挥家长在儿童性教育中的一分力量，也促进了家校合作的有效性。

第二节 "互联网+"小学生性健康教育的师资培训

小学有效开展性教育的重要力量之一是教师。没有高水平的儿童性健康教育师资队伍，就很难开展小学性健康教育工作。2012年2月，教育部的《小学教师专业标准（试行）》中明确规定：小学教师需要了解对小学生进行青春期和性健康教育的知识和方法、小学生安全防护的知识和掌握针对小学生可能出现的各种侵犯与伤害行为的预防与应对方法。2021年11月，教育部印发《生命安全与健康教育进中小学课程教材指南》，明确生长发育与青春期教育领域的课程教材内容进入中小学，小学学段也给出了一级和二级的健康教育目标，其中包含大量儿童性健康生理和心理的内容。然而，虽然从2012年起教育部就对小学教师提出了要具备开展性健康教育的能力要求，但是近年来我国的一系列教师调研和本研究关于京津冀16所小学1216名教师的调研均发现：我国小学教师严重缺少儿童性健康教育的知识，而且在学校开展性健康教育的能力和行为也非常有限。

该项目采用问卷调查和访谈法发现，虽然98%的教师认为儿童性健康教育非常重要，但仅有25%的教师认为学校有师资力量且确实开展了儿童性健康教育工作。进一步的简单分析也发现，有超过一半的教师不知道或不确定"儿童不同年龄阶段可能遭遇的'性'的发展困惑或问题"，接近45%的教师不知道"预防儿童性侵犯的知识和技能"。综合分析调研结果表明，小学教师表现出来极低的儿童性健康教育方面的知识水平，超过30%的教师明确回答自己完全不能开展科学的儿童性健康教育,在被调查的教师中,仅有不足20%的教师认为学校或自己在课堂上开展了儿童性教育,教师的儿童性教育实践行为非常有限。与我国其他的研究相似,该项目研究也发现,小学教师虽然支持开展儿童性教育,但是大部分的教师都认为自己的性知识水平和性教育能力是不足的。同时,教师也存在一定的担忧,特别是对自己的教育能力,超过80%的教师担心自己不能把握儿童性健康教育的尺度,担心教育会给孩子带来负面影响。

但是,小学教师对儿童性健康教育工作实际上有一定的期待,结果显示,接近3/4的教师愿意接受儿童性健康教育方面的培训。小学教师,特别是年轻教师希望通过培训提升自己开展性健康教育的能力。综上所述,为了更好地开展小学性健康教育工作,教育相关部门首先要花大力气来提升教师性健康教育的素养,提高他们的儿童性健康教育知识水平和教育技能。特别是在当今的互联网时代,相关教育部门要充分利用网络技术和相关的电子平台开展对小学教师的全面培训工作。以下是针对"互联网+"小学性健康教育教师培训给出的几点建议。

一、教师的儿童性健康教育培训内容的建议

已有的研究发现,小学教师很少接受关于儿童性教育方面的培训,我们的调研也发现,仅有不足5%的教师曾经接受过儿童性教育方面的培训。

(一)关注职前教育中儿童性健康基础知识的培训

儿童性健康教育的教师需要具备较高的专业素养,首先需要系统学习涉及儿童性生理、性心理、性保健和性保护的知识和技能;其次要有一定的教育教学方法,能够设计和实施儿童性健康教育的具体课程;最后还要熟知儿童性保护的相关法律法规等。

儿童不同年龄的性发展生理和心理特点知识如下。

①0~3岁的儿童通过感官体验(触、听、看、尝和闻)等方式探索周围的世界,婴幼儿有时也会触摸自己,可能会无意间触摸到生殖器官;刚学步的儿童会逐渐意识到自己的身体和其他人身体的不同,逐渐了解自己是男孩还是女孩,逐渐发展出性别认同。他们会研究自己的身体,逐渐开始知道什

么事情能做,什么事情不能做,开始学习一些生活规则和社会规范。

②4~6岁的儿童更多是在幼儿园或学校,他们更加清晰一些身体规则,如儿童不能随意暴露自己的身体,触摸或看他人的生殖器官。如果这个时候家长或教师通过游戏帮助儿童探索自我保护的技能,那么在亲子或师生互动中,儿童就会逐渐意识到身体安全技能。例如,儿童"医生护士"扮演游戏,医生或护士检查儿童的身体一般都是在医院的个人检查室,做检查时需要保护儿童的隐私。通过这些游戏,儿童逐渐了解在公共场合裸体是不允许的。这个年龄阶段的儿童对生殖相关的问题很感兴趣,这些问题包括但不限于:"孩子是从哪里来的""男孩女孩有哪些不同""为什么男孩站着小便,女孩蹲着小便"等。因为在这个年龄阶段,儿童逐渐开始意识到"男孩做什么""女孩做什么",有了性别的认知和认同概念,他们逐渐有了清晰的性别角色概念。

③7~9岁(等待期)的儿童逐渐意识到"性"是一个禁忌或敏感的话题,不适宜在公共场合谈论。此年龄阶段的儿童"性"的发展更多处在等待期,他们对"性"多少有所了解,但不会表达。有些孩子会互相讲"性"笑话,但是通常情况下他们不理解自己说的话的具体含义。

④10~11岁(青春期前期)的儿童性荷尔蒙开始活跃,逐渐表现在行为和身体发育上,以及知觉和情感上。女童通常比男童提前两年到达青春期,大概从10岁开始。女孩的身体开始发生变化,包括乳房的发育和外生殖器官的变化等。孩子从书本、电视和网络上听到、看到各种事情,这些事情都会引起他们的"性"好奇感。在这个阶段,学校或家庭可以依据儿童青春期前期的发展,开展适合他们身心发展的性健康教育,如了解什么是月经、女孩和男孩的不同等,这些教育内容可为儿童青春期的来临做好准备。

⑤12~15岁(青春期),大部分男生也逐渐进入青春期。男生的睾丸、阴茎进一步发育成熟,开始长腋毛、阴毛。男生的声音变得更深沉,脸毛也开始长出。男生在13岁(平均)开始第一次射精,标志着性成熟,开始有生育能力。女生在此阶段开始长腋毛和阴毛。女生的第一次月经期出现在12岁(平均),意味着她们性成熟,有怀孕的生理基础。青少年可能会对自身身体的发育很不确定,他们会怀疑"这正常吗?"经常会感到尴尬和不舒服。青春期的男生和女生逐渐发展了"性"的自我形象。此阶段的少年对他人的观点

很敏感，会受到同龄人的影响。青少年身体进一步发育，变得更加独立，对父母的依赖越来越少。他们逐渐获得与异性交往的经验，如协商交流、说明意愿和界线，并开始表现对异性的尊重等。

教师除了具备基本的性生理和心理的知识之外，还需要了解如何开展儿童性健康教育的课程，特别是小学教师。小学教师如何开展性教育是非常重要的。儿童性健康教学方法的选择要根据孩子不同的年龄、认知等特点，采用多种多样的方法。已有的项目研究提示，小学低年级的学生更多使用直观的、具体事物依托、游戏的方法；中高年级的学生采用团体讨论，学生合作、参与讨论、表达观点的方法效果则更好。我们对小学教师的调研发现，超过90%的教师希望和家长一起合作开展小学生性健康教育，家校合作也是很好的方法等。因此，如何与家长沟通，家校合作的原则有哪些，特别是针对儿童性健康教育领域还包括哪些注意事项，这些内容都需要小学教师学习和知悉。

以上关于儿童性健康教育的知识和教学方法，都可以放在大中院校的日常教学中，让教师在职前就可以获得系统而专业的性健康教育知识和方法。

（二）预防儿童性侵犯知识和技能的培训

本研究还有一个重要的发现是小学教师亟须预防儿童性侵犯的知识和技能的培训。教师调研结果显示，其首要需求的培训内容便是"如何应对儿童性侵犯"的内容。这一结果与家长的教育需求相呼应，家长最希望孩子在学校接受性健康教育的内容之一便是"有关预防儿童性侵犯的知识和技能"。这些结果都提示我们，在小学要关注预防性侵犯的教育。教育部2013年和2018年先后出台了《关于做好预防少年儿童遭受性侵工作的意见》和《进一步加强中小学（幼儿园）预防性侵害学生工作的通知》，其中都强调学校要开展预防儿童性侵犯的教育。2021年11月，教育部印发了《生命安全与健康教育进中小学课程教材指南》，明确要求领域2"生长发育与青春期保健"的第4要点专门设为"性侵害预防"教育，小学阶段的一级目标是"学会自我保护，远离性侵害"。国家政策和意见都要求小学教师必须具备预防儿童性侵的知识和技能。

儿童性侵犯发生在世界各个国家，我国近年来也频繁发生儿童性侵犯的案例。北京众一公益基金会《"女童保护"2020年性侵儿童案例统计及儿童防性侵教育调查报告》发现，受害儿童年龄为7~12岁的小学生占比接近50%。另外一项2018年的分析研究发现，大约有9.1%的男性和8.9%的女性在童年期曾经遭受过某种形式的性侵；男女不存在显著的性别差异。性侵犯对受害儿童会造成严重而深远的影响。但是，预防儿童性侵犯的教育在我国还处于早期发展阶段，很多教育内容还不全面，教师也似乎没有做好准备，本研究发现，接近50%的教师不知道预防性侵的知识和技能，而且仅有不到20%的教师认为自己能够开展这方面的教育活动。

预防儿童性侵犯需要法律、政策、教育等社会各个领域的合作。已有的研究发现，预防儿童性侵犯教育确实能够促进儿童的健康发展。国外调查研究显示，早期或曾经参与过校园预防性侵犯教育的青少年，不仅更加自信，而且未来遭受性侵犯的可能性更低。最为重要的是，广泛开展基于儿童的预防性侵犯教育本身就是对潜在施虐者的震撼，有利于整个社会构建对儿童性侵犯"零容忍"的大环境。因此，教师强烈需求获得应对和预防儿童性侵犯内容的培训，一方面说明教师已经意识到这个问题的严重性；另一方面说明教师非常缺少预防儿童性侵犯的知识和技能。

1. 教师对儿童性侵事件的误区

国内外相关文献表明，教师在预防性侵犯教育方面存在一定的误区。

误区一：教师普遍认为儿童性侵犯经常伴随身体的伤害或痕迹。研究表明，对于儿童的性侵，其身体组织通常不会留下遭受侵犯的痕迹。

误区二：教师会教育儿童远离陌生人，认为陌生人才可能性侵儿童。但是研究指出，儿童性侵犯的施虐者有接近80%是儿童熟悉和认识的人，熟悉的人才有机会一而再，再而三地接近、侵犯儿童。

误区三：教师认为儿童性侵犯指的是性质恶劣的侵入性伤害。事实上，大部分性侵犯事件，侵犯程度都是由轻到重，最初侵犯者先接触儿童身体不敏感部位，如果儿童表示不反对后，逐渐接触儿童隐私的敏感部位，直到最后才发生恶性猥亵和强奸事件。

误区四：教师经常教育孩子应对性侵犯"要还击"。事实上，对儿童实施性侵犯的都是较儿童有年龄、体力和智力方面优势的人，儿童的反抗一般只能导致其遭受更多侵犯行为。因此，正确的教育是"让孩子说'不'，赶紧逃跑,并及时将性侵事件告诉信任的人"。因为即使儿童具备一定的自我保护能力,但是其自我保护的能力还是相对不足,面对性侵如此恶劣的暴力,应该教育儿童赶紧逃跑,并寻求信任大人的帮助,如警察、父母等。正如很多专家所建议的,儿童不应与性侵犯施虐者进行正面反抗,正面反抗的行为往往会将儿童置于更加危险的境地。

误区五:受到传统文化和思想观念的影响,很多家长和教师对"性"教育持回避态度。特别是家长受到"家丑不可外扬"观念的影响,不鼓励受害儿童披露性侵犯,但只有及时披露性侵犯,儿童才能得到及时的帮助,制止性侵犯行为,同时避免带来再次伤害。我国已有的幼儿研究发现,即使3岁的儿童,也知道"性"相关的话题是不能谈论的,幼儿调研发现,有接近80%的幼儿认为如果"大人让保密,儿童就应该保密",但是世界其他国家的调研却仅有40%的幼儿有这样的反馈。教授儿童及时正确地披露性侵犯行为,是预防性侵教育的重要一环,特别是在我国这样保守的"性"文化背景下。

误区六:有超过一半的家长和教师认为儿童报告的性侵犯不可信。原因可能如下:家长不愿意相信自己的孩子遭受性侵犯;儿童语言能力有限,对于事件的描述不清晰等,家长和教师不能判断事件真伪。但实证研究却指出,儿童披露的性侵犯几乎都是可信的。家长和教师应该相信儿童,并且及时提供帮助,制止已经发生的性侵犯。

误区七:成年人通常担心预防教育可能让儿童知道太多"性"方面的内容,对儿童身心发展有负面影响。但相关研究显示,儿童接受预防教育不会对其发展及对"性"的认识产生负面影响,而且在接受教育后,儿童经常报告一些正向积极的感受,如教育后,教育组更高比例的儿童认为洗澡时可以接触和清洗自己的隐私部位等。

误区八:成年人通常认为儿童性侵犯发生率不高。为什么会有这种主观看法?因为儿童性侵犯经常不被披露,即使有披露的事件也是很多年以后,而且由于儿童性侵犯很难保留证据,因此确证存在相当大的难度。事实上,国内外相关调查表明,儿童性侵犯被严重低估,已发现的性侵案例和自我报告的比例都远远小于实际发生的比例。而且,一些严重性侵犯行为,如强奸、猥亵等,受害儿童最小年龄仅有2岁。

2. 教师应该掌握的预防性侵的知识和技能

教师在儿童预防性侵犯工作中担当保护者和教育者的角色。因此，他们需要有一定预防性侵犯的意识，同时掌握一些教育儿童的技能。教师需要了解什么是儿童性侵犯；儿童期可能遭受的性侵犯行为；儿童遭受性侵犯后，可能有哪些行为和情绪表现；儿童性侵犯施虐者的特点及如何教授儿童预防性侵犯的知识和技能等。具体描述如下。

第一，儿童性侵犯的界定。我国研究者陈晶琦等参考国际上儿童性侵犯的定义，将儿童性侵犯分为两种类型：一是身体接触的性侵犯；二是非身体接触的性侵犯。身体接触的性侵犯包括侵犯者触摸或抚弄儿童身体敏感部位（如女孩的乳房或外阴部、男孩的外生殖器）、对儿童的身体进行挑逗式的触摸、在儿童身上故意摩擦其性器官、试图及强行与儿童性交（包括口交、阴道性交等）；非身体接触的性侵犯包括向儿童暴露自己的生殖器，或在儿童面前手淫，或对儿童进行性挑逗，或露阴、窥阴，让儿童观看色情影视片，目睹成人性交等行为。

第二，儿童性侵犯可能发生在儿童期的任何阶段。所有形式的侵犯行为都可能发生在儿童期。儿童遭受性侵犯后，很少在身体上留下痕迹，通常伴有较为强烈的心理和行为反应，如受害儿童会表现出不符合年龄的性行为（更多接触其生殖器官），存在社会退缩行为（更少与人进行目光交流），更容易流露焦虑情绪，存在睡眠问题（更多噩梦）等。

第三，谁可能是潜在的施虐者。性侵犯施虐者可是成年人，也可是年龄较大或相对比较成熟的其他儿童，这些施虐者相对于受害儿童，在责任、义务或能力方面处于优势地位。各种文化研究表明，侵犯者通常是儿童熟悉的人，虽然大部分的施虐者是男性，但也有女性。

第四，儿童预防性侵犯的具体知识和技能。①教授儿童"认识'隐私部位'"，主要内容是知道生殖器官科学名称、"隐私部位"的具体位置及人与人相处的边界原则等；②教授儿童"什么是儿童性侵害"，主要内容是了解安全与不安全的身体接触，识别潜在的施虐者及性侵害情境等；③教授儿童"学会自我保护"的技能，主要内容是知道如何远离易发生的性侵情境，以及面对潜在性侵情境如何拒绝、离开等；④教授儿童如何"寻求帮助"，主要内容是若发生儿童性侵事件，如何寻求帮助、重塑自尊（知道儿童没有错）、健康生活等。

第五，如何教授儿童预防性侵犯的知识和技能。小学低年龄阶段的教学建议采用图片或讲故事、玩游戏等教育方式。例如，教师可以通过泳衣示意图的方式告诉小学儿童，泳衣遮盖的部位是身体隐私部位；隐私部位不能随便被他人摸、被他人看；隐私部位受伤时，需要同性别的医生或护士进行治疗和看护。教师和家长要在日常生活中潜移默化地传授预防知识和技能，将一些保护知识以行为规则的形式告知幼儿，如"身体安全守则"等。中高年级的儿童采用讲授法、案例法、小组讨论法等方式，不仅教授中高年级孩子什么是儿童性侵犯，而且学习相关的法律法规，采用小组合作、同伴互助的方式，教授儿童自我保护的技能，如报警、告知信任的大人、及时提供心理帮助等。

（三）互联网对孩子性教育影响的注意事项培训

在信息时代，青少年已经成为互联网的原住民。互联网影响着当今儿童各个方面的发展，对儿童性健康教育的影响也不例外。虽然改革开放以来，我国人民的思想逐渐开放，受到了西方文化的影响，但是性教育在我国仍然是一个非常敏感、家长和学校都不愿意主动提及的领域。不论教育者是否愿意主动提及，儿童在互联网时代都会或多或少地接受一些性教育的信息。这些信息散乱，缺乏系统性、科学性。由于儿童自身成长的需要，他们会不断探索性健康相关领域的知识，如果不能很好地利用互联网传播科学的性健康知识，儿童就可能获得一些错误且偏激的知识，这会严重损害儿童青少年身心健康发展。相关研究发现，互联网学习已经是全世界青少年获得性健康知识、性保健和保护技能的主要方式之一。因此，有关互联网对儿童性健康教育影响的内容应该包括在教师培训教育材料中。

事实上，随着信息时代的发展，基于网络进行健康教育和健康促进已经在医疗教育行业引发巨大的变革，如网络在线课程、网络监控学习等。在"互联网＋"时代，儿童青少年获取性知识和技能的渠道变得平等而开放。随着各种互联网移动终端的普及和新兴媒体技术的发展，儿童的学习行为不受时空限制，儿童可以随时随地接受信息，开展学习活动。另外，网络促进儿童青少年主动探索知识，网络对青少年好奇心的反馈是迅速的。网络平台和多元化的技术支持儿童青少年与同辈同伴进行跨时空的交流、合作；"互联网+"平台允许儿童青少年依照自身的兴趣和能力，选择适合自己的个性化学习方式。互联网的技术和平台，以及"互联网+"的交互学习方式，客观上有利于保证儿童性健康教育过程的个性化和私密性，使得儿童青少年更坦诚地进行性健康相关问题的沟通。综上所述，我们会发现互联网在儿童性教育方面拥有天然的一些优势。

国外有少量的研究是通过手机、社交网络或软件平台开展儿童青少年性健康教育。本研究基于家校合作的微信平台、微信圈开展小学生性教育，效果优良。基于微信圈的家校合作提高了小学生对性健康知识的知晓率和掌握程度，改善了小学生对性的态度。本研究发现，教育组小学生在教育后更加喜欢自己的身体，喜欢自己的"隐私部位"；基于互联网的家校合作促进小学生性健康技能的发展，特别是孩子自我保护技能水平的提高。结果显示，教育组小学生辨别潜在的性侵犯情境、在危险情境下"拒绝"和"迅速离开"的技能水平都显著提高；教育组小学生能够积极寻求信任大人帮助的比例也显著提高。在整个"互联网+"教育过程中，家长能够通过微信平台及时了解学校的教育内容，学习亲子教育技能，及时在家同步开展教育。综合分析表明，家庭教育是学校性健康教育的一种有益补充，它发挥了家长在为儿童性健康教育中的力量。特别是对于低年级学生，访谈中发现，他们特别喜欢和家长一起看家庭画册，一起学习，研究数据也发现，小学低年级的技能提高水平较高年级要更加优良。

另外，教师培训的内容也必须包括知晓基于网络的性健康教育存在的一些消极影响。我国对网络性教育的研究不足、经验较少，特别是对家校合作的网络性教育研究更是有限，因此，本研究的经验应用也有其局限性。我国各个地区网络发展不平衡，本研究主要是在北京这个经济发达的地区进行，网络的普及程度比较高，家长也比较支持。但是教师培训中需要清楚，目前从全国范围来看，我们还缺乏儿童性健康教育的规范网站，即使有几个网站包含儿童性教育的内容，但其内容也相对单调。另外，目前我国的国家性教育平台，如"儿童健康教育网""中国生殖健康网"，以及国际合作平台"玛丽斯特普"等互联网性教育平台，教师和家长的知晓率还很低。

随着互联网的发展，网络媒体信息也逐渐丰富，儿童青少年可接触到的性相关信息日益增多，但是综合分析，我国仍然缺乏专业、科学、权威性的儿童青少年性教育网站。正如某些研究中所提到的，现有的儿童性教育网络资源杂乱，良莠不齐，因此无法保证儿童青少年通过网络获得准确、可靠的性知识和技能，甚至有些信息和内容还很容易对其成长和认知造成误导。另外，网络信息的管理也需要进一步加强。如何安全上网也是教师性教育中的重要内容。教师可以在日常教育中观察儿童，特别是小学生如何认识网络中的性信息，给予小学生及时的帮助和教育。教师需要教育小学生安全上网的注意事项，如怎样及时寻求他人帮助，坚决不与网络上的人线下见面和聊天等。

近年来的研究发现，我国儿童青少年对微信、微博等社交平台的访问量大，由此教师可以通过促进性健康知识平台与社交平台联合的方式开展教育。例如，教师通过微信公众号、微博账号等形式推广性健康教育的知识和技能，具体的科学知识可以依据小学生不同身心发育阶段设立不同的板块内容。教师基于网络教育的方法可以丰富多样，如基于互联网交互平台，可以采用文字、图画、动画、微课、讲座等多种形式，向儿童传授性生理、性心理等知识；某些网络游戏也可以调动孩子的学习积极性。教师可以通过自己的教育实践活动进一步扩充和优化平台的性教育资源。

二、培训教师儿童性健康教育的时间节点

小学教师的儿童性健康教育培训有其时间节点，一个时间节点是要注重教师从事教育工作之前的职前专业培训；另一个时间节点是面对我国目前在职教师缺少培训的现状，政府和教育部门更要做好职后的专业知识和技能培训。

（一）基于大学教育的职前培训

目前，我国的大学院校很少开设专门而系统的课程来培养儿童性健康教育的教师，很少有师范大学专门设置性教育的专业课程。我国现行的大中院校教师教育系统里面少有性教育教师的培养。目前，大学会将儿童性健康教育相关内容散见在一些儿童心理学、儿童卫生保健学等学科教学中。大学或者师范院校最常见的儿童性教育课程是以健康讲座、选修课等形式开展的。

例如，首都师范大学曾经在全国范围内首次开设性教育辅修专业，成都大学胡珍教授团队也曾经开设性教育辅修专业，培养性教育的专业人才。除此以外，四川师范大学、华中师范大学也有在培养"性"学硕士。但是整体分析，目前教师职前培训体系中缺少性健康教育这一环，仅有的培养过程也不系统，内容散乱，而且性健康教师的培养规模较小，不能满足全国整个教育体系的需求。

因此，我们建议儿童性健康教育课程需要融入我国师范院校的培养过程中，作为学生的必修课程，从而帮助师范学生系统地学习儿童性健康教育的理论、教育内容和教学方式。毕竟大专院校的教育注重系统而专业，能够为进一步开展教师的儿童性健康教育提供基础的知识和方法。另外，由于我国各个地区、各大专院校教育资源存在不均衡的现象，可以说教师职前有关儿童性教育的培养肯定是参差不齐的。为了更好地平衡大学的教育资源，我们可以充分利用互联网的优势，开展"互联网+"教育的教师培养过程。在信息化时代，大中院校的学生能够通过科学系统的网络课程的形式，学习儿童性健康教育的主要内容，从而提升教师本身的性健康教育素养。具体建议是可以先在有师资、有条件的学校开设系统的课程，规范整个培养的过程；同时，此类高等院校可以依据本校的成功经验，开发适合大学生教育的慕课，利用线上线下的资源共同为广大在校师范学生提供优质的儿童性健康教育课程。

（二）在职教师的培训和继续教育

不论是教育行政部门，还是在职教师所在学校，都必须重视小学性教育，因此，我们建议将儿童性教育纳入在职教师继续教育和校本培训的体系。对京津冀三地的调研发现，教师的儿童性健康教育职后培训很少，仅有的个别培训，其培训方式也比较单一，大多为专题讲座和案例分析的形式。京津冀超过千名小学教师的调研发现，接近70%的教师都非常希望能够接受"系列专家的讲座"。考虑到教师本身缺乏儿童性健康教育的知识，研究可以推论，小学教师渴望能够获得系统而科学的儿童性健康教育的培训，不仅是一次专家讲座、一次集体培训，而是系列的、专业的长期培训。结果还发现，接近40%的教师希望能够有"课例交流"和"示范课引领"。这些调查结果提示，教师一方面

第五章
"互联网+"小学生性健康教育的对策与建议

希望获得比较科学系统的基础理论学习；另一方面希望能够在实际教学中获得相应的指导或同伴互助。因此，依据教师调研结果，我们建议，未来为了更好地开展在职教师培训，可以基于全国或重点发达地区，建立性健康教育的专家团队。专家团队一方面可以编写适合小学教师学习的读本或教育材料；另一方面可以深入学校，开展系统科学的培训讲座，从而推动教师的职后培训工作。毕竟目前我国现有的性健康教育师资力量薄弱，专家团队不仅可以起到规范培训的作用，还能起到一定的引领作用，对于推动大规模的教师培训是非常有益的。例如，邀请专业的性教育教师深入当地的学校，共同商讨针对不同年级学生的性教育内容、组织形式、教育方法等，专家与教师之间互动，教师与教师之间相互模拟练习，直至完成相应的性教育目标。又如，挖掘教师自身的资源，对于接受过专业性教育培养的教师或开展过儿童性教育的教师，学校可以充分发挥他们的先进作用，为这些教师提供机会和平台，请他们分享经验、交流上课技巧，基于学校将这些教师的经验转化为具体可行的规范课程或专题课程，在全校和本区域推广，从而实现教师自身教学资源的共享。

除此之外，对京津冀教师的调研还发现，在教师职后培训的过程也有接近1/4的教师愿意通过"网络慕课"和基于网络的"一对一教师辅导"的方式进行培训。由于我国目前教育资源，特别是师资力量在不同地区分布不平衡，对于经济文化相对落后的地区，很多教师期望能够基于互联网接受培训。互联网的教师培训也仅是培训方式的一种补充，教育或培训最终是人影响人的一个过程，所以面对面培训一直是培训中效果较好的方式。因此，教师职后教育培训应该结合"MOOC+"或"互联网+教育"的形式，但也不能放弃传统的面对面培训，如果条件允许，可将两者结合，将教育资源更公平地分配，有利于教师培训取得更好的效果。

对京津冀3地千名教师的调研还发现，教师培训的方式和内容除了存在地区之间的差异外，也存在教龄、职称和学历的差异。调研结果显示，职称相对较低（中级职称）、教龄相对较短（小于10年）和学历较高（大学本科及以上）的教师更愿意接受培训，对儿童性健康教育的培训态度更加积极；而教龄超过20年的教师，虽然具备一定的儿童性健康教育知识，但对于培训的积极性不高。分析原因可能是由于，一方面教师年龄较大，学习能力和学习动力较低；另一方面他们可能在20年的教学生涯中接受过类似的培训，因此培训的意愿不太强烈。因此，研究建议，儿童性健康教育的职后培训可以更加关注中级职称的教师、教龄不足 10 年的教师和大学本科学历及以上的教师。这些教师更多是中青年教师，他们更有活力，对教育充满更多的期待，更愿意下大力气去学习，更能有效地壮大儿童性健康教育的师资力量。

第三节　"互联网＋"小学生性健康教育智慧型的家校合作

人类自有家庭以来，就开始了家庭教育。对甲骨文的研究发现，殷商时期，我国教育中就有了家庭和学校的结合。虽然殷商时期，学校教育已经逐渐区别于家族（皇族）的家庭教育，但已经初见学校教育的雏形。自古以来，家庭、家风教育都是我国教育中重要的内容。《学记》是我国战国晚期中国古代最早的一篇专门论述教育和教学问题的论著，其中就提到"古之教者，家有塾，党有庠（xiáng），术（suì）有序，国有学"。可见中国古人就已经认识到教育仅依靠有组织的学校机构是远远不够的，还必须依赖于家训、族规、乡约等更贴近日常生活的教育。在对古希腊时期的家庭思想、西方资产阶级的家庭思想及空想社会主义者的家庭思想的批判继承的基础上，马克思和恩格斯提出了无产阶级的家庭理论，深刻地阐明了家庭的本质。马克思认为，"家庭是最基本的生活单位，是构成较高一级社会组织的前提和条件，家庭作为社会有机体的基本细胞，与整个社会相互依存、相互影响，婚姻和血缘作为家庭的纽带对家庭成员及其相互关系形成了一定的制约作用，也赋予了家庭特殊的职能。"

近年来在我国，家庭教育得到全社会的关注。习近平总书记在接见全国文明家庭代表时指出，"家庭是社会的细胞。家庭和睦则社会安定，家庭幸福则社会祥和，家庭文明则社会文明""我们要认识到，千家万户都好，国家才能好，民族才能好"。为了更好地开展家庭教育，需要不断优化家校合作，建立和发展家庭、学校和社区多元教育的新型合作伙伴关系。家校合作不仅是一种双向活动，更是家庭教育、学校教育和社区教育的相互支持和互动交流。推动家校合作，为儿童青少年提供无缝衔接的学校、家庭、社会三位一体的教育生态体系，也是学校教育的重要任务之一。

交叠影响域理论认为，儿童是在家庭、学校和社区的共同环境中成长的，然而，家庭、学校和社区三大环境可以是相对独立、游离的，也可以是彼此依赖、交叠的。学校在三者互动关系中尤其具有选择的主动权。互联网平台能够整合优质资源，优化学校引导家庭的方式。交叠影响域理论认为，如果家庭、学校和社区进行高质量的沟通和互动，儿童能够从不同的场景中接受一致的信息，受到交叠的影响，将有助于孩子的成长。家庭与学校的伙伴关系越密切，跨界行动越频繁，越能提高学校教育质量，改进父母家庭教育水平，有助于形成高质量的儿童教育。

健康教育一直是高质量儿童教育的一部分，但是，性健康教育可能是其中最为敏感的话题。家庭是儿童开启性教育的重要场所，在早期儿童性健康教育过程中，家庭要将注意力集中在性别差异、身体部位的名称上，如上洗手间的用语、对隐私部位的保护及对"合适的接触"和"不合适的接触"的教育等。互联网背景下的儿童性健康教育能够整合学校和家庭的教育优势，为学校和家庭监督儿童青少年的学习效果提供可靠的反馈工具，能够协助教师和家长随时查看孩子的学习情况，并适时做出指导。

随着微信的日益普及，基于移动终端的家校合作模式逐渐活跃。微信支持下的家校合作模式是以班级"微信群"为基本活动单位，授课教师、家长置于其中，教师每周通过"微信群"分享课程资料、学生课堂表现，家长通过"微信群"分享孩子在家学习的情况，教师与家长基于班级"微信群"跨越时空沟通，不仅能及时解答家长对性健康教育的疑惑，也能激发教师对于儿童性教育的深度思考，从学校和家庭两个方面影响学生的教学效果。"互联网+"教育将儿童性健康教育的材料信息化，教育材料的使用不再仅仅是教师，还有家长，而且基于互联网，特别是微信这个交流渠道，以孩子为中心，教师和家长及时沟通，跨时空使用教育材料，智慧型家校合作由此产生。

一、"互联网+"家校合作的新型模式

心理学家维果斯基、社会学家布朗芬布伦纳均认为，儿童的发展受到生理和环境的相互影响。儿童青少年的发展必须考虑其所在社会的文化和历史情境。儿童青少年在成长过程中与许多社会系统发生着互动，如家庭、学校、邻里之间、社区和社会网络、观念等。这些系统相互作用，影响儿童青

少年的身心发展。美国霍普金斯大学爱普斯坦教授提出交叠影响域理论，指出家校跨界行动的初步框架。叠影响域理论则认为，儿童成长所在的家庭、学校和社区都应具有相同的目标，承担共同的教育责任，三者对儿童成长的影响是相互交织且难以隔离的。

目前，国内学者已经就家校合作的定义达成一致。家校合作是指以促进学生全面发展为共同目标，家庭和学校两种力量相互配合、支持与协调的教育活动。不仅包括学校指导家庭教育，也包括家长参与学校教育。对于家校合作的认识与要求，要与社会和时代的发展紧密联系。家校合作中家长的角色也逐渐从"配合学校"向"与校协同"的方式转变。目前，家长除了作为学校活动的志愿者及决策参与者外，还逐渐承担起学生发展的支持者和帮助者的重要角色。

从传统上说，家长在家校合作中的角色是学校意见的默许者。很长时间以来，家长只在有特殊事情时才会被邀请到学校，如作为特殊的观众。但是传统的一些家校合作的方式也有利于儿童青少年的发展，学校需要建立公开的政策，欢迎家长任何时候的访问。北京的一所小学每年开学的第一天会邀请所有的家长到访学校，家长陪同孩子去教室一起待一会儿，一种快乐的气氛便建立起来了。这项政策建立起来之后，家长在学校中的参与程度迅速上升。可见，正式和非正式的课堂访问能够促进家校合作的效果，几乎所有的家长都对他们的孩子及孩子在学校发生的事情很感兴趣。传统的家校沟通方式还包括家长会、新闻信件、电话沟通、电子邮件及书面记录告知家长有关儿童的进步，学校的计划、课程，以及家长如何帮助孩子等。

虽然面谈（面对面家长会、一对一教师和家长的沟通）是家庭与学校建立关系的理想方式，但是书面形式的沟通也十分必要，如课堂手册、新闻信件、布告栏、网页及非正式的记录都被教师们用来与家长交流孩子的在校情况。一些研究发现，新闻信件是学校与家长交流的有效方式，大多数新闻信件传达了学校的新闻、学校事件的信息、家长会及其他重要的会议，还包括一些如何在家帮助儿童的建议，以及给家长的资源。网络新闻的事件如儿童创作的艺术品、课堂活动的照片、对家长和社区活动的感谢、儿童怎样利用家长提供材料的例子及关于家长支持儿童课堂讨论的摘录等。

随着移动通信、互联网、分布式计算和数据库等技术的发展，家校合作

第五章
"互联网+"小学生性健康教育的对策与建议

的形式也逐渐丰富。现如今，微信已经广泛渗透到社会大众生活的方方面面，特别是教育领域。另外，校园的信息化建设呈现移动化的趋势，将移动终端运用于家校之间的沟通协作和校园信息化建设等方面，逐渐解决了家校合作面临的困境，改善家校关系，间接地提高学校的信息化领导力和竞争力。微信作为一种技术媒体，被家庭和学校双方接受与应用，也经历了从获知到采纳的一系列过程。随着双方对微信的采纳熟悉程度加深，越来越多的家校合作基于微信平台，已经有众多中小学开展了基于微信进行家校合作的实践，逐渐产生了基于微信群的家校合作新模式。

移动通信技术的发展一方面提高了家校合作的水平；另一方面发展了家校合作的形式。依据家长参与活动的深度，将家校合作划分为3个层次：①低层次的参与，主要形式是家长参与学校的各种活动，如出席家长会，参加学校/家长开放日，进行学生作业展览等。②高层次的参与，主要形式有常规性的家访，家长现场参与课堂教学和课外活动等。③正式组织上的参与，这种合作形式有家长咨询委员、家长学校等。基于移动技术，特别是微信群，家校合作的3个层次都发生了深刻的变革，如出现了线上的家长会、线上的家长听课、线上学校开放日等。通过不断进行规范化、科学化运作，互联网家校共育模式与校园教学优势互补，共同促进学生整体教育水平的提升。依据纽科姆的有效性沟通模型可知，学生是家校沟通的核心，学生既是家校沟通的起点，也是家校沟通的终点。线上家长会更加沟通和开放，同时又保护了家庭教育的私密性，在线上沟通过程中，家长能够较多地关注到孩子，接受他们的观点，从而在家校微信沟通过程中体现出孩子的主体地位。

在"互联网+"教育背景下，在尊重学生的基础上，家校合作的沟通效果和频率有所提高。交叠影响域理论下的家校合作，当学校主导时，家校合作的教育内容越一致，效果越好，而且贴近学生个性化的教育更能提高家长的参与度。小学生性健康教育正符合这一教育内容。已有研究表明，我国小学家长近年来特别关注学生的性健康教育，对这方面的教育需求强烈。本次教育实验就是学校主导，一方面，教师每周在学校教授全体学生基本儿童性健康教育的专题课程；另一方面，由于性教育的个性化需求，家长也有意愿每周在家教授儿童性健康教育的知识和技能。因此，儿童能够在家庭教育中，根据个人的学习特点及时复习课上所学的内容。教师与家长基于班级"微信群"跨越时空沟通,不仅能及时解答家长对于性教育的疑惑,也能激发教师对于性教育的深度思考,从而从学校和家庭两方增加对学生的双重影响。可见,微信支持模式能够及时连接家校的教育活动。另外,基于网络的家长会也给予学生发言和参与的机会,如本研究中采用线上家长会,请学生介绍他们与家长进行亲子阅读的感受,以及自己在家庭性教育中的收获。学生积极发言,家长和教师均从学生发言的角度来反思自己教育中的问题,提升了家校合作中学生的中心地位。

总之,智慧型家校合作以孩子为中心,教师和家长在微信沟通中重视学生的主体地位。无论是家庭还是学校,都引导学生认同教育内容,积极参与学习过程,注重微信沟通。基于网络的家校合作凸显学生中心地位,根据学生年龄的身心发展特点,在家校沟通中有意识地提升小学生自主决策、自我完善的能力,使得健康教育的过程主动而自然,从而达到优良的家校共育效果。

二、小学生性健康教育的智慧型家校合作的建议

家校合作是现代学校制度建设的重要内容,充分利用信息技术构建家庭——学校有机联系的教育环境逐渐成为信息技术支持教育改革与学校组织发展的重要趋势。即时通信(如QQ、微信)工具是一种发展较快、普及率较高的信息化工具,已经有众多中小学利用即时通信工具开展家校合作实践。微信是一种互动性强、自身操作便捷、成本低廉的即时通信工具,不仅能够为参与者提供大量阅览的信息,而且方便参与者及时发布相关的信息。微信的传播方式包括但不限于文字、图片、声音、视频等,而且能够跨平台传递,形成多种方式并存、多点辐射式的大众交流网络。微信的这些特点有助于使用者进行多渠道、全方位的交流、学习与协作。微信作为一种信息沟通媒介正在逐步改变着人们的沟通方式。在教育领域中,微信在家校沟通中的使用频率逐渐提高。本研究基于"微信群"开展了智慧型家校合作的小学生性健康教育,效果良好。

本研究充分发挥了"互联网+"家校合作的优势:首先,以学生为中心,提高沟通的效率,突破空间与时间的限制,在一定程度上减少了家校联系的隔阂,使学生的两大学习环境——家庭和学校构成和谐的整体。我们依托实

第五章 "互联网+"小学生性健康教育的对策与建议

验学校召开了线下家长会,向教育班的家长详细说明家校合作的方式和内容,获得家长的支持。其次,家长会的沟通能够让家长对学生在学校学习性健康知识和技能的表现有更深入详细的了解。这有利于家长与孩子进行及时交流,建立起良好的亲子关系,并促进学生在家的性教育内容的学习,从而形成良性循环。最后,研究利用家长会或班级会,向家长下发了性健康教育家庭画册,并且同步在家长微信群中发放学生当天性健康教育的课程内容,让家长及时了解学校性健康教育的进展情况,也起到提示家长在家庭中开展性健康教育的作用。然而,由于本研究是基于"微信群"的家校合作,因而也存在一定的局限性,为了更好地克服这些局限性,我们采取了一定的措施,并且对小学生性健康教育的"互联网+"家校合作提出以下几点建议。

1. 小学生性健康教育的智慧型家校合作,线下或线上家长会沟通很重要

智慧型家校合作中,家校顺畅沟通是重要的第一步。性健康教育不同于其他类型的教育,在我国社会非常敏感,甚至在某些地区是禁忌的教育。但是,性健康教育对于儿童青少年的发展又非常重要,国内外的相关研究都发现,有效的性健康教育离不开家长的配合和支持。特别是对于小学生低年级学生的性健康教育更应如此,小学生低年级学生由于认知发展水平有限,自主学习习惯还没有完全建立,自主学习的能力较弱,亲子交流、亲子辅导在家庭教育中更加常见。

以往的研究发现,虽然我国大部分家长支持在小学开展性健康教育,但是仍然有不少家长对于性教育对儿童产生的负面影响有所担忧。因此,学校在正式开始教育之前,应召开面对面线下或者线上的家长会,与家长沟通很重要。本研究在一所学校召开了线下的家长会,在另一所学校召开了线上的家长会。家长会主要向家长介绍整个研究过程、家校合作的主要内容、家庭的责任边界,同时回答家长关于学生性健康教育的一些疑问,增强家校互信度。线上和线下的家校沟通不能省略,它是整个合作的开始,也是整个合作有效性的保证。除了最初的家长会沟通,在中间教育的过程中,家校也应时刻保持线上的沟通,特别是针对个别家长的疑问,学校更要给予专业科学的解答。家校即时的沟通交流是小学性健康教育有效性的重要保障。

2. 突出学生发展的主体地位，跨时空家校及时沟通有效

家校双方使用微信进行沟通意味着建立以"学生"为中心的利益共同体。家校合作的目的是让学生健康成长，而其中学生的学习活动是家校沟通的核心点。学生是教师教育的对象，也是家校沟通的最终指向。无论是线下的沟通，还是线上跨时空的合作，都要凸显学生的主体地位，特别是线上沟通，更需要突出促进学生发展的主体地位。智慧型家校合作的线上跨时空教育对于学生的成长非常重要。学校开展性健康教育获得家长的态度支持后，更为重要的是能够获得家长的行动支持。家长能够在家庭中依照学校教育的安排，同步开展家庭教育，由于每个家长开展教育的时间不同，每个孩子性发展的水平不同，家长开展的基于儿童本身的家庭性健康教育也是不同的。这就对研究团队网络跟踪服务提出了挑战，虽然目前，研究组和教师可以每周2~3次和家长线上沟通教育的内容，解答家长的困惑，但是毕竟这些信息都是散乱的，没有进一步整合。

随着互联网技术和信息化技术的发展，如果能够实时在网络平台整合家长教育的进度，则更有利于家庭教育效果。例如，在家长观看视频课程的时间，家庭教育效果的形成性评价等信息能够及时在平台更新，学校就能更好地掌握和有针对性地指导小学生家庭性健康教育，促进学校主导的家校合作的有效性。当前"互联网+"的教育形式，虽然能够获得部分家庭的数据，但是还不能够获取全面的监测、评估和反馈的信息，因为目前的微信平台不能支持这样的实时监测。相信未来随着技术的发展，能够建立起家校合作的监测平台，特别是对于性健康教育，由于其本身的敏感性，更需要家校密切的合作，在保证教育效果的同时，平台也要保证教育过程监测的私密性。因此，随着家校合作交互平台的完善，智慧型家校合作也可能会迎来新的模式。

3. 尊重家长，主动合作，教师要在微信沟通中倾听家长的诉求

研究发现，教师如果在家校微信沟通中能正视家长与自己的认知差异，多倾听家长的诉求，多站在家长的角度进行沟通，提高对家长的共情水平，那么家校合作的效果就会上一个台阶。教师通常被称为教育专家，在家校合作的过程中处于主动领导的地位，但是好的家校合作是一种伙伴关系，要求教师和家长都能肯定对方对儿童的发展做出的贡献。我国已有的研究发现，近90%的家长认为教师在家校微信沟通中处于"意见领袖"的地位，教师主

第五章
"互联网+"小学生性健康教育的对策与建议

要是话题的引导者；近10%的家长认为教师在家校微信沟通中夹杂命令、指示的语气；约有10%的家长认为教师在家校微信沟通中夹杂个人情绪。

因此，本研究在开展小学生性健康教育时，就非常注意请授课教师和研究者倾听家长的诉求。由于每个儿童性的发展并不同步，家长的需求也不一样。本研究在沟通方式上提高了一对一沟通方式的使用频次，满足家长对于一对一沟通方式的诉求。考虑到孩子的身心发展，因材施教，一对一的沟通形式使得家长本身也更加重视家庭教育。家校合作中的一对一线上沟通让家长感知到教师对孩子教育的重视程度，家校双方获得了协同的心理机制。不过相关研究也提醒，不能一味地增加家校合作中教师的积极行动性，这可能间接地增加教师的工作负担，从而削弱家校合作的有效性，更多的合作内容会流于形式。教育实验干预也仅限于4～6个星期，从某种程度上其实考虑了教师过度投入对于家校合作效果的影响。

性健康教育具有一定的特殊性。教育话题敏感，家长缺少系统的知识，因此在家庭教育中需要研究者与教师的指导。为了更好地帮助家长开展家庭教育，在家校微信沟通中，不仅有教师团队的参与，研究团队也会不时发送一些指导家庭性健康教育的小短文，介绍儿童性健康教育的科学内容，以及一些有效的小学生性健康教育方法和技巧。另外，为了提高沟通的效率，家校双方使用微信沟通时，不仅教师有沟通，研究团队也可以选择特定时间段（如每晚7：30—8：30）集中与家长进行沟通。家校沟通时，教师和研究人员更多站在家长的角度全方位地选择沟通信息的发送内容，并从家长关心的角度回答家长有关儿童性教育的问题。

总之，智慧型家校合作在家校沟通观念上，学校要给予家长平等的沟通地位。居于主导地位的教师尽量以倾听为主，否则家长很难进入教师的话语系统。长此以往，平等的交流往往让位于单向的输出，必将不利于家校微信沟通的效果。当然，作为学校系统外的研究人员也起到了压力缓冲带的作用，特别是对于性健康这种敏感的教育，在教师和家长对儿童性教育都知之不多的学校，校外专家团队或研究团队能够促进家校合作的效果，并减轻学校教师的心理压力和家长的教育困惑等。

4. 线上教育同步，但也要为家长提供线下使用的教育材料

家校共育的机制中，家庭和学校的教育思想、教育内容的一致性非常重

要。正如交叠影响域理论所阐述的家校合作,当学校主导时,家校合作的教育内容越一致,效果越好。虽然线上教育内容能够同步,家长可以及时了解教师在班级开展的性健康教育课程,但是我们的研究还是为家长提供了线下使用的教育材料,以提高家长开展教育的积极性和科学性。教师与家长的微信群交流虽然及时、跨时空,但知识点往往是散乱而片面的,不系统也不全面。研究中为家长提供的线下儿童性教育画册正好弥补了线上交流的不足,促进了家校合作的紧密性和一致性。

小学生性健康教育的一个难点就是预防儿童性侵犯教育,在前期的家长调研中,我们发现家长十分关注预防儿童性侵犯教育,非常希望自己的孩子能够接受这方面的教育。但另一方面,在家长的访谈中也发现,家长认为这个教育非常尴尬、难为情,不知道如何与年龄较小的孩子开口谈论预防性侵犯的话题。家长希望能够为他们提供一些亲子阅读的材料,这些材料科学而有趣,适合小学生和家长在家学习。因此,研究团队基于以往的研究经验,开发了适合小学生亲子教育的《保护自己》家庭画册。线下家庭使用的儿童画册,一方面向家长传授一些预防儿童性侵犯的知识;另一方面家长也可以把画册作为教育载体,和孩子一起阅读,由于是简笔画册,有些家长在和孩子一起阅读时,让孩子一边作画一边学习,效果良好。

虽然小学生性健康教育以学校为主导,学校课程在整个家校合作中占主要部分,但是家长从内心深处意识到自己对于子女健康教育负有重大责任,只是苦于自己没有科学的知识和技能,不知道从何下手。为家长提供亲子画册,给予家长一个家庭教育的助手,随后通过线上的家校合作沟通,指导家长使用画册,促进家校协同教育的一致性,从而保证家校合作的效果。

三、基于"互联网+"家校合作小学生性健康教育的局限性

虽然"互联网+"线上教育、课堂教学当中都有多样化的参与方式,能够从技术上支持小学生性健康教育的家校合作。但实践教育过程中关于家校合作的方式仍显固化,关于互联网技术与教学融合、互联网技术与家庭教育的融合,构建泛在学习环境建设等的研究成果没有在本次教育实验过程中发挥重要作用。本次教育实验过程中,教师的教学过程虽然播放给家长,但是实际上对家长的透明度仍不足,几乎没有家长参与到教师在学校的教学活动

中,整个学校教育课程过程家长虽然有疑问,但是几乎没有家长在儿童性健康教育教学活动中参与设计,仅是活跃在信息共享的层面。

除此之外,实验还需要进一步充分依据小学生身心发展特点,设计线上线下的教育活动。小学生无论从认知年龄,还是从其身心发展的程度上,仅通过信息媒体参加线上的教学,这一方式不符合多数学生的学习习惯。小学生特别是低年级的学生正处于认知及心理快速发展变化的阶段,他们的认知能力、自律、自控和自我调节能力发展不足或不稳定,仅依靠线上的学习,或者线上的家校合作,不能完成学习任务。学生在线学习的参与、互动,获得教师的关注度都会降低。因此,小学生需要线上线下的复合教育模式。

虽然本实验以学校的线下课程教育为主导,家庭教育为辅助,家校线上沟通为链接,但是还未充分考虑"学生"的中心位置。本次实验评价中,学生仅有问卷,缺乏对于学生的访谈及其他认知学习过程的监测。虽然互联网提供了方便快捷的沟通方式,但是不能仅依靠通过在线的家校合作获得良好的效果,而需要结合线下的课程设计和家庭亲子教育。特别是要激发教师和家长对于儿童性健康教育的积极性,并为他们提供学校课程和家庭教育的线下辅助资料,增强他们开展儿童性教育的信心。研究中使用的线下课程和家庭画册,虽然考虑了低年级的认知特点,采取以图画和故事为主的教育内容,但是对于高年级的身体变化、心理变化的介绍有限,都需要在未来研究中进一步补充。

总之,在"互联网+"背景下,家校合作开展小学生性健康教育要合理利用网络,不过分依赖数字媒体的学习。线上的教育时间不能太长,一般教育时间为15~20分钟,否则可能会对学生身心发展造成不良的影响,如影响学生视力的发育、注意力的广度和深度。对于小学生来说,户外的线下活动才能促进其身心健康,而且由于小学生具体形象思维的特点,他们常常愿意在游戏中学习,游戏活动能够促进其感官发展。教学实验的课程需要更多关注学生的感官互动,调动学生的视觉、听觉,甚至触觉和味觉参与学习活动,而这些线下的学习活动是不能被线上教育活动所代替的。

本教育实验中的线上家校合作仅是学校和家庭线下教育的补充,否则小学生由于自制能力不足,容易出现使用线上教育活动的频率高、时间长、依赖度高等问题。特别是对于低年级学生,可能出现学习方式的不适应,造成注意力集中时间短、难以发生深度学习等问题。未来基于网络的家校合作也不能缺少教师与家长面对面谈话的家校沟通,基于网络的教育和沟通是良好面对面沟通的延续。"互联网+"背景下家校合作开展小学生性健康教育,如果条件允许可以开发适应家长家庭教育的线上微课程,运用线上微课程和纸质版教育材料相结合的方式帮助家长开展小学生家庭的性健康教育。

附　录

1. 家长开展小学生性健康教育需求评价问卷（节选）

第一部分　基本信息

一、孩子的基本信息

1. 您孩子的年级：

① 一年级　② 二年级　③ 三年级　④ 四年级　⑤ 五年级　⑥ 六年级

2. 您孩子的性别：① 女　　② 男

3. 您孩子的出生日期是 _____年_____月_____日

您孩子的年龄是：_____周岁

4. 您孩子是否为独生子女：① 是　　② 否

二、家长的基本信息

5. 您的性别：① 女　　② 男

6. 您是孩子的：① 父亲　　② 母亲　　③ 其他人（请写出与孩子的关系）

_____

7. 孩子父亲的年龄是：_____周岁

8. 孩子母亲的年龄是：_____周岁

9. 孩子父亲的文化程度：① 初中及其以下　　② 高中（中专、高职、技校）

③ 大专　　④ 本科　　⑤ 研究生及其以上

10. 孩子母亲的文化程度：① 初中及其以下　　② 高中（中专、高职、技校）

③ 大专　　④ 本科　　⑤ 研究生及其以上

第二部分 主要内容

请回答下面的问题，无所谓对错，只是想知道您的一些想法或看法，请在合适的选项上画"√"。

1. 您认为儿童性教育工作重要吗？
① 非常重要　　② 重要　　③ 一般　　④ 不重要
⑤ 非常不重要

2. 您认为儿童性教育应从哪个年龄阶段开始？
① 幼儿园之前（3岁以前）　　② 幼儿园（3~6岁）
③ 小学（6~12岁）　　④ 初中（12~15岁）
⑤ 高中（15~18岁）

3. 您赞成对学生开展性教育工作吗？
① 非常赞成　　② 赞成　　③ 一般　　④ 不赞成
⑤ 非常不赞成

4. 您赞成在学校由教师开展儿童性教育工作吗？
① 非常赞成　　② 赞成　　③ 一般　　④ 不赞成
⑤ 非常不赞成

5. 您赞成学校和家庭一起开展儿童性教育工作吗？
① 非常赞成　　② 赞成　　③ 一般　　④ 不赞成
⑤ 非常不赞成

6. 您知道人体生殖器官科学准确的术语吗（如阴茎、卵巢等）？
① 全部都知道　　② 知道大部分　　③ 知道较少　　④ 知道很少
⑤ 完全不知道

7. 您知道生殖器官日常保健方法吗（如定期清洗外生殖器官等）？
① 全部都知道　　② 知道大部分　　③ 知道较少　　④ 知道很少
⑤ 完全不知道

8. 您知道儿童不同年龄阶段性发展的特点吗？
① 全部都知道　　② 知道大部分　　③ 知道较少　　④ 知道很少
⑤ 完全不知道

9. 您知道儿童不同年龄阶段可能遇到的"性"相关问题吗？

① 全部都知道　　② 知道大部分　　③ 知道较少　　④ 知道很少

⑤ 完全不知道

10. 您知道预防儿童性侵犯的知识和技能吗？

① 全部都知道　　② 知道大部分　　③ 知道较少　　④ 知道很少

⑤ 完全不知道

2. 教师开展小学生性健康教育需求评价问卷（节选）

第一部分　　基本信息

1. 您的性别：□ 1. 男　　□ 2. 女

2. 您的年龄：_____周岁

3. 您工作的学段：

□ 1. 幼儿园　　□ 2. 小学　　□ 3. 初中　　□ 4. 高中　　□ 5. 职业高中

4. 您的教龄：

□ 1. 2 年及以下　　　　□ 2. 3～5 年　　　　□ 3. 6～10 年

□ 4. 11～20 年　　　　□ 5. 21 年及以上

5. 您现在的学历：

□ 1. 高中及以下　　　　□ 2. 大专　　　　　□ 3. 本科

□ 4. 硕士研究生　　　　□ 5. 博士研究生

6. 您的职务：

□ 1. 普通教师　　　　　□ 2. 班主任　　　　□ 3. 教研组长

□ 4. 学校中层领导　　　□ 5. 其他_____

7. 您的职称：

□ 1. 三级及以下　　　　□ 2. 二级　　　　　□ 3. 一级

□ 4. 高级

第二部分　　主要内容

1. 您认为如果在学校开展儿童性教育工作，家长支持吗？

① 支持　　② 不支持　　③ 不清楚

2. 您的学校已经开展部分或全部儿童性教育工作了吗？

①是　　　②否　　　　如果选择"是"，请简要介绍：_____

3. 学校能使用"生殖器官"（如阴茎、外阴等）的科学准确术语开展性教育吗？

①完全能　　②能　　③一般　　④不能　　⑤完全不能

4. 您认为学校是否有信心开展性教育课程／工作？

①非常自信　②自信　　③一般　　④不自信　⑤非常不自信

5. 您认为学校开展学生性教育工作，是否有相应的师资力量？

①有　　　②没有　　③不清楚

6. 如果学校开展学生性教育课程，您认为哪些课程合适（可多选）？

①班会课　　②心理健康课　　③道德与法治课　　④德育课

⑤其他_____

7. 您的学校是否为本校学生购买过儿童性教育内容的材料（宣传手册／视频／讲座）？

①是　　②否　　③不清楚

8. 您是否接受过针对儿童性教育的培训？

①是　　②否　　如果选择"是"，请简要介绍：_____

9. 您是否参加过不是针对儿童性教育的，但有性教育内容的培训？

①是　　②否　　如果选择"是"，请简要介绍：_____

10. 您是否愿意接受有关儿童性教育的培训？

①非常愿意　②愿意　　③一般　　④不愿意　⑤非常不愿意

11. 您是否愿意参与学校开展的儿童性教育网络／微信课程培训？

①非常愿意　②愿意　　③一般　　④不愿意　⑤非常不愿意

12. 您希望儿童性教育的培训方式有哪些（可多选）？

①系列专家讲座　　②系统知识和教法的培训　　③课例交流

④示范课引领　　　⑤集体听、评课　　　　　　⑥网络慕课培训

⑦实践教案分享　　⑧优秀教师交流课

⑨基于"互联网+"一对一教师问答　　　　　⑩其他_____

3. 小学生性健康教育评价问卷（节选）

第一部分：一般情况

1. 你所在年级、班级：_____年_____班
2. 你的年龄：_____周岁
3. 你的性别：① 男　　② 女

第二部分　请对以下问题进行判断，在你认为对或合适的选项上画"√"

题目	回答		
1. 你知道身体的隐私部位在哪吗？（如果不知道，请举手示意）	①知道		②不知道
2. 当儿童不想被别人摸自己的身体时，可以拒绝吗？	①可以	②不可以	③不知道
3. 如果一个大人摸了儿童的隐私部位，并且告诉这个儿童要保守秘密，儿童还应该告诉其他人这件事情吗？	①应该	②不应该	③不知道
4. 如果有大人私下里给你看一些露着隐私部位的人体图片，你可以拒绝吗？	①可以	②不可以	③不知道
5. 如果父母帮3岁儿童清洗隐私部位，父母可以接触儿童的隐私部位吗？	①可以	②不可以	③不知道
6. 如果你的隐私部位受伤了，父母可以看看你受伤的隐私部位吗？	①可以	②不可以	③不知道
7. 如果有网友在网络上给你看一些露着隐私部位的人体图片，你应该拒绝吗？	①可以	②不可以	③不知道
8. 上厕所时，可以看其他同学的隐私部位吗？	①可以	②不可以	③不知道
9. 你在课下游戏时，是否注意保护自己的隐私部位？	①是	②否	③不知道

第三部　假如情景分析

1. 假如你在公园玩，一个陌生的叔叔给你钱或玩具，请你摸他的隐私部位。请回答：

A. 你会怎么做？

① 不要叔叔的钱（或玩具）　② 按这个陌生叔叔的要求去做

③ 拒绝，说"不"　　　　　　④ 拒绝，说"不"，迅速离开

⑤ 不知道

B. 你会告诉别人这件事情吗？

① 谁也不告诉　　　　　　② 会告诉，若告诉请写出告诉谁：＿＿＿＿＿

2. 假如你在邻居叔叔家玩，邻居叔叔请你脱光衣服拍照，并说拍完照送你喜欢的玩具。请回答：

A. 你会怎么做？

① 不要叔叔的玩具　　② 按这个邻居叔叔的要求去做

③ 拒绝，不脱衣服　　④ 拒绝，迅速离开　　⑤ 不知道

B. 你会告诉别人这件事情吗？

① 谁也不告诉　　　② 会告诉，若告诉请写出告诉谁：＿＿＿＿＿

第四部分　选择题

请在你认为合适的选项上画"√"，每题只选一项。

题目	选项		
1. 健康教育课很有趣	①是	②否	③不确定
2. 健康教育课有时会让我感到"不好意思"	①是	②否	③不确定
3. 我喜欢健康教育课	①是	②否	③不确定
4. 健康教育课教会我很多身体健康的知识	①是	②否	③不确定
5. 健康教育课教会我身体器官的科学名称	①是	②否	③不确定
6. 男孩和女孩主要是生殖器官不同	①是	②否	③不确定
7. 卵巢和输卵管是女性内生殖器官	①是	②否	③不确定
8. 睾丸和输精管是男性外生殖器官	①是	②否	③不确定
11. 我会每天用温水清洗生殖器官	①是	②否	③不确定
12. 健康课教会我更好地保护生殖器官	①是	②否	③不确定
13. 我学会大小便前后都要清洗双手	①是	②否	③不确定

续表

题目	选项		
14.男孩和女孩虽然有不同，但平等	①是	②否	③不确定
15.我知道"上厕所时，试图接触同学的生殖器官"不对	①是	②否	③不确定
16.健康课让我更爱自己的身体	①是	②否	③不确定

4. 教师访谈纲要（节选）

访谈时间：

访谈对象：

主谈人：

参与人：

访谈内容：

XX教师您好，感谢您参加我们的访谈。我们今天特地邀请您是想了解本校开展的儿童性健康教育家校合作实际情况。我们会严格遵循保密原则，您的所有回答都不会作为工作考评的依据，也不会透露给研究以外的任何人，只需根据学校开展家校合作的实际情况回答即可。您的真实回答将为我们日后开展小学生性健康教育工作提供非常好的方向和帮助，再次感谢您的参与！

1.请您简单说一说学校开展的小学生性健康教育课程的情况。

2.您认为目前学校性教育课程的效果如何？请具体举例谈谈。

3.您是否支持在小学开展性健康教育？
①是　②否，并具体谈谈原因。

4. 您是否支持学生家长和学校教师一起开展性健康教育？①是　②否
如果您支持，请简单谈谈本次家校合作开展性教育的优势与遇到的困难。

_____

_____

5. 依据您的研究经验，您认为将"互联网+"技术手段运用到家校合作开展性健康教育的优势及遇到的问题有哪些。

_____

_____

5. 家长访谈纲要（节选）

学校及班级_____

访谈内容：

家长您好，感谢您参加我们的访谈。我们今天特地邀请您是想了解本校开展的儿童性健康教育家校合作效果实际情况。我们会严格遵循保密原则，您的所有回答都不会影响孩子在学校的学习和生活情况，也不会透露给研究以外的任何人，只需根据家庭开展家校合作的实际情况回答即可。您的真实回答将为我们日后开展小学生性健康教育工作提供非常好的方向和帮助，再次感谢您的参与！

1. 请您简单说一说在家开展儿童性健康亲子阅读的情况。

2. 您认为目前家校同步合作开展儿童性健康教育的效果如何？请具体举例谈谈。

3. 您是否支持在小学开展家校合作性健康教育？
①是；　　②否，并具体谈谈原因

_____

_____

4. 请您简单谈谈在家开展儿童性健康教育遇到的困难。
_____
_____

5. 您认为将"互联网+"技术手段运用到家校合作开展性健康教育的优势及遇到的问题有哪些。
_____
_____

6. 您对本次家庭教育使用的亲子画册有什么具体的建议。
_____

您与孩子的亲属关系：_____

访谈日期：_____年_____月_____日
访谈者签名：_____

6. 小学生性健康教育系列课程（节选）

活动名称：认识身体（一年级）

一、活动目标

1. 认识身体各部分的名称
2. 知道男女生生殖器官的名称

二、活动准备

1. 教师用 PPT，奖励小贴画
2. 男女生身体简图，生殖器官示意图

三、活动导入

①教师与学生一起玩"头、肩、膝盖和脚趾"的游戏。通过热身游戏，教师告诉学生今天我们来认识自己的身体，出示 PPT。（2分钟）

②呈现人工智能或机器人身体示意图，请 2～3 名同学上前指出机器人身体的各个部分。（3 分钟）

四、活动过程

1. 比较机器人和人身体的异同（10 分钟）

教师出示 PPT 分别展示机器人和人类身体图片，请同学们小组或同桌讨论机器人和人类的相同点和不同点，教师在黑板板书。通过活动比较，人体是由器官组成，如机器人没有内脏，机器人没有男女之分，机器人不会长大等？教师可以根据学生的回答，引出人的身体由器官组成（看不见的器官和看得见的器官）。有外在器官，也有内在器官（出示解剖图）。通过内外器官的比较，让学生知道人体由器官组成。

2. 认识我们的身体（10 分钟）

导入活动：你感觉舒服吗？（3～5 分钟）

教师请 3～4 名学生谈谈他们进行身体命名游戏时的感受，共同身体部分，如"胳膊、大腿、鼻子"等，大家是否感觉到不舒服？在命名男孩和女孩的生殖器官时，大家是否感觉到不舒服？学生一般会回答命名生殖器官时不舒服，教师引导，请感到不舒服的同学笑一笑。很多同学都会感觉到不舒服，这种情绪是正常的。其实生殖器官是人体的一部分，如人体的眼、耳、口、鼻一样正常，它们都有各自不同的功能而已。学习正确的名称后，在健康课中使用正确名称交流。

3. 认识男孩和女孩身体不同（10 分钟）

教师出示 PPT 或男女身体简图，告诉学生男孩和女孩的主要区别是生殖器官不同。男孩内外生殖器官名称，女孩内外生殖器官名称（此处可让学生观看视频短片）。短片先介绍外生殖器官不同，再介绍内生殖器官的差异。（5 分钟）教师为每位学生准备男孩和女孩身体的简图（A4 纸），学生可以相互命名。（5 分钟）

① 相同身体部分；

② 男孩生殖器官；

③ 女孩生殖器官。

生殖器官很重要，我们一定要保护好。

下发附有男女身体的 A4 纸，请学生用彩笔为小男孩和小女孩穿上衣服，将他们的身体器官保护起来。

五、活动结语（教学小结，活动回顾，复习本节课知识点）

游戏小结：和学生进行"提问回答"的游戏，教师提问"请指出心脏的位置"，请学生集体或个体回答；教师提问"请说出女孩的外生殖器名称"，学生集体或个体回答，教师提问"请说出男孩的外生殖器名称""女孩的内生殖器名称""男孩的内生殖器名称"。通过游戏，复习本节课学习的身体器官名称。

今天我们认识了生殖器官名称，知道了男女生殖器官的不同，生殖器官很重要，我们要注意日常生殖器官的卫生与健康保护。（5分钟）

家校合作环节：请学生回家考考家长是否能够说出身体器官的名称，特别是生殖器官的名称。如果家长不能说出，请学生回家后，教给自己的爸爸妈妈这些珍贵的知识。

六、活动辅助材料

本辅助材料是教师课前自我阅读材料，可帮助教师增长有关学生性生理发展的知识，增强教师上课的知识储备和能力。主要包括男女孩身体发育的知识、男孩和女孩内外生殖器官的名称和功能。理解学生尴尬的情绪，上课可能遇到问题的解答参考（教师资料袋）。

活动名称：男孩、女孩（三年级）

一、活动目标

1. 了解和尊重男孩女孩的性别差异
2. 男女性别不同，但平等，都可以拥有美好品质

二、活动准备

教师用PPT、A4纸、彩笔、词语卡片、背景音乐

三、活动导入

头脑风暴：为学生准备 A4 纸，请学生回想从小到大家长给自己买的玩

具，用彩笔快速写在 A4 纸上（5 分钟）。

四、活动过程

1. 风暴分享（12 分钟）

教师分别请 2～3 名男生和女生读一下他们 A4 纸中的玩具，请学生回答，男女生玩具有什么不同？

再次头脑风暴，在 3 分钟内，请学生写下他们认识的男生或女生的名字，只写名字，不写姓氏。请男女生分享他们的风暴内容，学生回答男女姓名的不同。

2. 趣味阅读（10 分钟）

同学们，我们前面学习了关于男孩女孩青春期发育的身体特征的差异，相信同学们都记忆犹新，但是，你们知道吗，男孩女孩的大脑也有区别呢。

进化心理学和认知神经科学的研究发现，我们的大脑也有性别，有男性脑，有女性脑。可以证实，大部分男孩具备男性脑，大部分女孩具备女性脑。有研究也已经证实，男孩和女孩的脑从出生、婴儿开始就有区别，到了儿童期，就表现为男孩对汽车、积木、球更感兴趣，而女孩则喜欢上了洋娃娃。到了青春期，男女的差异越来越明显，不仅表现在性激素上，最新的研究告诉我们，男性的脑比女性的脑大 8%，而连接左右脑之间的部分则是女性比男性要大，脑结构的不同会导致男性女性在能力上有所差异，男性的空间知觉会更好，而女性的言语能力更强。但是，不论大脑结构存在怎样的性别差异，男孩和女孩都可以学习得很好。男孩和女孩谁也不会比谁更聪明，你们在学习上、生活上也会表现出各自不同的优势和劣势。

3. 填写和分享欣赏卡（10 分钟）

教师请学生小组讨论，将欣赏的男孩女孩的特点写在准备好的欣赏卡上。以小组为单位讨论后，请学生说说哪些特点是男孩和女孩共有，哪些特点是男孩有，哪些是女孩有。

女生：我所欣赏的男生类型_____

我不欣赏的男生类型_____

男生：我所欣赏的女生类型_____

我不欣赏的女生类型_____

学生以小组为单位，将欣赏卡的内容总结概括并与同学分享。

五、活动结语

分享小结：男女生各有特点，都有一些美好的品质，在工作中能够根据各自的不同特点形成互助和优势互补。男女有差异，但平等。（3分钟）

家校合作环节：请学生回家观察爸爸妈妈的不同特点，与爸爸妈妈讨论男女优势互补。也可以与爸爸妈妈一起讨论男女不同是否会带来职业选择的不同。

六、活动辅助材料

本辅助材料是教师课前自我阅读材料，可帮助教师增长有关儿童心理健康的知识，特别是男孩女孩青春期脑发育特点。了解学生在男女交往时可能会出现的尴尬情景，鼓励男女之间合作、交流，尊重性别差异。

活动名称：青春期——我是女生（五年级女生篇）

一、活动目标

1. 了解什么是月经
2. 掌握月经期的保健方法

二、活动准备

教师使用PPT、水彩笔、图片

三、活动导入

歌曲导入：《我是女生》。（5分钟）今天在这里我想和大家一起来聊聊有关我们女生的话题，我们女生之间的悄悄话、小秘密。你们愿意和我一起分享吗？我们班很多女同学已经进入美丽的青春期，那么就要迎接自己青春期好朋友——月经。

四、活动过程

现在我们来帮助一下画面上这个小姑娘。（换幻灯片）这个小姑娘

11～12岁，天真活泼可爱，有一天她发现自己的内裤上有血，她心里害怕极了，她想，我怎么出血了，我是不是生病了？发生了什么事情？她感到非常恐慌，不知所措。孩子们，你们来告诉她，红色的血是什么？请学生回答。（5分钟）

1. 什么是月经？

小组讨论，教师配合月经形成系列图片进行总结。（8分钟）

月经是指女性的子宫内膜在内分泌的影响下周期性地剥脱出血并从阴道排出，每月一次，叫作月经。第一次出现月经叫作月经初潮，月经初潮是女孩子青春期发育的重要标志。月经初潮的年龄一般在10～16岁，以12～14岁居多，但个体差异很大，受遗传、营养、情绪、环境、气候等因素的影响。月经期一般3～5天，两次月经第一天间隔的时间称为月经周期，一般为28～35天。月经初潮时，卵巢功能尚不稳定，我们身体的性器官发育还不完善，因此初潮后月经周期并不规律，会出现来了一次后要相隔几个月才来，或者是一个月来两次的情况，这些都是正常的，大约在1年内才逐渐形成规律，每月一次。女孩子月经初潮会觉得恐惧害羞，其实这是我们长大身体发育的正常变化，月经初潮是女孩子一生中最值得骄傲的事情。月经一旦来临将伴随我们大半生，要到50岁左右才不会再来，因此，我们也把月经叫作好朋友。

2. 月经期卫生保健（12分钟）

经期由于子宫内膜脱落、血管破裂未愈，形成一个创面，加上子宫口微张，容易感染细菌，人体抵抗力下降，所以要特别注意经期个人卫生。（请小组同学讨论：说说月经期的个人卫生）

教师根据讨论结果，总结要点：

① 注意选择质量信得过、安全卫生的卫生巾。比较有名的牌子质量有保障，不要使用廉价、不知名的牌子。有新闻报道，有些不法商贩用"黑心棉"制作成卫生巾，很不卫生，甚至会危害身体健康。

② 勤洗热水澡。不要洗冷水澡，要洗热水澡，保护身体清洁、干净。洗澡采取沐浴，不要去游泳。平时每天睡觉前要清洗外阴，清洗的时候要按由前到后的顺序，先清洗外阴，再清洗后面的肛门部分。注意不共用别人的衣服、毛巾，自己的用具勤洗勤晒。

③ 注意保暖。月经期间抵抗力下降，要注意保暖。避免涉水、淋雨、游泳、下水田或冷水洗头、洗脚，也不要坐在凉席、凉地上，夏天避免吃过多冷饮。

④ 增强营养。多吃些鸡汤、猪肝、鸡蛋、水果、蔬菜、红枣等，补充体内各种维生素和蛋白质等，增强体质，提高抵抗力。不吃辛辣生冷等刺激性食物，多吃纤维食物，如地瓜、莴笋、香蕉等，保持大便畅通。

⑤ 缓解痛经。痛经是指月经期时产生的腹痛现象，也是大部分女孩都会碰到的，不严重者无须治疗，可以用热毛巾热敷腹部，喝点红糖水，洗个热水澡，不吃生冷辛辣的刺激性食物。当然，如果痛经出现冷汗、恶心、呕吐、腹泻等症状，应去医院就诊。就诊时，我们首先应该告诉医生，是因为月经来了肚子疼，这样医生才好对症下药。

⑥ 做好月经周期的记录。随着月经周期的逐渐规律，学会记录每次月经来临的日期，掌握自己每次月经周期的间隔和行经天数，从而大致估计下次月经来临的日期，提前做好准备。例如，事前准备一个卫生巾放在书包里，避免月经出其不意来潮而引起的尴尬和麻烦。

3. 乳房的保护（10分钟）

青春期发育初期，乳房开始发育，乳房的发育早于其他第二性征，也早于月经初潮。乳房的发育因人而异，发育速度、发育大小、发育早晚都不同。

青春期的女孩子往往会因为身体的变化、胸部的发育引起害羞的心理，在外衣里面穿紧身的衣服，走路弓着背。这些都是错误的，我们应该穿一件合适贴身的小背心，挺直我们的腰，自信地走路。

小组学生讨论：如何保护乳房？

教师总结，要点如下：

① 加强营养。

② 积极参加体育锻炼，特别是胸部肌肉的锻炼，以促进乳房的发育。

③ 不穿塑身衣和紧身衣。

④ 选择适当的文胸。

适时穿戴合适的文胸对保护和支托乳房十分重要。至于什么时候开始戴文胸，要根据自己的情况而定。一般而言，穿戴文胸的最好时机应是自己感觉需要时，如在运动过程中乳房使你不太舒服时，你就可以穿戴文胸；当你感到自己的胸部成为别人关注焦点时，你最好开始戴文胸；或当班上大部分女孩都已穿戴文胸，而你不想被人看成异类时，你也可以选择文胸。少女在15岁左右乳房发育基本定型，此时应及时穿戴文胸。

如何选购合适的文胸：由于每个人的体形、乳房大小各不相同，因此，必须学会选购尺码合适的文胸，使人感到舒适，而无压迫紧束感。

① 文胸的选择应参照3个尺寸：一是乳房基底部位的胸围（乳下线），二是乳房顶端的胸围（乳上线），三是两个乳头之间的最短距离（乳头间距）。如果文胸能同时符合你身体的3个尺寸，就非常合身了。由于乳房和胸部还在继续发育，应及时更换文胸，千万不要片面追求体形美，而勉强戴不合适的文胸。（参照图片）

② 文胸质地最好选用棉布的，那些加垫的海绵文胸不适合发育中的少女。

③ 文胸要勤洗勤换，保持清洁。晚上睡觉时，应把文胸取下。

◆ 月经期与乳房的保护

青春期少女由于内分泌的原因，在月经周期的前后可能有乳房胀痛、乳头痛痒的现象，这时千万不要随意挤弄乳房、抠剔乳头，以免造成破口，发生感染。要经常清洗乳房，特别是乳晕、乳头部位，以保持清洁卫生。

五、活动辅助材料

乳房发育的5个阶段。

第一阶段：童年时，乳房是扁平的，胸部平坦，只有乳头突起。

第二阶段：乳房萌芽。乳腺和脂肪组织形成一个纽扣大小的隆起，乳头开始变大，乳晕扩展形成乳晕肿。乳头和乳晕颜色加深。

第三阶段：乳房和乳晕开始发育。此时乳头及乳晕肿下乳腺管向外突出，乳房会比以前更圆。乳晕的范围更宽广、颜色更深。在这个时期，乳头周围出现胀疼的硬块，如果不小心碰一下，乳头部位就会疼痛。此时为乳晕期，乳房呈锥形。

第四阶段：乳头和乳晕从乳房上微微突出，胸部隆起已依稀可见，乳房逐渐呈半球状。

第五阶段：乳头、乳晕与乳房其他部位发育成完全成熟的乳房形状。乳房丰满，乳头上出现小孔，便于以后排乳汁。

活动名称：我能保护自己（二年级）

一、活动目标

1. 复习隐私部位保护规则
2. 情景练习使用保护 3 项技能
3. 明确知道如果性侵犯发生，"儿童没有错！"

二、活动准备

1. 教师用 PPT、水彩笔、A4 纸、奖励小贴画
2. 男女生隐私部位简图
3. 模拟情景图片若干

三、活动导入

1. 学生与教师一起大声朗读儿童身体安全口诀：小小身体，我做主；保护自己，最重要；隐私部位，不能看；若是有人，想违规；快快跑走，告爸妈。保护自己，我最棒！我是身体，小主人！（3 分钟）

2. 复习提问：身体隐私部位保护规则；违规后如何做？请学生回答。教师将保护规则做成大卡片贴在黑板上。（2 分钟）

四、活动过程

1. 情景图片复习保护"三"技能（10 分钟）

教师 PPT 展示男女生情景图片故事 5～8 个，潜在性侵犯情景和安全情景交替出现，请学生区分安全和不安全情景，并回答可能用到的保护技能。教师用小贴纸奖励回答正确的学生。

2. 绘制寻求帮助人的"五指山图"（8 分钟）

教师出示的 PPT 中，有人违背保护规则要看或摸小孩的隐私部位，小孩可以向谁求助，教师下发印有手指印的"五指山"，请同学用绘画的形式，画出遇到危险能够求助的人。（6 分钟）

邀请学生展现自己的求助"五指山图"，说说哪些人是自己信任的人，遇到危险可以寻求帮助。

3. 遭遇性侵犯,"儿童没有错!"(12分钟)

教师PPT呈现儿童遭遇不安全接触(性侵犯)的情景1~2个,故事中的"小主人"迫于压力没有保护好自己,遭遇不安全接触(性侵犯),请学生思考和讨论:

① 这种情景下要不要保密?
② 故事中的"小主人"有没有错?为什么?
③ 我们要帮助他/她吗?
④ 故事中的小孩应该怎么做?

学生小组讨论或同桌讨论,教师下发学生问题纸卡帮助学生选择。(5~6分钟)

教师请学生代表给出答案,并讲讲为什么。重点讨论"有没有错",教师最后总结。(5~6分钟)

五、活动结语

保护身体的隐私部位不被他人随便看和触摸是我们每一个人的权利。

我们也不应该随便向别人暴露自己的身体,不能随便看和触摸别人身体的隐私部位。

由于健康的原因,如在我们生病时医生给我们检查身体、身体不适时父母照顾我们、小年龄儿童需要父母的帮助清洗等。(3分钟)

家校合作环节:请学生回家给家长讲述遭遇不安全接触情景的故事,请家长判断"故事中小孩有没有错",如何帮助故事中的小孩。

六、活动辅助材料

本辅助材料是教师课前自我阅读材料,可帮助教师增长有关预防教育的知识,增强教师上课的知识储备和能力。主要包括什么是儿童性侵犯,儿童性侵犯的危害,如何识别潜在性侵犯者,如何处置发现的侵犯事件,如何求助(求助网址和电话)等。

7. 小学生自我保护家庭亲子画册（节选）

保护自己

儿童画册

亲子阅读指导

《保护自己》儿童画册的目的是通过亲子阅读，父母教会儿童简单保护自己身体的知识和技能。这本亲子阅读画册发挥作用的关键点是：儿童不断实践和大量练习。（已有的研究表明，重复教育有利于年龄小的孩子掌握知识和技能）

本画册的目的是通过亲子阅读，教授孩子：①辨认危险的情景；②在危险的情景下自我保护的技能；③孩子如果遇到性侵犯潜在危险或发生侵犯时，能够及时向父母或其他信任的成人报告。

您通过亲子阅读，教会孩子以下知识和技能。

1. 什么是"隐私"部位

知识点一：隐私部位具体位置和科学名称。

知识点二：爱护自己的隐私部位。

知识点三：喜欢自己的身体和隐私部位。

2. 安全身体接触类型

安全接触一：如果隐私部位受伤了，由父母陪同，医生可以检查隐私部位；一般选择同性别的医生和家长陪同，检查隐私部位时，一般要求同时有2名大人在场。

安全接触二：如果洗澡，爸爸或妈妈可以帮忙清洗隐私部位，一般是同性别的家长帮助洗澡；小孩尽早自己洗澡，自己清洗隐私部位，一般可以选择从4岁开始。

安全接触三：如果隐私部位受伤了，需要上药，由父母陪同，护士可以给隐私部位上药；一般选择同性别的护士和家长陪同，一般要求同时有2名大人在场。

3. 保护规则

保护规则一：小孩的隐私部位不能被人随便看或摸。

保护规则二：小孩也不能随便看或摸大人的隐私部位。

保护规则三：如果有大人摸或看了小孩的隐私部位，小孩没有错。

4. 保护技能

保护技能一：如果有大人让小孩看或摸大人的隐私部位，小孩要大声说

"不",快跑并告诉信任的大人。

保护技能二：如果小孩的隐私部位不需要清洁，有人要摸隐私部位，小孩要大声说"不"，快跑并告诉信任的大人。

保护技能三：如果小孩的隐私部位没有受伤，不需要检查，有人要看隐私部位，小孩要大声说"不"，快跑并告诉信任的大人。

如果可以，请您尽量不断重复一些基本规则：隐私部位不能随便被人看或摸。重复练习可以帮助孩子更持久、更准确地掌握知识。孩子一般很享受与父母一起阅读，听父母讲故事的时光。

请您记住：在整个亲子阅读过程中，要不断地鼓励孩子，如对孩子说："你真棒！""你回答得真好！""你今天回答太棒了！""你居然全部答对了，太了不起了！""爸爸妈妈为你感到骄傲！"不断鼓励会增加孩子学习的兴趣，提高您与孩子亲子阅读的效果。尊敬的父母们，适时赏识教育有利于孩子健康自信的成长。父母的陪伴和引导会帮助孩子更好地学习自我保护知识和技能。

如果孩子向您报告有人曾经接触其隐私部位时，家长应该怎么做，如何帮助孩子？

因为通常发生这种事情，儿童都以为是自己的错，有自责感。

（首先需要让孩子认识到：儿童没有错，是侵犯者的错，然后寻求专业机构帮助。）

希望您和孩子喜欢这本简单易行的儿童《保护自己》的画册！

第一部分　身体的"隐私"部位

宝贝／孩子，你知道自己身体各个部位的名称吗？请给我指出，你的眼睛，你的手，你的脚，真棒，你都指对了，但是你知道什么是身体的"隐私"部位吗？它像你的眼睛、手和脚一样是我们身体重要的部分。请看下图，隐私部位就是我们身体裤衩和背心遮盖的部位；男孩的隐私部位是裤衩遮盖的部位，女孩的隐私部位是裤衩和背心遮盖的部位。

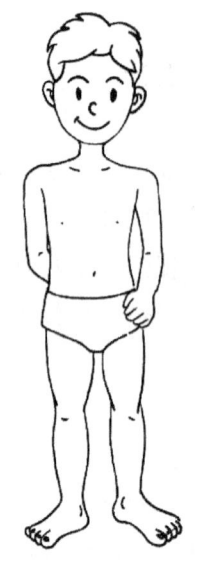
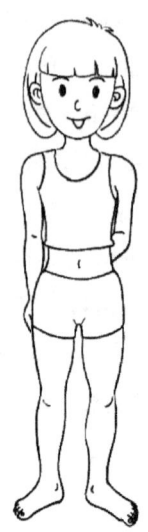

男孩隐私部位有前面和后面；女孩隐私部位也有前面和后面，请看图。男孩和女孩的隐私部位是不同的，男孩的隐私部位有一处（裤衩遮盖，如阴茎），女孩的隐私部位有2处（裤衩和背心遮盖，如胸部和阴道）。隐私部位与眼睛、手和脚一样是我们身体珍贵的部位；我们要喜欢自己身体的隐私部位，更要学会爱惜和保护自己的隐私部位。

第二部分 保护身体的"隐私"部位

保护规则一：小孩的隐私部位不能被大人随便看或摸。
保护规则二：小孩也不能随便看或摸大人的隐私部位。
但有些时候，看或摸小孩的隐私部位是可以和安全的。
安全接触一：如果隐私部位受伤了，由父母陪同，医生可以检查隐私部位；一般选择同性别的医生和家长陪同，检查隐私部位时，一般要求同时有2名大人在场。
安全接触二：如果隐私部位受伤了，需要上药，由父母陪同，护士可以给隐私部位上药；一般选择同性别的护士和家长陪同，一般要求同时有2名大人在场。

附 录

故事1：亮亮是一个男孩，一天在外边玩耍，隐私部位受伤了，爸爸和妈妈就带亮亮去医院，一位医生叔叔和爸爸在医务室帮亮亮做检查。（注意，亮亮是男孩，所以妈妈和医生阿姨不给亮亮做检查；做检查的时候，应该爸爸和医生叔叔2个大人陪同。）

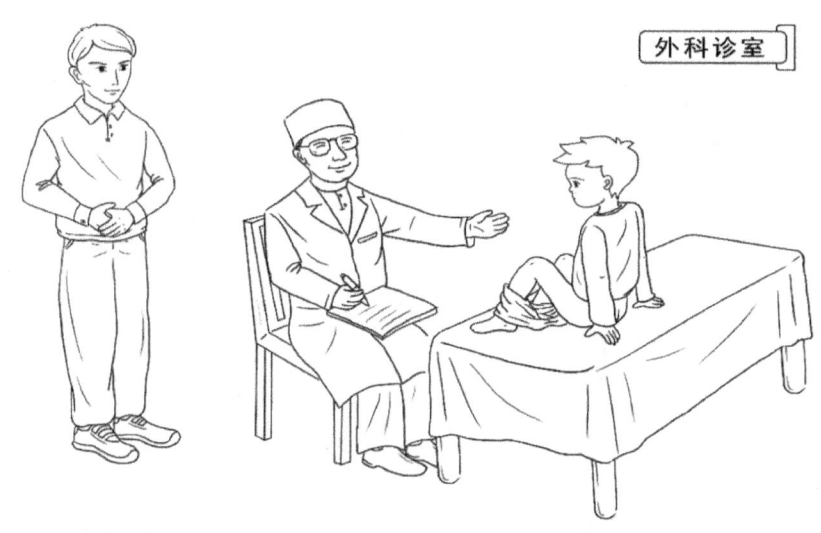

故事2：亮亮完成检查后，隐私部位需要上药，护士叔叔和爸爸一起在治疗室帮亮亮上药。

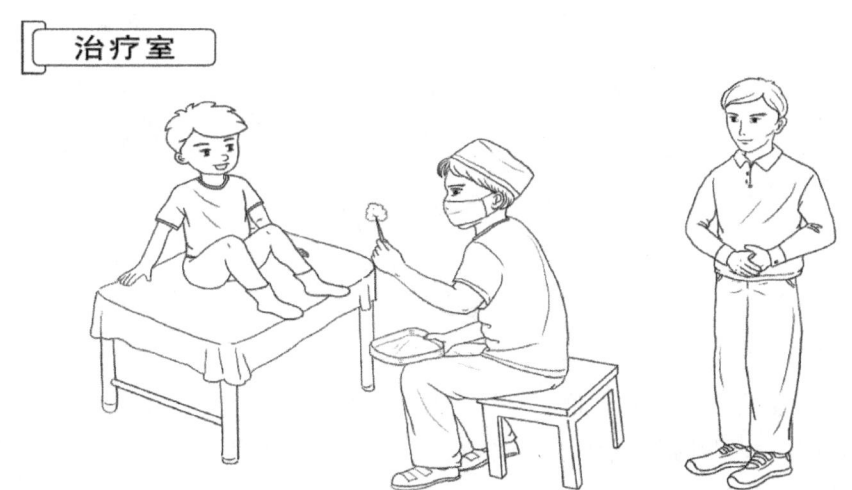

故事3：美美是一个女孩，一天她感觉隐私部位有些痒痒的，隐私部位生病了，爸爸和妈妈一起带美美去医院，一位医生阿姨和妈妈在医务室帮美美做检查。（注意，美美是女孩，所以爸爸和医生叔叔不给美美做检查；做检查的时候，应该妈妈和医生阿姨2个大人陪同。）

故事4：美美的隐私部位生病了，需要上药止痒，一位护士阿姨和妈妈在治疗室帮美美涂药。

安全接触三：如果洗澡，爸爸或妈妈可以帮忙清洗小年龄孩子的隐私部位。规则一是同性别的家长帮助洗澡；规则二是小孩尽早自己洗澡（4岁左右）和清洗隐私部位。

安全接触四：小孩上厕所或洗澡时，自己可以看或摸自己的隐私部位。

除了上述 4 类安全情景，如果有人要看或摸小孩的隐私部位，都不行！小孩也不能随便看或摸大人的隐私部位，隐私部位需要好好保护！

第三部分　保护情景练习

情景一

明明和好朋友鹏鹏在公园玩，这个时候，一个陌生的叔叔走过来，脱下裤子，让明明和鹏鹏看和摸他的隐私部位，明明和鹏鹏怎么办？

请孩子回答。

答案参考：

不能看或摸陌生人的隐私部位，这个时候明明和鹏鹏要大声说"不"，然后赶紧跑，告诉信任的大人，如爸爸妈妈、爷爷奶奶，寻求他们的帮助。

参考文献

[1] 霭理士.性心理学[M].潘光旦,译.浙江:浙江文艺出版社,2018.

[2] 贝克.儿童发展[M].吴颖,等译.南京:江苏教育出版社,2002.

[3] 陈鹤琴.家庭教育与父母教育[M].上海:上海人民出版社,2016.

[4] 陈向明.质的研究方法与社会科学研究[M].北京:教育科学出版社,2001.

[5] 董艳,王飞.家校合作的微信支持模式及家长认同度研究[J].中国电化教育,2017(2):122-127.

[6] 刁缘圆.小学性教育实施的现状、问题与对策研究[D].南充:西华师范大学,2019.

[7] 樊婧.小学生性教育多媒体读物设计研究[D].成都:四川美术学院,2019.

[8] 方刚.开放的性教育:影响孩子一生的性教育[M].南宁:广西人民出版社,2010.

[9] 共青团中央维护青少年权益部,中国互联网络信息中心.2019年全国未成年人互联网使用情况研究报告[R].2020.

[10] 《教育大辞典》编纂委员会.教育大辞典:第1卷(教育学、课程和各科教学、中小学校)[M].上海:上海教育出版社,1990.

[11] 桂文玲.我国实施正式性教育的必要性和改进之处:基于儿童青少年性心理发展的视角[J].中国性科学,2015(2):102-106.

[12] 胡家心.我国小学生性教育的问题与对策研究[D].南宁:广西民族大学,2018.

[13] 胡佩诚.瑞典性教育的经验与启迪[J].中国性科学,2001(2):2-6.

[14] 胡塔静,左霞云,廉启国,等.六省城乡6~14岁小学生性相关知识水平与知识获得状况调查[J].中国儿童保健杂志,2015,23(12):1338-1341.

[15] 黄荣怀,周伟,杜静,等.面向智能教育的三个基本计算问题[J].开放教育研究,2019,25(5):11-22.

[16] 黄仙保.网络化信息环境下学生性教育方式探索[J].中国性科学,2014,23(7):

88-90.

[17] 季成叶.儿童少年卫生学[M].北京：北京大学医学出版社，2006.

[18] 靳瑛.中国与瑞典、美国学校性教育比较研究[D].上海：华东师范大学，2007.

[19] 姜学文，云青萍，纪颖，等.农村地区小学生青春期知识知晓水平及影响因素[J].中国学校卫生，2019，40（3）：347-349.

[20] 教育部.中小学健康教育指导纲要[M].北京：人民教育出版社，2009.

[21] 教育部.义务教育体育与健康课程标准[M].北京：北京师范大学出版社，2011.

[22] 关于做好预防少年儿童遭受性侵工作的意见[EB/OL].（2013-09-03）[2018-10-28].http://www.nwccw.gov.cn/2017-05/26/content_158820.htm.

[23] 赖珍珍，胡玥，刘文利，等.小学三年级流动儿童性教育课程效果评价[J].中国学校卫生，2015，36（8）：1150-1153.

[24] 李传印.学校性教育的内容与途径探析[J].中国性科学，2020，29（4）：150-153.

[25] 李潮海，徐文娜，康健.新时代中小学家校合作共育的理论基础与策略创新[J].现代教育管理，2019（11）：12-17.

[26] 李芳，齐建国.日本中小学性教育及启示[J].基础教育参考，2005（11）：53-56.

[27] 李雨朦，刘文利.立足学校进行全面性教育的优势分析[J].中国性科学，2020，29（1）：141-144.

[28] 李玉艳，徐双飞，周颖，等.高年级小学生和中学生家长对青少年子女开展性教育情况调查[J].中国健康教育，2017，33（9）：830-833.

[29] 刘革平，余亮，龚朝花，等.教育信息化2.0视域下的"互联网+教育"要素与功能研究[J].电化教育研究，2018，39（9）：37-42.

[30] 林崇德.发展心理学[M].北京：人民教育出版社，2009.

[31] 刘虹君.小学性教育校本课程开发与实施的个案研究[D].上海：上海师范大学，2019.

[32] 刘文利，等.《珍爱生命：小学生性健康教育读本》系列丛书[M].北京：北京师范大学出版社，2010—2017.

[33] 刘文利，刘爽.论我国普及中小学性教育的展望与实现[J].教育科学研究，2019（7）：83-90.

[34] 刘文利，李雨朦.研发本土全面性教育指南推动中国学校性教育发展[J].中国

学校卫生，2020，41（10）：1441-1445.

[35] 刘文利，元英. 我国中小学性教育政策回顾（1984—2016年）[J]. 教育与教学研究，2017，31（7）：44-55.

[36] 刘文利，卡罗琳·爱德华兹. 城市父母对青少年子女性教育知识和态度的调查[J]. 中国青年研究，2007（5）：48-52.

[37] 刘文利，卡罗林·爱德华兹. 城市父母对孩子性教育实践的调查[J]. 当代青年研究，2006（9）：76-80.

[38] 刘玉婉. 新加坡性教育计划的研究[D]. 南宁：南宁师范大学，2019.

[39] 刘晓西，李海云. 小学高年级学生家庭性教育现状调查[J]. 江苏教育研究，2019（28）：32-37.

[40] 孟鑫. 中国青少年女性月经初潮年龄变化趋势及影响因素的研究[D]. 济南：山东大学，2018.

[41] 聂慧敏，余小鸣，谭雪庆，等. 美国学校性教育相关课程标准及政策分析[J]. 中国学校卫生，2018，39（8）：1124-1127.

[42] 潘绥铭. 性的社会学[M]. 郑州：河南人民出版社，1995.

[43] 彭涛. 中国台湾开展学校性教育的经验[J]. 中国性科学，2005（1）：21-26.

[44] 裴习婷. 小学生性教育教材内容研究[D]. 武汉：华中师范大学，2018.

[45] 师艳荣. 战后日本纯洁教育探析[J]. 中国性科学，2013，22（6）：88-92.

[46] 唐彩斌，张影. 零距离英国教育[M]. 北京：中国轻工业出版社，2012.

[47] 涂中. 小学中高年段性教育的调查研究：以武汉市A小学为例[D]. 武汉：华中师范大学，2014.

[48] 王晓琪，常春. 网络教育在青少年性教育中实施的可能性[J]. 中国健康教育，2019，35（8）：739-743.

[49] 吴波. 英国威尔士小学性教育教材的设计经验对中国小学性教育的启发[J]. 中国性科学，2018，27（7）：144-148.

[50] 吴重涵，王梅雾，张俊. 教育跨界行动的制度化特征：对家校合作的经验分析[J]. 教育研究，2017，38（11）：81-90.

[51] 吴阶平. 对性教育的基本认识[J]. 中华泌尿外科杂志，1989，10（1）：58-61.

[52] 吴建忠. 3~12岁儿童家庭性教育现状及对策研究[D]. 重庆：西南大学，2005.

[53] 吴晓燕. 瑞典、美国中小学性教育的比较研究[D]. 北京：首都师范大学，2013.

[54] 徐菁. 小学家校合作的问题和改进策略的研究[D]. 抚州：东华理工大学，2019.

[55] 夏卉芳. 不同层次学生性健康教育课程的主要内容与教学方法研究[J]. 中国性

科学，2019，28（12）：151-154.

[56] 肖丹丹.小学教师性教育素养[D].成都：四川师范大学，2020.

[57] 肖蕾，陈巧玲，段桂敏.四川省农村小学性健康教育现状与对策研究[J].中国性科学，2019，28（7）：157-160.

[58] 向术溯.小学生家庭性教育现状调查研究[D].武汉：华中师范大学，2020.

[59] 徐宝琪.小学高年级学生性教育存在的问题及对策研究[D].曲阜：曲阜师范大学，2019.

[60] 徐震雷，张玫玫.性教育学[M].北京：人民卫生出版社，2014.

[61] 闫婷婷.儿童防性侵教育情境教学绘本创作研究[D].杭州：浙江工业大学，2019.

[62] 颜银凤."互联网+"背景下教师发展共同体的调查研究[D].济南：山东师范大学，2020.

[63] 杨培禾.小学性健康教育相关问题探讨[J].中国学校卫生，2009，30（9）：839-841.

[64] 杨鹏.拓宽渠道助力成长"互联网+"时代家校合作的新途径[J].上海教育，2016（Z1）：108.

[65] 杨梨，崔永鸿.健康中国背景下小学生性健康教育模式构建[J].中国学校卫生，2020，41（5）：645-647.

[66] 杨素萍，刘玉婉.新加坡中小学性教育课程的人本逻辑[J].教育研究与实验，2019（5）：51-57.

[67] 易玉洁.乡村小学性教育现状及其对策研究[D].岳阳：湖南理工学院，2019.

[68] 余小鸣，张芯，谭雪庆，等.学校性教育政策的国际间比较[J].中国学校卫生，2018，39（8）：1135-1139.

[69] 岳盼，刘文利.美国两大性教育模式的效果比较与政策发展[J].比较教育研究，2014，36（1）：75-80.

[70] 赵博涵.性教育为何成为英国中小学必修课[EB/OL].（2017-06-07）[2018-10-28].http://www.jyb.cn/zgjsb/201706/t20170607_656815.html.

[71] 赵巍.美国加利福尼亚州K-12综合性性教育课程研究[D].重庆：西南大学，2018.

[72] 赵倩倩，周霞，张逸武，等.扬州市小学生性教育现状调查研究[J].现代教育科学，2017（4）：106-109.

[73] 郑治国，刘建平，郑巧.南昌市四至六年级小学生性心理健康及性教育现状[J].中国学校卫生，2016，37（1）：126-128.

［74］张红梅，尹霞，刘永存. 中小学生家庭性教育的现状调查及启示［J］. 教育研究与实验，2019（6）：75-79.

［75］张俊，吴重涵，王梅雾，等. 面向实践的家校合作指导理论：交叠影响域理论综述［J］. 教育学术月刊，2019（5）：3-12.

［76］张庭浩，余小鸣，石琰琴. 我国义务教育阶段课程中性教育内容框架分析［J］. 中国学校卫生，2017，38（8）：1127-1130.

［77］张婷婷. 家校合作的范式转型与路径选择［J］. 教学与管理，2019（4）：16-18.

［78］张艳茹. 小学性教育现状及对策研究［D］. 长沙：湖南大学，2019.

［79］张正民，杨秀梅. 构建"学校，家庭，社区"一体化青少年性教育模式研究［J］. 中国性科学，2013，22（2）：77-79.

［80］《中国性科学百科全书》编委会. 中国性科学百科全书［M］. 北京：中国大百科全书出版社，1998.

［81］中国少年儿童文化艺术基金会女童保护基金. "女童保护" 2017年性侵儿童案例统计及儿童防性侵教育调查报告［EB/OL］.（2018-03-02）［2019-04-22］. https://mp.weixin.qq.com/s/ 8vpGvKR8KOtrVQMqwT-fVg.

［82］朱晓彤. 英国中小学"性与关系教育"研究［D］. 济南：山东师范大学，2019.

［83］朱永新. 家校合作激活教育磁场：新教育实验"家校合作共育"的理论与实践［J］. 教育研究，2017，38（11）：75-80.

［84］Amanda S, Nina F, Bernadette D，et al. The provision of sexual health education in Australia: Primary school teachers' perspectives in rural Victoria［J］. Sex Education, 2013, 13（3）: 247-262.

［85］Alessandra A. Sex education in modern and contemporary China: Interrupted debates across the last century［J］. International Journal of Educational Development, 2009, 29（5）:532-541.

［86］Alldred P, David M, Smith P. Teachers' views of teaching sex education: Pedagogy andmodels of delivery［J］. Journal of Educational Enquiry, 2003, 4（1）:80-96.

［87］Alldred P, Fox N, Kulpa R. Engaging parents with sex and relationship education: A UK primary school case study［J］. Health Education Journal, 2016, 75（7）: 855-868.

［88］Chen J，Chen D. Awareness of child sexual abuse prevention education among parents of Grade 3 elementary school pupils in Fuxin City，China［J］. Health Education Research, 2005, 20（5）: 540-547.

［89］Dake A, Price H, Baksovich M, et al. Preferences regarding school sexuality education among elementary schoolchildren's parents［J］. American Journal of Health Education,

2014, 45（1）: 29-36.

[90] Depauli C, Plaute W. Parents' and teachers' attitudes, objections and expectations towards sexuality education in primary schools in Austria [J]. Sex Education, 2018, 18（5）:511-526.

[91] Fisher M, Telljohann K, Price H, et al. Perceptions of elementary school children's parents regarding sexuality education [J]. American Journal of Sexuality Education, 2015, 10（1）:1-20.

[92] Hiroko H. Consequences of a recent campaign of criticism against school sex education in Japan [J]. Sex Education, 2013,13（6）:674-686.

[93] Hornor G. Child sexual abuse: Consequences and implications [J]. Journal of Pediatric Health Care, 2010, 24（6）:358-364.

[94] Jeno M, Hedyeh R, Armin F, et al. A sex education programme for mothers in Iran: Does preschool children's sex education influence mothers' knowledge and attitudes [J]. Sex Education, 2018, 18（2）:219-230.

[95] Jin Y, Chen J, Yu B. Knowledge and skills of sexual abuse prevention: A study on school-aged children in Beijing, China [J]. Journal of Child Sexual Abuse, 2016, 25（6）:686-696.

[96] Jin Y, Chen J, Jiang Y, et al. Evaluation of a sexual abuse prevention education program for school-age children in China: A comparison of teachers and parents as instructors [J]. Health Education Research, 2017, 32（4）:364-373.

[97] Jin Y, Chen J, Yu B. Parental practice of child sexual abuse prevention education in China: Does it have an influence on child's outcome? [J]. Children and Youth Services Review, 2019, 96:64-69.

[98] Liu D. The development of sex education in China [J]. Chinese Sociology and Anthropology [J]. 1994, 27（2）: 10-36.

[99] Liu W, Su Y. School-based primary school sexuality education for migrant children in Beijing, China [J]. Sex Education, 2014, 14（5）:568-581.

[100] Ma, Y. Prevalence of childhood sexual abuse in China: A meta-analysis [J]. Journal of Child Sexual Abuse, 2018, 27（2）:107-121.

[101] María M, Verónica V, Genoveva G. Teachers' knowledge and beliefs about child sexual abuse [J]. Journal of Child Sexual Abuse, 2016, 25（5）:538-555.

[102] McKay A, Byers S, Voyer D, et al. Ontario parents' opinions and attitudes towards sexual health education in the schools [J]. The Canadian Journal of Human Sexuality,

2014, 23（3）:159–166.

[103] Morawska A, Walsh A, Grabski M, et al. Parental confidence and preferences for communicating with their child about sexuality［J］. Sex Education, 2015, 15（3）:235–248.

[104] Ministry of Education（Singapore）. Criteria for external providers applying to offer sexualityeducation programmes in schools［EB/OL］.［2019-04-22］. http://www.moe.gov.sg/education/programmes/social-emotional-learning/sexuality-education/engagement-of-external-providers/criteria/.

[105] Nadeem A, Cheema M, Zameer S. Perceptions of Muslim parents and teachers towards sex education in Pakista［J］. Sex Education, 2020（4）:1–13.

[106] Ollis D. The role of teachers in delivering education about respectful relationships: Exploring teacher and student perspectives［J］. Health Education Research, 2014, 29（4）:702–713.

[107] Padmini I, Peter A. Seventy years of sex education in health education journal:A critical review［J］.Health Education Journal, 2015, 74（1）:3–15.

[108] Peng X. Puberty sex education and teachers training［C］//Gao D. Ed. The First Asian Academic Conference on Sexuality Education: Conference Papers. Beijing: Capital Normal University Press, 2001.

[109] Rebecca L J, Marguerite C, Louise M. Primary schools and the delivery of relationships and sexuality education: The experience of Queensland teachers［J］. Sex Education, 2014, 14（4）:359–374.

[110] Robinson K, Smith E, Davies C. Responsibilities, tensions and ways forward: parents' perspectives on children's sexuality education［J］. Sex Education, 2017, 17（3）:333–347.

[111] Rudolph J, Zimmer-Gembeck M. Parents as protectors: A qualitative study of parents' views on child sexual abuse prevention［J］. Child Abuse & Neglect, 2018, 85（8）:28–38.

[112] Shaffer D R, Kipp K. 发展心理学：儿童与青少年（第九版）[M].邹泓，等译.北京：中国轻工业出版社，2016.

[113] Sharyn B, Jacqueline H. Sexuality and relationship education training to primary and secondary school teachers: an evaluation of provision in Western Australia［J］. Sex Education, 2018, 18（6）:1–17.

[114] Shin H, Lee J, Min J. Sexual knowledge, Sexual attitudes, and perceptions and

actualities of sex education among elementary school parents［J］. Child Health Nursing Research, 2019, 25（3）:312-323.

［115］Singapore Ministry of Education. Roles of stakeholders［EB/OL］.［2018-10-11］.https://www.moe.gov.sg/education/programmes/social-and-emotional-learning/sexuality-education/roles-of-stakeholders.

［116］UNESCO. International technical guidance on sexuality education: An evidence-informed approach［M］. Paris: UNESCO, 2018.

［117］Walker J, Milton J. Teachers' and parents' roles in the sexuality education of primary school children: A comparison of experiences in Leeds, UK and in Sydney, Australia［J］. Sex Education, 2006, 6（4）:415-428.

［118］World Health Organization, Europe. Standards for sexuality education in Europe: A framework for policy makers, educational and health authorities and specialists［R/OL］.［2018-10-11］. Copenhagen: WHO regional office for Europe and Federal Center for Health Education. http://www.oif.ac.at/fileadmin/OEIF/andere_Publikationen/WHO_BZgA_Standards.pdf.

［119］Wright K, Wooden C. A qualitative assessment of a parent-developed, parent-run program to prevent teenage pregnancy［J］. Journal of Human Behavior in the Social Environment, 2012, 22（1）:85-100.

［120］Zhang W, Chen J, Feng Y, et al. Young children's knowledge and skills related to sexual abuse prevention: A pilot study in Beijing, China［J］. Child Abuse & Neglect, 2013, 37（9）:623-630.

［121］Zhang W, Ren P, Yin G, et al. Sexual abuse prevention education for preschool-aged children: Parents' attitudes, knowledge and practices in Beijing, China［J］. Journal of Child Sexual Abuse, 2020, 29（3）:295-311.

［122］Zhao P, Yang L, Sa Z, et al. Propriety, empowerment and compromise: Challenges in addressing gender among sex educators in China［J］. Sex Education, 2020, 20（5）:552-567.

后　记

性健康教育是关系人一生发展的教育，小学阶段尤为重要。来自瑞典、美国、英国，以及中国香港和中国台湾等国家和地区的研究和教育实践都支持在小学阶段开展儿童性健康教育，而且支持父母参与，强调家校合作。受传统文化影响，性教育在我国比较敏感，与国际发达国家相比，我国儿童性健康教育起步比较晚，与中学的性教育现状相比，小学性健康教育可以说处于"被遗忘的角落"。但是，我国政府十分关注儿童性教育，1988—2021年，先后出台了《中小学健康教育指导纲要》《关于做好预防少年儿童遭受性侵工作的意见》《生命安全与健康教育进中小学课程教材指南》等一系列文件。这些文件对开展儿童性教育的规范和方法给予了重要指导，如学校应该开设健康教育课程，家长应该参与到儿童性教育工作中来等。

近年来，随着互联网的发展和普及，家庭和学校基于"互联网+"的教育合作也越来越多，但学生性健康教育领域的家校合作却比较少。本书力求采用准实验设计，从实证研究的角度探索家校合作小学性健康教育的有效性问题。2018—2021年，整体研究计划执行情况良好，历时4年，研究团队完成了全部教育实验内容，获得了一系列有价值的家长、教师和学生的数据与信息，并以此数据与信息为国家全面推广小学性健康教育提供了政策建议和实践参考，但是，整个实证研究也存在一些局限性。

第一，受2020年年初新冠肺炎疫情的客观不可控因素影响，研究中的一所小学仅收集了学生的前后测数据，没能获得学生的追踪数据，因此很难得出实验教育对学生性健康素养长期影响的结论。第二，研究样本存在偏态性，调研仅限于京津冀地区，没有在我国其他地区开展。未来希望更多地区、更多样本学校（农村/城市）参与教育干预研究。第三，调研问卷内容不够丰富，特别是儿童问卷，突出了儿童保护的内容，但是对于性健康保健和心理的内容较少。第四，虽然研究给予家长线下教育画册辅助其开展家庭性健康教育，但画册内容略显单一，较少考虑儿童年龄的特点，因此，需进一步丰富家长教育画册的内容，以及开发适合亲子教育的慕课。第五，虽然基于"互联网+"的家校合作更好地发挥了家长一方在儿童性健康教育中的力量，但是整个研究缺少对家庭教育效果的实时评价，希望未来进一步开发家校合作的"互联网+"跟踪评价互动平台，实时辅助和监测家长的教育。

本书为读者清晰地展现了小学性健康教育准教育实验的全过程，深入分析了实证研究的结果和发现，并提出了相应的教育实践和政策建议，取得了预期的效果。本书撰写的目的之一是能够让更多家长、教师、研究者等了解我国儿童性健康教育的具体内容和教育方法。希望本书能够帮助更多的读者了解我国儿童性健康教育的现状、重难点及时代特点，为促进儿童健康成长贡献一分微薄之力。

在研究推进和本书写作过程中，北京大学陈晶琦教授，北京航空航天大学邓丽芳教授，北京师范大学任萍副教授，北京教育科学院殷桂金副研究员、李海燕博士等都提出了许多中肯、宝贵的意见，并在整个实证研究过程中给予了很多建议和帮助，在此表示衷心的感谢！本书的完成也离不开参与实验研究的学生、家长和教师的支持，在此对他们的付出一并表示衷心的感谢！本书的撰写还参考了国内外大量相关文献，在此对各位原作者也表示衷心的感谢！

最后，本书的出版得到了国家社会科学基金的支持，在此表示衷心的感谢！由于笔者水平有限，书中的错误、疏漏在所难免，希望教育专家、同行、研究者和读者给予批评、指正。

张文静

2022 年 6 月